汉语话题结构的

句法—语用接口研究

傅顺华 ◎ 著

四川大学出版社
SICHUAN UNIVERSITY PRESS

图书在版编目（CIP）数据

汉语话题结构的句法－语用接口研究 / 傅顺华著 . 一成都：四川大学出版社，2022.9
（语言与应用文库）
ISBN 978-7-5690-5680-8

Ⅰ．①汉… Ⅱ．①傅… Ⅲ．①现代汉语－语法－研究 Ⅳ．① H146

中国版本图书馆 CIP 数据核字（2022）第 177588 号

书　　名：汉语话题结构的句法－语用接口研究
　　　　　Hanyu Huati Jiegou de Jufa-Yuyong Jiekou Yanjiu
著　　者：傅顺华
丛 书 名：语言与应用文库

丛书策划：张宏辉　黄蕴婷
选题策划：敬铃凌
责任编辑：敬铃凌
责任校对：周　洁
装帧设计：墨创文化
责任印制：王　炜

出版发行：四川大学出版社有限责任公司
　　　　　地址：成都市一环路南一段 24 号（610065）
　　　　　电话：（028）85408311（发行部）、85400276（总编室）
　　　　　电子邮箱：scupress@vip.163.com
　　　　　网址：https://press.scu.edu.cn
印前制作：四川胜翔数码印务设计有限公司
印刷装订：四川省平轩印务有限公司

成品尺寸：170mm×240mm
印　　张：17
字　　数：303 千字

版　　次：2022 年 9 月 第 1 版
印　　次：2022 年 9 月 第 1 次印刷
定　　价：89.00 元

四川大学出版社
微信公众号

序　言

　　大约是 2009 年，一位来自莫斯科国立师范大学，汉语名叫"耿华"的访问学者为我们四川大学外国语学院的研究生做过一次讲座，主题是关于汉语言的结构分析。他提出的一个观点是：汉语是语言学理论研究最理想的语言。理由有两点：一是汉语言因其词语单位的独立自主性、句结构的自由灵活性等特征而构成了语言学各个层面一体化分析的对象，不仅音、形、义的传统语言学研究层面，而且语用、修辞、认知等层面都能被直接覆盖；二是西方语言学的理论之所以有缺陷，很难综合地解释语言现象，恰恰是因为那是基于西方语言提出来的，而西方语言的线性形式化特征与观念、交际意义的非形式化属性反差巨大。所以，他认为以汉语言为语言学的研究对象将能够取得语言学理论的突破。这说法或许有几分道理，是否会有理论突破我们不妨拭目以待。

　　我们看到的事实却是，汉语言确实为现代语言学的理论研究提出了很多挑战，一系列的难题迄今仍然还是难题，比如说摆在读者面前的这部专著所探究的汉语话题结构及其句法 – 语用接口难题。如果囿于西方语言学现有的框架，这个问题真的很难解决。话题是一个语用学的概念，而主语（词）则是一个语法（逻辑）学的概念；分别考查之，则结果必定各说各话，无法统一。当然也可以折中，说典型的主语是话题。可是，这样说虽然不错，也挺方便，却没有能够回答更深刻的追问，最起码没有能解释诸如"这姑娘谁都不愿跟她跳舞""水果我喜欢苹果"之类的汉语句是如何生成的。正如乔姆斯基所言，研究语言是为了揭示人类心灵的本质，那么这些追问非常值得去探索。

　　有没有可能在现代语言学的理论框架下，整合语形、语义、语用的研究呢？我觉得是有可能的。虽然说语言学起源于割裂，即把语言的形式、意义与说话人及其说话情境割裂开来，单独分别考察之，即所谓语言研究的

"去语境化"（decontextualization），但柏拉图做出的最基本的语言学划分——"onoma"与"rhema"——却不仅仅是名词与动词，也不仅仅是主词和谓词，事实上还有话题与述谓（如今叫作"comment"）。换言之，形、义、用都涵盖在了他的这一划分之中。只是后来西方语言学思想对于形的强调一步步加强，到了乔姆斯基达到了一个顶峰，句法与其他语言维度的割裂已然非常严重。物极，当然必反。20 世纪中、后叶诞生的语用学、系统功能语法、认知语言学等等纷纷对形式化语言学的唯理论倾向提出了挑战，力图弥合语言与语言使用、使用人及其情境的割裂。这便是当代语言学研究的所谓"再语境化"（recontexualization）。

然而，我们面临的现状是，当代语言学理论的各家各派多在其自身框架中发声、发展；尽管大都挑战唯理论的形式化模式，却也并未对形式化理论，比如转换生成句法学理论，构成真正的威胁。形式与功能两大阵营各自都能有力地解释语言的某个维度问题，却也都有自身亟待克服的难题。这是个很有意思的现象，因为这很可能是对建立语言的形式与功能的解释性界面的呼唤。

在形式化阵营内，句法－语义－语用的接口已经有人在努力建立。比如，杰肯道夫用他的"功能－心灵"（f-mind）说构建了一个框架，被认为令人满意地回答了关于接口的理论框架问题，以至于有人说，杰肯道夫之后，语言学不再有有意思的课题了。不过，具体到特定的接口，尤其是汉语言的接口时，问题不仅存在，而且难以解决，比如，这本专著所涉及的汉语言话题句问题。鉴于语言与人类思维、语言与社会语境，以及语言内部结构、层次之间的多维复杂性，我觉得要一揽子解决问题，全面地建立语言、认知、语用等之间的界面，这恐怕是在可见的未来也无法做到的。但如果我们从具体问题出发，一个个地解决，为语言学理论整体的大厦添砌上一块块砖石，或许能够期待有朝一日未来的语言学家站在大厦的顶上有把握地宣称"这才是语言学理论该有的模样"。

在这方面，傅顺华的这本专著做出了很好尝试。如她所言，话题尽管是一个语用学概念，但是话题必须有句法作为载体，其生成却离不开句法的机制。那么从逻辑上说，话题结构的生成必然要求句法和语用两个部门的参与。的确如此，但要把语用机制纳入句子的生成，同时又尊重句法系统的自主，这是非常不容易做到的。顺华选择的策略是基于句法、语义和语用限制，提出了话题结构生成的优选语段（OT－语段）模式，以 OT 句法方案作为修补机制应用于汉语话题语段推导中的句法－语用接口分析。这的确是一种新的尝试，在考虑到句法生成机制的人类语言普遍性的同时，合理地解释了汉语的话题显著性这一个体特异现象及其结构与生成。她的专著例证翔实，推论严谨，开拓了相关理论研究的一个进路，为语言学相关问题的研究做出了值得重视的贡献。相信有兴趣的读者会从这本书的论述中获得语言研究思想的启发。

开创性的尝试不求一锤定音，亦不可能完美无缺。哲学家罗素早就说过，科学的见解总是有待修正的。顺华的这本专著并非终极真理，而是抛出的引玉之砖，众多的问题还有待将来的探索，比如说 OT 的引入理据问题。这本专著所提出的理论，即便将来被否定、被替代，其学术价值也是颇高的，因为后来的理论是从这里出发的。我想，顺华也一定期待着同行的批评、指正，在未来的争议中让自己的学术更加成熟。

是为序。

刘利民
于四川大学外国语学院
2022 年 8 月 20 日

前　言

　　话题结构是现代汉语常用表达之一。汉语话题在句法上的表现是：它可能有专门的句法位置，其所在的句子因而表现出非常规状态；它也可能与句子中某个语法成分（如主语）重合，其所在的句子并未因之而表现出异常。汉语话题的这些特点导致了在有关话题和主语的关系、话题结构的生成等问题上存在诸多争议。话题是个语用概念，但离不开句法载体，话题结构的生成需要句法和语用两个部门的共同参与。具体而言，这两个部门对话题在句子中的实现各自是如何起作用的？两者之间又存在着怎样的互动关系？本书以语言模块观为基本理论预设，以生成语法最简方案下的语段理论为基本研究框架，尝试结合 OT 句法方案，对汉语话题结构之生成所涉及的上述问题展开研究。

　　本书从对经典生成语法理论的述评出发，指出当前 Y－模式在处理话题等信息结构时存在的不足。Y－模式面临的难题是：在坚持将话题等语用成分作为来自词库的一般形式特征的前提下，如何既保证遵循包含条件，又避免对它们的选择性出现采取"前瞻"手段，同时还须尊重它们具有语用属性这一事实。修正后的 Y－模式对话题等信息结构的处理大致有三种方案：句法特征分析、句法（内）－语用接口分析、句法－语用接口分析。这些解决方案得到了来自不同语言的语料的验证，但它们各有其优点与缺陷。鉴于此，本书结合经典语段理论与 OT－句法方案，尝试提出了解析话题结构之生成方式的"OT－语段"推导模式。

　　OT－语段模式将概念－意旨系统进一步区分为负责语义的概念系统和负责语境及其他的意旨系统，分别对应词汇语段（vP 语段）和功能语段（CP 语段）。话题作为来自语用、携带 ［＋TOP］属性的算子，在核心句法（基本命题部分）运算完成之后，语段中心语的补语被移交之前进入句法，寻找一个带有语用照应性［＋a］特征的对象为目标，使之充当话题成分。话题算子与话题成分进行句法－语用匹配——话题特征属性的匹配；话题成分与述题中的对应空位、语迹或关涉成分进行句法内语义上的匹配——［＋a］特征值的匹配。话题成分的移位受语用驱动，但它从 vP 域向 CP 域移位时仍然遵循核心句法限制，其推导过程涉及基本句法运算和句法－（语用）信息映射两个方面。OT－语段推导模式按照先有基本句法处理后有语用信息处理的方式进行，并不违背乔姆斯基（Chomsky）所持的句法自足的立场。当然，话题之类的信息结构的介入会增加句法负担，使语言表现不那么"完美"，话题结构的表征输出可能存在多种选择，这时需要按照 OT 下的竞争机制选择最优输出项。

区分汉语话题和主语是汉语话题生成研究的重要前提之一。本书从语言模块观出发，指出汉语主语和话题在三个层面上均属于不同的概念，重点从句法上进行对比：主语源于［Spec，vP］位置，最终投射位置为［Spec，TP］；话题则选择性地出现在句法中，可能有专门的位置，也可能依托其他成分而存在。汉语话题可根据其语用属性在句法上是否有独立构型分为 A 型话题和 B 型话题。前者包括左置话题、话题化话题和悬垂话题，后者包括主语话题、状语话题和时空话题。本书的分析方式能较好地消除已有研究在"主语"和"话题"关系问题上的争议。

本书通过运用关系化、重构效应、孤岛效应、句法变换等手段对这些话题的句法性质进行了测试，并利用 OT－语段模式详细分析了汉语 A 型话题与 B 型话题的推导过程。研究发现：不同汉语话题结构的词汇语段建构方式相同，均需经历 $Numer_1$ 和合并操作，它们的差异主要来自 CP 语段。这表明，词汇语段更具稳定性，功能语段则更具开放性。从句法运算和操作的经济程度来看，汉语 B 型话题结构的推导最为经济，这是由于其接口操作非常简单，仅需要语用上的匹配操作。其次是从词汇语段移位而来的 A 型话题，包括空位为述题谓词论元的话题化话题以及可重构为主谓谓语句的框架话题。经济程度最低的是通过 $Numer_2$ 而来的 A 型话题，包括空位为非论元的话题化话题、左置话题和悬垂话题中的事例话题、范围话题以及部分框架话题等。汉语话题结构的最终表征输出大致按照由 LP & SR、PROM、SUBJ、NEW、EPP（case）和 * MOVE 等制约条件形成的制约等级，通过 OT 评估机制选择最优输出项。A 型汉语话题是句法吸收相关的语用性质，造成话题结构化的结果，此时不仅句法从语用上吸收相关区别性特点，而且语用从句法吸收话题构型；B 型话题具有依附性，句法从语用上吸收相关区别性特点，语用并未从句法吸收专门的构型。

汉语话题结构的 OT-语段推导表明：MP 和 OT 并非不能兼容，二者在一般句法生成框架下可以互相补充，较之于单一的语段推导模式，OT-语段混合推导模式更具优势。该模式依然基于领域特定的模块化视角和 Y-模式，并类似于已有的修正后 Y-模式，但亦有不同之处：OT-语段模式肯定了语义和语用两者在意义上的分界，句法-语义、句法-语用两个接口模块的分离和相互作用。这表明了"基本命题"与"最小运算"的统一，语义和语用的分野及两者在句法运算上的桥接。

本书的创新之处主要有三点。（1）在理论架构上，本书结合句法、语义和语用限制，为话题结构的生成提出了 OT-语段模式；将 OT 句法方案作为修补机制应用于汉语话题语段推导中的句法-语用接口分析，以避免单一句法决定论在话题结构生成机制上所面临的困难，从而为解决话题结构的句法推导和表征问题提供一种较新的思路。（2）以生成语法框架为基础，将语用对句法的作用考虑在内，对汉语不同类型的话题，包括无独立构型话题的生成做出分析，这是一种新的尝试。（3）采用从宏观到微观再到宏观的研究路径，这也是本书的特色之一。

总之，本书以汉语话题结构为对象，探讨了句法与话题类信息结构在形态句法与话语语用两者互动中各自的语言分工，为语言理论的架构、微观语言研究及一般认知理解带来新的启示。汉语是一种话题显著和话题概念结构化的语言，对汉语话题的考察不仅可以验证相关理论的解释力，还能为语言类型学提供新的证据。另外，话题生成机制的研究成果还可用于对外汉语教学，尤其是可以帮助解决教学中遇到的非常规句法现象问题。因此本书具有一定的理论意义和实践意义。

符号及缩写表

符号：

*　在例句前时表示句子不合乎语法；在 OT 评估表中表示违反制约条件

?　表示句子不完全合乎语法，但是可说

**　两次违反制约条件

!　被淘汰

☞　最优选项

≫　表示前一制约条件高于（优先于）后一制约条件

英文缩写：

A	Answer 问答例句中的回答
［＋a］	［＋anaphor］照应特征
Af	Abstract Affix 抽象黏附词
AgrP	Agreement Phrase 一致性短语
A-P	Articulatory-Perceptual 发音－感知
AspP	Aspect Phrase 体貌词短语
Candi	Candidate 候选性
CFocP	Contrastive Focus Phrase 对比焦点短语
C_{HL}	Human Language Computation 人类语言运算
C-I	Conceptual-Intentional 概念－意旨
ConjP	Conjunction Phrase 连词短语
ContrF	Contrastive Focus 对比焦点
CP	Complementiser Phrase 标句词短语
CS	Computational System 运算系统
C-S	Conceptual System 概念系统

DP   Determiner Phrase 限定词短语

［EPP］   EPP Feature   EPP 特征

FinP   Finite Phrase 限定性短语

FL   Faculty of Language 语言官能

FLB   Faculty of Language in the Broad Sense 广义语言官能

FLN   Faculty of Language in the Narrow Sense 狭义语言官能

Foc   Focus 焦点

［Foc］   Focus Feature 焦点特征

［+Foc］   Strong Focus feature 强焦点特征

ForceP   Force Phrase 语力短语

f-structure   focus-structure 焦点－结构

Gen   Generator 发生器

GB   Government and Binding 管辖与约束

HT   Hanging Topic 悬垂话题

IFocP   Informational Focus Phrase 信息焦点短语

I-S   Intentional System 意旨系统

InfoF   Information Focus 信息焦点

IntP   Interrogative Phrase 疑问短语

i［F］/iF   Interpretable Feature 语义有解特征

IP   Inflectional Phrase 屈折短语

LR   Linear Precedence 线性次序

IS   Information Structure 信息结构

LA   Lexical Array 词汇矩阵

LD   Left Dislocation 左置

LF   Logic Form 逻辑形式

LI   List Interpretation 选项解读

LP   Linear Precedence 线性顺序

MLC   the Minimal Link Condition 最小链接条件

MP   Minimalist Program 最简方案

Numer   Numeration 提取

NP   Noun Phrase 名词短语

OFOH   One Feature One Head 一个特征一个中心语

OT	Optimality Theory 优选论
Op	Operator 算子
PPT	Principles and Parameters Theory 原则与参数理论
PIC	Phase Impenetrability Condition 语段无渗透条件
PF	Phonetic Form 语音形式
PM	Pragmatic Match 语用匹配
PROM	Prominence 显著性
[Q-Op]	Question Operator 疑问算子
Q	Question 问答例句中的问句
QP	Quantifier Phrase 量化词短语
RP	Resumptive Pronoun 复指代词
SM	Sentence-internal Match 句法内匹配
S-M	Sensory-Motor 感知－运动
S-MS	Sensory-Motor System 感知－运动系统
SMT	Strong Minimalist Thesis 强势最简理论
S_p	Sentence with pragmatic marker 带有语用标记的句子
Spec	Specifier 标志语
SR	Syntactic Rank 句法等级
S_{Top}	Topic Structure 话题结构
SUBJ	Subject 主语
SubjP	Subject Phrase 主语短语
Top	Topic 话题
[Top]	Topic Feature 话题特征
[+Top]	Strong Topic-Feature 强话题特征
TopP	Topic Phrase 话题短语
TP	Tense Phrase 时态短语
[u]	[unvalued] 未被赋值的
UG	Universal Grammar 普遍语法
u[F]/uF	Uninterpretable Feature 语义无解特征
[u-P]	Unvalued Periphery Feature 未被赋值的边缘特征
[val]	[valued] 已被赋值的
var	Variable 变项

vP	Light verb Phrase 轻动词短语
VP	Verb Phrase 动词短语
［Wh］	Wh-feature Wh－特征
［－Wh］	weak Wh-feature 弱 Wh－特征

目　录

1 引　言

1.1　研究对象和目标

任一语言中，合乎语法是句子的基本特征。从语言类型学看，汉语是 SVO 语言（Light 1979）。但在日常交际中，有时候那些不那么合乎基本语法的句子却似乎更能满足特定语境的需要，汉语话题的表达就是如此（带下划线部分表示话题成分）。

（1）Q：你喝啤酒吗？

　　A₁：<u>啤酒</u>（啊），我不喝。

　　A₂：我不喝<u>啤酒</u>。

（2）Q：你弟弟干什么坏事了？

　　A₁：<u>我弟弟那小子</u>（啊），（他）又骗我了！

　　A₂：<u>我弟弟那小子</u>（他）又骗我了！

（3）Q：那天他最后赶上了火车吗？

　　Λ₁：<u>火车</u>，他没赶上。

　　A₂：他没赶上<u>火车</u>。

（4）Q：你给了吴先生什么？

　　A₁：<u>吴先生</u>（啊），我给了他两本书。

　　A₂：我给了<u>吴先生</u>两本书。

（5）Q：北京，你去过吗？

　　A₁：<u>北京</u>，我五岁时去过。

　　A₂：我五岁时去过<u>北京</u>。

（6）Q：新来的小张怎样？

A₁：<u>小张</u>，老板喜欢她做的策划。

A₂：老板喜欢<u>小张</u>做的策划。

（7）Q：你喜欢什么水果？

A₁：<u>水果</u>，我喜欢苹果。

A₂：我喜欢<u>水果</u>中的苹果。

（8）Q：我可以进来吗？

A₁：进来吧，<u>你</u>！

A₂：<u>你</u>进来。

（9）Q：那场事故最后怎么处理？

A：对于<u>那场事故</u>，相关人员都受到了处罚。

（10）Q：张三去哪里了？

A：<u>他</u>去北京了。

（11）Q：谁惹哭了那个小女孩？

A：约翰那小子惹哭了<u>她</u>。

（12）Q：你听说过小莉的事了吗？

A：她嫁给了一个80多岁的老人。　　　　（沈家煊1999：220）①

话语信息传递是语言最基本的交际功能。信息包括已知信息/旧信息和新信息。前者与话题（topic）相关，后者与焦点（focus）相关。这里主要关注话题类信息结构。对汉语话题信息的传递，可以采用非常规②方式，也可以采用常规方式。在（1）－（8）中，同一个问题（Q），却可能有多种回答。其中，（A₁）与（A₂）回答所表达的语义真值相同，但较之于（A₂），（A₁）则是不那么合乎常规语序的句子③。从话语语境的需要来看，（A₁）却是更为恰当和自然的表达。以（7）为例，对（Q）而言，更为恰当的回答方式是（A₁），因为（A₁）中的"水果"承接前面的话语，表达了旧信息，"我喜欢苹果"是新出现的信息，实现了新旧信息的衔接和传递。而（A₂）无法突出（Q）中提到的话题"水果"，因此未能突出话语的

---

① 本书中部分例句来自文献，无特别需要，恕不一一引用。

② 这里的"常规"语序是指句子具有SVO语序。

③ 本书所言的"句子"（sentence）指按照语法规则组合而成的语言形式。"语句"（utterance）指所说出的话，它可能合乎语法，也可能不合乎语法。"表达"（expression）是用来传达某种看法的语言单位。该概念比较宽泛，可以指具有固定意义的词、短语或是习语，也可以指具有隐喻性意义的词、短语或是句子。表达也包括话语结构，例如，话题句就是表达中的一种。因此，本书在不同情况下采用的"话题结构""话题表达""话题句"实际上指同一个概念。

新旧信息，较之于（A₁），它虽然更合乎语法，却不那么满足这里的话语语境要求。汉语中，虽然非常规语序是表达话题信息的主要策略，但是，并非所有的话题都需要采用这种方式才能实现，（9）–（12）就是如此。（9）采用的是话题形态标记"对于"，引出话题"那场事故"。（10）和（11）则未采用任何语用标记，只是一般的、合乎语法的句子，但也可以分别表达话题"张三"和"那个女孩/她"。对（12），单从（A）中无法找到该句所表达的话题的对应成分，而需要根据前文（Q）得出话题为"小莉的事"。

由此看来，一个话题表达总是离不开基本句法结构，但又不单纯地等同于基本句法结构。洛佩斯（López 2009：1）指出，句子有两种，一种是由词汇按照语法规则组合而来，句法上没有因特定话语语境敏感而导致被标记的句法对象；另一种是带上了语用标签的句法对象。如果将前者称为 S，后者为 S_p。S_p 就是一个成分被标上了话语特征标签的句法对象，是 S 的信息结构（Information Structure，简称 IS）。从信息传递来看，S_p 中表达旧信息的是话题，除去话题的部分为述题（comment）。述题表达有关话题的内容。一个包含话题的 IS 其实就是一个话题–述题（Topic-Comment）结构。本书将此类结构称为话题类 IS，即话题结构（S_{Top}）。这样，话题结构具有其特殊性：一方面，它有自己的句法结构，表达由词按照语法规则组合而来的基本句子意义；另一方面，它包含语用信息，并且可能通过语用标记手段（如句法或音韵手段）实现，也可能无显性语用标记。S_{Top} 是句法和语用信息的结合体。对非常规话题表达，其语用标记非常明显，S_{Top} 由 S 和语用标记组合而来；对采用常规语序的话题表达，它在句法上并没有显性标记。前者被称为话题句，后者为主语句或无标记话题句（项梦冰 1998；聂仁发 2013）。但本书更倾向基于话题与句法结构的关系来区分话题。据此，汉语话题有两类：一类是有专门句法位置的话题，另一类则是与句子中某个成分重合，在句法上无独立结构位置的话题。前者是"有独立构型话题"，后者是"无独立构型话题"。

话题表达是人类自然语言的普遍属性之一。句法结构中所包含的非句法因素（这里指语用因素）不容忽视。在具体的话语使用中，S_{Top} 获得额外的、与被易位（displaced）的话题范畴相关的意义须得到解释，但"产生这种与话语有关的意义的过程，不能直接归于句法"（Aboh 2010：15）。对采用非常规手段如易位（或是添加提顿词、话题标记词等）实现的话题，这样的易位是"非结构上驱动"的句法操作（Valldduví 1990：12），与话语语用因素的驱动不无关系。S_{Top} 的解读必须将 S 与语用信息结合起来，它包括两个部分：句子本身的句法结构和表征前文语境的结构（Kamp & Reyle 1993：59）。句子话题是由话题加上命题构成的（Reinhart 1981），即一个 S_{Top} 由 S 的句法结构和话题成分组成。因此，与 IS 相关的话题、焦点之类的概念，不可能仅从一个维度，即句法结构上去理解（Kiaer 2014：13）。

对这种具有特殊属性的话题类 IS，其生成机制早已受到了生成语法研究的关注。虽然生成语法持"句法自足"观（参见司富珍 2008；Fu 2017），但生成语法学者们意识到不能将语用完全排除在外，有必要对语用作用与句法生成的协调机制进行解释。从语法架构来看，话题在语法中的位置尚存较大争议。有人主张将语用概念直接纳入句法进行解释，如主流生成语法及句法制图研究者等；也有人主张设立一个专门的信息部门，如莱因哈特（Reinhart 2006）、瓦尔杜维（Vallduví 1990）、埃尔特施克－希尔（Erteschik-Shir 1997，2006，2007）等；还有人结合句法和语用寻找动因，如布林（Büring 1997）、洛佩斯（López 2007，2009）等。尽管句法－语用接口①问题极富争议，但相对而言，句法－语用接口①研究并不如句法－音系、句法－语义研究那样受到重视；人们很少关注一个特定句法结构必须编码的信息，以便使其成为对语用的适当输入（Tsoulas 2015：467）。

汉语是一种话题显著性语言（Topic prominent language）（Li & Thompson 1976：460），汉语话题研究一直颇受关注。已有研究不仅包括以描写为主的有关主语和话题性质的讨论，还包括功能语言、认知语言学、语言类型学等方面的探讨。在生成语法视角下，对汉语话题生成及其句法－语用互动规则的研究多集中在以管辖与约束理论（Government and Binding Theory，简称 GB 理论）或是以最简方案框架（Minimalist Program，简称 MP）为理论基础的话题生成分析。但是，这些研究大多仅通过对某一类具有特殊独立句法构型的话题结构的生成分析而得出的结论，尚难见到在生成语法框架下对多种不同类型的话题结构进行系统性分析。至于无独立句法投射的话题的推导和解读，目前则很少有人关注。

汉语话题结构是怎样生成的？为何存在具有不同句法构型的话题？它们

---

① 国内语言学文献多将"Interface"译为"界面"或"接口"。"接口"一词在中文里既可以作名词，也勉强可以作动词，而"界面"仅能作名词。考虑到本书涉及的"Interface"一词有时是动词，有时是名词，为统一译名起见，本书采用"接口"这一译法。

各自有何句法、语义和语用特点？它们在基本句法运算和句法－（语用）信息接口上表现出什么样的性质？本书拟采用语言模块化视角，以生成语法最简方案的新发展——语段理论（Phase Theory）为基本理论框架，并结合OT方案，以现代汉语话题结构 S_{Top}（有独立构型话题和无独立构型话题）为主要研究对象，揭示话题推导和解读所涉及的核心句法运算（Chomsky 1995）和句法－语用接口机制。

1.2　话题及相关概念

1.2.1　信息结构

信息结构（IS）是指信息在传递过程中呈现出的结构。IS 有两个功能：作为一种传递知识的手段和作为社会交往的一种工具。IS 的语言研究主要基于"自然语言配备了形式手段，以表示已知信息和未知信息的特点（distinctions），以及大量的其他特点"这一设想（Matić 2015：95）。从其研究范围上说，它属于狭义语用学要解决的问题（周士宏 2016：1）。IS 包括话语（discourse）[①] IS 和句子 IS。顾名思义，前者跟话语关系密切，后者跟句子关系密切。句子 IS 又主要包括话题和焦点两个维度。对句子 IS 的研究，往往将 IS 视为语用概念，但是基于句子进行分析。对句子层面的语用结构的研究始于布拉格学派（Mathesius 1975），后来韩礼德（Halliday 1967）正式提出 IS 这一术语，自此，IS 逐渐为人们所关注。

由于 IS 本身的复杂性，学界尚无法对其做出统一的界定。根据韩礼德（1967）的定义，IS 是指被用来描述话语的给定/已有信息和激活状态的话题与述题、焦点与背景（background），它们作为特定的内容被映射到句子成分结构上。兰布雷希特（Lambrecht 1994：5）认为，IS 是"依照参与谈话者的心智状态，在句子的语法部门，命题作为事件状态的概念表征与词汇－语法结构搭配。参与谈话者将这些结构当作既定话语语境中的信息单元来使用和解读"[②]。也有人用其他术语取代 IS。例如，查夫（Chafe 1976：

---

① "discourse" 可译为"篇章"或是"话语"。本书采用"话语"这一译法。

② 此处为笔者自译。下文若非特殊说明，所有外语文献均为笔者自译。

28）使用"包装"（packaging）一词；瓦尔杜维（1990：198）使用"信息包装"（information packaging）一词，认为"信息是句子命题内容中为听话人的知识储备做出知识贡献的那部分内容"。对 IS 的界定还有各种不同意见，此处不一一列举。事实上，IS 包含多组概念，如话题和焦点、主位（theme）和述位（rheme）、背景（ground）和焦点、话题和述题等（Kruijff-Korbayová & Steedman 2003：254）。虽然对 IS 的界定众说纷纭，但几乎都认同语句（utterance）主要包括两个部分：一部分连接前文的话语，另一部分是该句话做出的新贡献。与前文话语相关的为已知信息，有人用"主位""背景""话题"来概括。句子本身做出的新贡献为新信息，也被称作"述位"或"焦点"。在关于 IS 的研究中，话题和焦点在其中占主导地位，话题和焦点是解释所有 IS 现象仅有的信息元（Erteschik-Shir 2007：7）。本书在分析 IS 的句法结构性质时，主要采用"话题"和"焦点"这两个术语。

（13）

IS 在自然语言中的表现方式多样，具有语言类型学上的差异。常用的 IS 实现策略有语调、成分顺序变化和特定形态等（Tsoulas 2015：472）。音韵手段常常用于 IS 中，多出现在表达新信息的焦点上（如英语、汉语、德语等），也有语言的话题成分携带重音，如英语、加泰罗尼亚语（Catalan）、朝鲜语等。有些语言的语序自由，如捷克语、俄语、加泰罗尼亚语、匈牙利语、土耳其语、汉语等，但是这样的语序并非任意选择的结果，而是受 IS 指令的。也有语言是通过形态手段标记的，比如日语中有特定的话题标记"-wa"，汉语中有特定的话题标记"对于……""关于……"等，焦点标记"是……（的）""连……（也/都）"等。汉语话题可以采用形态和语序，以及停顿（标点）实现，但"在韵律模式上"是无标记的（周士宏 2016：102）。因此，汉语话题与音韵关系不大。

IS 是个语用概念，在句法上须得到表征。但是，通过语序和形态手段实现的 IS，在句法上往往也难以识别。从语用上看，它表示信息包装，而对信息包装的判断，多依靠直觉语感。另外，从 IS 的生成机制来看，它衔接了句法、音韵、语用等多个部门，关涉概念－意旨系统（Conceptual-Intentional/C-I）和感知－运动（Sensory-Motor/S-M）系统，特别是概念－意旨系统，而该系统非常复杂。这些都令 IS 研究困难重重。

1.2.2　话题和述题

"话题"，又叫作"主题/主位"、"联结"（link）（Vallduví 1990）或"已知信息"。在 IS 中，话题被界定为话语语用概念，是一个句子所"关涉的内容"，通常指已知信息（Chafe 1976；Givón 1976），往往位于句首位置；除去话题，句子的其余部分是述题。作为 IS 的主要维度之一，同 IS 概念一样，人们对话题概念难以达成一致看法。"话题"概念最早由雅各布功能主义学派在马特修斯（Mathesius 1975）的基础上提出，后来出现多种定义。马特修斯（Mathesius 1975：81）认为，"主题"就是"表达某个事情的成分"。霍凯特（Hockett 1958：201）最早提出"话题－述题"两分法，将"话题"定义为"说话人即将讨论的内容"。韩礼德（Halliday 1967：212）认为"主题"就是"我正在说的内容"，或者为"问题的出发点"。贡德尔（Gundel 1988：210）对"话题"定义是"话题是句子所关于的内容，但特指句子中的已知（非焦点）信息，从来不带主重音（primary stress）"。埃尔特施克－希尔（Erteschik-Shir 1997）将话题定义为旧的或是预设的（presupposed）信息。兰布雷希特（Lambrecht 1994：117）则把"话题"等同于"关涉性"（aboutness），将话题严格限制为话语所指对象（referents），即命题内容。

尽管学界对话题的定义讨论颇多，但仍未形成定论。话题的定义几乎难以实现跨语言上的一致，即便在同一种语言内部，不同的人也有不同的界定。各种语言表达信息的方式有差异，我们不必对话题做出一个统一的界定（Casielles-Suarez 2004：213）。有人甚至建议不要使用话题这样的术语（Szwedeh 1990；Erteschik-Shir 2007；López 2009）。埃尔特施克－希尔（1997，2007）也认为"话题"和"焦点"并不一定是两个互补的概念，因而主张统一用"f－结构（focus-structure/f-structure）"取代它们。洛佩斯

（2009：17）指出，话题和焦点成分有时保留在原位，有时移位或异位①，话题和焦点并不能概括语法异位现象，因此，"话题短语"（Topic Phrase/TopP）、"焦点短语"（Focus Phrase/FocP）这样的术语在句子语法中毫无意义，应该取消这样的术语。但事实上，在具体研究中又难以完全避免使用这些术语。

话题在汉语研究中占有相当重要的地位，但也有些学者对这个术语的使用抱有谨慎或保留的态度（徐烈炯、刘丹青1998）。虽然围绕话题的争议颇多，但话题研究对深化语法和语篇研究、具体语法和语篇现象研究，对宏观上把握语法和语篇的特点也有积极影响，话题作为一种极为常见的现象出现在汉语句子中，因此有必要保留该术语（文旭2007：124）。已有文献在谈及话题时都会提及关涉性、话语旧信息、共有知识、话语显著性等。对汉语焦点的研究面临同样的情况。因此，本书主张保留这些术语。

那么，究竟何为话题？综合以上定义，可以肯定的是，大多数学者赞同话题的主要功能是建立话语关联；主要争议体现在话题的不同结构和语用性质上，例如话题是否总是表达旧信息或共有信息，话题是否总居于句首位置等（Gundel 1985：85）。概言之，话题与三个方面相关：

（i）语境关联；

（ii）信息状态：旧信息/已知信息；

（iii）句法线性顺序。

虽然话题与语境、信息状态和语序有关，但是，对以上话题的具体特征和性质，有人提出了不同意见。

首先，话题并不一定位于句首位置，它还可能出现在句中（Lambrecht 1994）。例如，汉语中句内话题是较为常见的语言现象。

（14）Q：你去过北京吗？

A：我北京去过了。

显然，这里的"北京"衔接了前面问句中提及的内容，属已知信息，但这里，"北京"处于主语和谓语动词之间，并没有位于句首。

其次，话题并不一定具有指称性（Reinhart 1981：72）。

---

① 移位（movement）是指生成语法下的某个成分通过句法移位操作而产生的语言现象；异位（dislocation）是指某个成分处于非常规位置的现象，它可能是句法上移位操作导致的，也可能是其他原因造成的。

一般说来，话题的指称性可以帮助其实现旧信息的表达。但是，话题关系不能用"指称"来界定。例如：

（15）Q：Who did Felix praise?

　　　A：<u>Felix</u> praised MAX.

（16）Q：Who did Felix praise?

　　　A：<u>Felix</u> praised HIMSELF.

莱因哈特（Reinhart 1981：72－73）指出，（15A）中的 Felix 是话题，表达旧信息，MAX 是焦点，表达新信息；（16A）中的话题是 Felix，表达旧信息，HIMSELF 是焦点，表达新信息。但是，在（16）中，不管是话题还是焦点成分，所指称的对象都是"Felix"。这说明完全通过指称性来确定话题并不可靠。这种矛盾的情况或许需要通过对话题和焦点基本定义的修正来解决：话题表达的不一定是旧信息，焦点表达的也不一定是新信息。

话题不一定表达的都是旧信息（Büring 1997：55；Reinhart 1981：72；Repp 2017：59）。"旧信息"不是话题关系的充分条件，而只是必要条件，所以还需要遵循一些话语衔接要求。话题并不一定是已知信息，某些特定的无定（indefinite）表达虽然具有新的指称对象，但是仍然可能充当话题。因此，话题可能是旧/已知信息，也可能是信息的起点。例如：

（17）天是越来越冷了，祥子似乎没觉到。心中有了一定的主意，眼前便增多了光明；在光明中不会觉得寒冷。地上初见冰凌，连便道上的土都凝固起来，处处显出干燥，结实，黑土的颜色已微微发些黄，像已把潮气散尽。　　　　　　　　　　（老舍 2006：70－71）

这里的"天"是话题，但是并不是承接前文的已知信息，其后的这段话均围绕这一新的话题展开。

另外，还需要注意的是，"关涉性"不同于"指称性"。布林（Büring 1997：55）将句子话题定义为"句子其余部分所关涉的内容"或"将句子锚定先前话语的实体对象"。但是，"关涉性"和"指称性"并不等同。从心理主语上看的"关涉性话题（aboutness-topic）"与所指的"旧的"或"已知"成分概念是截然不同的（Hetland 2003）。

本书主要目的不在于探讨话题的话语属性，而是关注典型话题的生成机制。在考察部分已有研究观点的基础上，这里拟对本书涉及的相关概念做出初步的界定。

对与话题相关的多组概念，考虑到本书探讨的重点是话题的句法生成机制，本书在句子层面的信息表达取"话题－述题"这组概念。

（18）a. 这个女孩，眼睛很大。

　　　b. 坏了的金刚、亭子，赵某随即备价来修。

　　　c. 小张，这件事，我认为办不了。

（19）David, John really adores.

（18）中的三个句子都分别包含了话题：a 中的话题是"这个女孩"，（b）中的话题是"坏了的金刚、亭子"，（c）包含"小张"和"这件事"两个话题。（19）中的话题是"David"，其余部分是述题。

本书将话题视为语用概念，对其属性，采用特征标记的方式表示。虽然"话题"可能为携带［+ definiteness］ ［+ aboutness］ ［+ givenness］ ［+ referent］特征的成分，但是这些特征都与照应性［+ a（naphor）］特征相关，而话题就是带［+ a］特征的成分（对［+ a］特征的讨论具体见4.3 节）。充当话题的成分须具有有定性，包括有定成分（definites）、代词和类指成分（generics）等。有定成分和代词本身就是有定的，因此毋庸置疑。但是，类指并不一定是有定的，也就不一定表达旧信息，但作为话题成分的类指成分必须具有有定特征（Erteschik-Shir 2007：9）。类指成分的有定性只能从前文中推测而来，如（20）。

（20）水果，我喜欢苹果。

"水果"是前文中提到的对象，才可能充当话题成分。

本书采用 TopP 表示话题短语，Topic 表示话题（成分）。以独立构型出现在句中的 Topic 往往出现在句首位置，但也并非一定如此。一般而言，Topic 可出现在语段边缘（phasal periphery）位置，即 CP 或 v＊P 语段边缘，其结构图式分别为：

（21）a. S$_{Top}$：［$_{CP}$ Topic ［$_{IP}$ Comment］］

　　　b. S$_{Top}$：［$_{CP}$ ［$_{IP}$ Topic ［$_{vP}$ Comment］］］

无独立构型的话题成分，在句法上没有独立的地位，依附句子某个成分，如主语、宾语等存在，如（22a）；或者完全没有句法依托，为了在形式句法上达成表述上的统一，可以认为存在空话题（null Topic），如（22b）。句子中除去话题部分，都归于述题部分。以上关系采用结构图式分别表示如下：

（22）a. S$_{Top}$：［$_{IP}$ ［Comment ... ［Topic］...］］

　　　b. S$_{Top}$：［null Topic ［$_{IP}$ ［Comment...］］］

1.2.3 话题和主语

由于话题作为语用概念，在句法层面可能与主语重合，因此，对主语和话题之间的关系争议颇多。这里主要从句法、语义和语用三个层面说明主语和话题的关系，并表明本书的基本立场。

首先，什么是主语？韩礼德（Halliday 2004：55）给出了主语所包含的三个方面的内容：（i）信息关注的内容；（ii）述谓（predicated）内容；（iii）施事。

韩礼德以（23）为例做了进一步解释。

（23）The duke gave my aunt this teapot.

该例中的"the duke"满足以上三个方面的要求。它既是信息关注的内容，也是述谓内容，而且是施事。但是，有时成分并不完全包含以上三个方面，例如（24）中哪个成分为主语则难以定夺。

（24）This teapot my aunt was given by the duke.

事实上，主语涉及的以上三个方面可以分别对应三种主语，即心理主语（Psychological Subject）、语法主语（Grammatical Subject）和逻辑主语（Logical Subject）。按照韩礼德（Halliday 2004：56）的定义，心理主语是"信息所涉及的内容"，是说话人心中已知的内容，并以此为出发点而说出整句话；语法主语是指"已断言的内容"，它是"主语的"，因为在此时主-谓结构是纯形式上的语法关系；逻辑主语是"动作的实施者"，其中"逻辑"是指事物之间的关系，与语法关系不同，后者是符号之间的关系。

三种主语在表层句法上可能对应，也可能各不相同。例如，（23）中的"the duke"既是心理主语，也是语法主语和逻辑主语；但是（24）中的"this teapot"只是心理主语，该句的语法主语为"my aunt"，而逻辑主语则是"the duke"。为了更好地界定三种主语，韩礼德认为心理主语、语法主语和逻辑主语分别对应于主位、主语和施事（Actor）（表1.1）。

表 1.1　心理主语、语法主语和逻辑主语（**Halliday 2004：56**）

心理主语	主位	this teapot
语法主语	主语	my aunt
逻辑主语	施事	the duke

话题和主位并不是完全等同的概念（Halliday 2004：65）。话题仅指

"话题主位"（topical Theme），是主位和已知（given）两个功能概念的上义词。因此，他在这里采用的是"主位"这一表述。但是，不难看出，这里的主位实际上是信息的起点或已知信息，是话题主位。另外，这里的主语则是语法主语。按照生成语法的分析，在（23）的句法功能投射中，"my aunt"处于主语位置，"by the duke"则处于附加语位置。因此，生成语法中的"主语"大致对应这里的"语法主语"。

本书以生成语法为基本理论框架，认为其所言的"话题"大致对应功能视角下的心理主语，"主语"则指"语法主语"。话题和主语可能的对应关系表示如下：

（25）　　　　　　　　$[_{CP}\ ...\ [\ _{IP}\ Subject\ ...\ ]]$

　　　　　　　　　　Topic　　Topic　　Topic

需要注意的是，当心理主语和语法主语重合时，就有必要从不同层面来区分：心理主语表达的是信息关注的内容、信息的出发点，是从话语语用来说的，属于语用层面的概念；语法主语是指被断言的内容，相对于谓语而言，是从语法/句法层面来说的；施事是逻辑主语，是从语义逻辑层面来说的。从句法投射来看，话题和（语法/句法）主语处于不同的位置，也就是说，当话题和主语重合时，两者在深层逻辑层面存在本质区别，只是在表层结构上处于同一个位置。这正是导致汉语研究中"话题"说和"大小主语"说的原因。

区分话题、句首成分和主语时，具体语言需要具体分析，但都必须考虑语言的句法特征，以及话题和主语之间的潜在关系。主语有时缺乏某些特定的音系或句法特征，动词前主语被当作非标记话题短语，很容易就与话语兼容。汉语是话题显著语言，不同于英语之类的主语显著语言，因此，在主语和话题问题上，两者会存在明显的差异。

1.2.4　话题和焦点

话题和焦点是构成 IS 的基本信息元。从语用功能上看，焦点表达的是新信息，话题表达的是旧信息或信息的起点。同话题表达一样，一个携带焦点的 IS 同样包括基本句法结构和焦点语用标记两部分。不同于话题的是，焦点成分必须有句法依托，而话题成分不一定有［如 1.1 中的（12A）］。以英语焦点为例：

（26）a：It was Stendhal who wrote *A Tale of Two Cities*.

　　b：No，it was CHARLES DICKENS.

b 的回答使 a 明白，是 CHARLES DICKENS 写了 *A Tale of Two Cities*。在这里，焦点通过主重音（Main Stress）实现。焦点实现的策略类似于话题，也包括语序异位、形态、音韵等手段，这些因不属本书的主要研究对象，在此不做进一步分析讨论。

另一组常见的与 IS 相关的概念是"焦点"和"预设"（presupposition）。"预设"是指句子中说话人认为他和听话人都已知的信息（Jackendoff 1972：16）。如果以预设为参照，焦点就是句子中的非预设信息。如果预设表示已知/旧信息，话题同样如此，两者之间有何区别？预设与焦点又有何关系？埃尔特施克－希尔（Erteschik-Skir 2007：28）通过下列 wh-问句对这些概念进行了测试和区分。

（27）a.　Q：What did John do？

　　　A：He WASHED THE DISHES.

　　b.　Q：What did John wash？

　　　A：He washed THE DISHES.

　　c.　Q：Who washed the dishes？

　　　A：JOHN washed them.

　　d.　Q：What happened to the dishes？

　　　A：JOHN WASHED them.

　　e.　Q：What happened？

　　　A：JOHN WASHED THE DISHES.

　　f.　Q：What did John do with the dishes？

　　　A：He WASHED them.

在（27）中，（a）的主语"he"既是预设也是话题，（b）中的"He washed"是预设，"He"是话题。（c）中的"washed them"是预设，"them"是话题。（b）和（c）中的预设和话题不重合。（d）中的"them"既是预设也是话题，两者重合。（e）中没有预设，只有完全由语境决定的表达句子的时空参数的隐性话题，称为"时空话题"（spatio-temporal topic/stage topic）（Erteschik-Shir 2007：16）。（f）中的预设是"John did something with the dishes"，没有指明话题是什么。这一分析表明，虽然话题和预设的断定都依靠语境，但是预设必然有句法上的支撑，而话题可能有也可能没有

[如 1.1 节中的例（12）]。（e）中没有句法上的预设和话题，但是却有隐性的（时空）话题。而按照对隐性时空话题的理解，其实也可以说含有预设的时空内容。（e）的预设可以是"something happened"。由于话题是已知信息，那么往往也是被预设了的，因此，"信息结构由焦点和预设组成"与"信息结构由话题和焦点组成"实际上都说明 IS 包括新旧信息的组合。虽然所采用的不同术语在内涵上有差异，但都得出了相似的结论：一个句子的信息由旧信息和新信息构成。但从句法层面看，焦点和预设对应，话题和述题对应。从句法上是否有独立构型来看，话题和焦点都有可能以独立构型出现。因此，本书在分析话题生成机制时，仅涉及"话题和述题""话题和焦点"两个与 IS 紧密相关的概念，一般情况下不谈及预设。

本节主要回顾和分析了话题及与话题相关的概念，包括 IS、述题、主语、焦点和预设等概念的定义，并表明本书所持的基本观点。本书认为，话题和焦点是 IS 的两个基本信息元，前者表达旧信息，后者表达新信息。话题可能有句法依托，也可能没有，但一定具有［＋a］特征，焦点一定有句法依托。话题和焦点均有可能通过句法、形态和音韵等手段实现信息标记。关于与语用相关的概念，我们大概无法指望能得到一个普遍通行的定义，也无法指望满足所有的语用定义标准（Ariel 2008：1）。因此，此节意在为后面的分析阐明对相关概念所持的基本立场。

1.3　国内外汉语话题研究综述

汉语话题的研究主要有两条线路。一是传统的汉语本体研究。汉语话题研究源于对汉语主语的探讨，后来转移到对"话题"与"主语"两个概念和两者性质的分析，侧重对话题结构性质的描写。二是基于西方语言学理论，如功能语言学、生成语法或认知语言学理论，对话题的相关性质做出解释。本书结合传统语法研究，立足生成语法视角，因此，这里主要综述汉语话题和主语的区分、话题的生成，并指出已有研究的不足、面临的难题和发展趋势。

1.3.1　话题与主语的性质研究

如果从生成语法角度研究汉语话题结构，首先面临的问题就是主语和话题二者的性质分别是什么，以及二者在句法、语义、语用三个层面各自的地位分别如何。这是汉语语法研究中争议已久的问题。

国外对汉语话题的研究最早当属霍凯特（Hockett）。早在 1958 年他就指出（霍凯特 1986：219），汉语的述题部分本身又由话题和述题两部分构成。例如：

（28）我今天城里有事。

在（28）中，"我"是话题，"今天城里有事"是述题；"今天城里有事"中的"今天"是话题，"城里有事"是述题；"城里有事"中的"城里"是话题，"有事"是述题。汉语中话题和述题关系比较松散。受霍凯特影响，赵元任（Chao 1968）将"话题"和"述题"关系用于解释"主语"和"谓语"的关系，将汉语主语和谓语之间的关系视为话题和相应述题之间的关系。从此，汉语的主语和话题引起了人们的关注。后来，李纳和汤普森（Li & Thompson 1976：460）从类型学上将全人类的语言分为"主语突出型"（Subject-prominent Language）、"话题突出型"（Topic-prominent Language）、主语和话题都突出的语言和主语和话题都不突出的语言，并将汉语归于"话题突出型"语言。这样，汉语主语和话题问题引起了更广泛的讨论。

在国内，已有研究主要讨论的是主语和话题在三个层面上的性质和地位，目前争议主要集中在"汉语究竟是否有主语和话题范畴"这个问题上。综合典型观点，大致有五种看法。

一是"话题"说，即汉语只有话题－述题结构，没有主语－谓语结构。典型代表有赵元任（Chao 1968[1]）、徐通锵（1997）、沈家煊（2017，2019）等。

二是"主语"说，即主语是语法层面的概念，话题是语用层面的概念；语法层面没有话题成分以及话题－述题结构；句首的 NP_1 被称为大主语，NP_2 为小主语。代表人物有朱德熙（1985）、陆俭明（1986）、范开泰（1985）、徐杰（1993）、胡裕树和范晓（1993）、袁毓林（1996）、杨成凯（2000）、史有为（2005）等。

三是"双主语"说。该主张类似于"主语"说，但是实质上不同，典

---

[1] 该书中使用"subject"和"predict"这样的术语，实际上对应我们所说的"topic"和"comment"。

型代表是徐杰（2003）。徐杰认为主语和话题是性质不同的语法范畴，话题本身是一个语用概念，不是独立的句法成分，是某些句法成分的一个功能特征［＋Top］，与另外一个语法特征焦点［＋Foc］性质相似。

四是"主语和话题"说，即语法层面既有主语成分，也有话题成分，是两个不同的句法成分。代表人物有李和汤普森（Li & Thompson 1976）、曹逢甫（Tsao 1977，1987）、黄正德（1982a）、徐烈炯和朗根多恩（Xu & Langendoen 1985）、徐烈炯和刘丹青（1998）、石定栩（Shi 1992）、石毓智（2001）、陈国华和王建国（2010）、刘丹青（2016a，b；2018）等。

五是"题语"说。李金满（2006）就持这一主张，他认为话题在句法上是题语，题语和主语在句法上处于同一个层面，并和主语一起对应于话语语用层面的话题成分。

关于"主语"和"主题"（即话题）的讨论各有其可取之处，但各自也难免存在缺陷。"（大、小）主语"说和"双主语"说将主语和话题对立起来，忽略了话题的句法地位，而且无法区分同时包含话题和主语的句子。另外，带格位标记的名词作主语，但其仍然可以另带话题标记。因此，"语法层面没有话题结构"难以广泛涵盖经验事实。"话题"说肯定了话题和"话题－述题"在语法中的地位，但否定了主语和"主语－谓语"结构的作用。"主语和话题"说承认话题作为句法概念，但由于语用层面也使用"话题"这个术语，这导致无法区分作为句法概念的话题和作为语用概念的话题。在实际分析中，两者可能产生混淆。另外，携带［＋Top］特征的成分不一定是句首名词，且当有多个范畴具有该特征时，就会导致携带［＋Top］特征的主语与其他范畴在句法上重合。

综上所述，目前对话题和主语的探讨尚未得出一个令人满意的答案。已有研究基本承认语用层面的话题和句法层面的主语，只是"对这类话语结构句法身份的定位各有不同而已"（李金满 2006：243）。因此，需要从句法、语义和语用层面厘清话题和主语的性质。

除了以上关于主语和话题在三个层面的地位和性质的讨论，综合探讨话题结构的文献也相当丰富。方经民（1994）分析了汉语句子信息的种类和结构（焦点和话题）。徐烈炯和刘丹青（1998）以上海话为主要语料分析了汉语话题的结构和功能，成为汉语话题研究的范本。吴中伟（2004）从语法、语义和语用三个层面出发，综合分析了现代汉语句子的话题。陈国华和王建国（2010）从重新界定主语入手，探讨了无标记非主语话题。邱雪玫

（2011）专门考察了现代汉语话题－述题结构。聂仁发（2013）基于大量语料，描写和分析了汉语的主谓关系和有标记话题的特点。郑继正（2014）在优选理论（Optimality Theory/OT）框架下探讨了句法与 IS 的互动。周士宏（2016：267）区分了话题形式和话题所指物，并指出两者在某些情况可以分离，前者在语用功能上主要是给陈述的对象命名，后者则在句子担任一定的角色。

持功能主义观点的有李纳和汤普森（Li & Thompson 1976）、曹逢甫（1995）等。武果（Wu 1998）以"信息包装"理论为基础，描写和解释了汉语语法结构的语用功能。李秉震（2010）详细分析了汉语话题标记的语义、语用功能。

从认知或语言哲学角度研究话题的文献也不少。王寅（1999）从思维和认知程序上将汉语话题类 IS 的核心句型分析为"话题（起语＋主语）和述题（谓语＋宾语）"。文旭（2007）基于认知语法框架，指出话题构式本质上就是一个认知参照点构式，其中参照点是话题，目标为一个命题。受兰盖克（Langacker 1993，2001）的影响，李福印（2008）从认知语法中的认知识解角度讨论话题和主语概念，指出主语和话题属于不同层面上的参照点，前者属于句子层面，后者属于语篇层面；主语的目标是一个过程或关系，话题的目标是一个命题；话题是外在结构成分，主语是内在的结构成分。潘珣祎（2010）从语用与认知的角度，采用电视访谈会话语料，对汉语话题结构在会话中的信息特征、话语功能、影响话题结构使用的认知语用因素等做了统一解释。房战峰（2015）集中对汉语受事话题构式进行了研究。刘利民（2014，2016）从语言哲学和语用学角度探讨了汉语主语问题，主张将主语分为语句主语和句子主语，前者是言语使用层面的概念，而后者是语言分析层面的概念。

总体来说，对汉语主语和话题概念的界定争议较大，目前尚无一致公认的解决方案。造成汉语话题和主语难以分辨的原因包括三个方面。一是由主语和话题概念本身模糊不清导致的。何为主语？何为话题？不同学者给出了不同的定义。这是最为主要的原因。二是汉语作为一种不重形式的意合语言，其句法、语义、语用结构本身颇为复杂。三是未能在一个统一的理论框架内探讨该问题，在讨论话题和主语时标准不够明确。

1.3.2　话题的生成研究

生成语法框架下话题结构的生成问题近些年来受到了语言学界的广泛关

注。国际上有关话题的生成研究，早期研究多基于原则与参数理论（Principles and Parameters Theory/PPT）进行的，近些年来更趋向采用以最简方案（Minimalist Program/MP）为基本理论框架，并结合 PPT 的方式。目前，在生成语法框架内对话题的生成有两种典型解释：移位生成和基础生成。"移位生成"说（Huang 1982；Li 1990；Shi 1992；Shyu 1995）认为，话题成分在论元位置进入运算，然后移入更高的句外节点。也有人提出附加（adjunction）移位，目标节点是 IP 或 CP。例如，罗切蒙特（Rochemont 1978，1989）提出将话题结构附加到 IP 上；库利科弗（Culicover 1991）则认为有两种可能的归属位置（landing sites）：由于话题一定先于焦点，当没有焦点成分时，话题附加到 IP①，当有焦点成分时，话题必须从 IP 移至 [Spec，CP]。主张话题是附加成分的还有巴尔廷（Baltin 1982）、萨伊托（Saito 1989）、徐淑瑛（Shyu 1995）等。大概的结构如（29）所示：

（29）

句法制图研究者们（Rizzi 1997，2004；Cinque 2002 等）则认为存在专门的、独立的话题最大投射 TopP，见（30）。

（30）

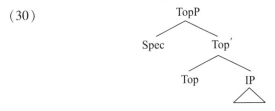

这种分析是较为主流的观点，但是对话题的位置尚未有一致的界定。例如，基斯（Kiss 1996）认为 TopP 在高于且紧靠 Focp 的位置，而切凯托（Cecchetto 1999）提出两种不同的话题节点：一种支配 FocP，另一种低于FocP，支配 VP，见（31）。

（31）a. [_{TopP} Topic_i [_{FocP} (_{VP} t_i)]]　　　　　　（Kiss 1996）

---

① 印欧语言具有时态、人称和数等屈折变化，屈折成分对应功能短语 IP。按照 Split IP 假设（Pollock 1989），IP 可以进一步分解为 TP、AgrP 等。由于汉语没有人称和数之类的屈折变化，也就是说没有印欧语言具有的完整的 IP 功能投射。但是关于汉语是否有表示时态的功能短语 TP，存在两种分歧：一种认为汉语有 TP，一种认为汉语没有 TP（如胡建华 2007，2010）。本书持前一种观点。因此，在本书的具体的汉语句法分析中，IP 实际上指 TP。

b.　$[_{TopP}$（Topic$_i$）$[_{FocP}$$[_{IP}$$[_{TopP}$（Topic$_i$）$[_{vp}$ t$_i$$]]]]]

（Cecchetto 1999）

话题"基础生成"说（Xu & Langendoen 1985；Xu 1986）则主张，话题被插入句外最大投射（extrasentential maximal projection），通过与论元位置上的复指代词（resumptive pronoun，简称 RP）或空语类同标（coindexing）得到格和 φ－特征（phi-feature）（即人称、数和性等特征）。这种分析基于约束关系和约束效应，得到了以钦奎（Cinque 1990）和斯沃拉基亚等（Svolacchia et al. 1995）为代表的学者的支持。他们认为存在一个专供话题生成的递归 CP 节点见（32）。

（32）$[_{CP}$ Top$_i$ $[_{CP}$ $[_{IP}$ $[_{VP}$ cl$_i$／$[e]_i$$]]]]$

（Svolacchia et al. 1995）

总体来说，由于语料的不同，分析尚有很大差异，难以做出统一的解释。

对汉语话题结构的生成研究，大致得出了四种典型解释："移位"说、"基础生成"说、"移位/基础生成"说以及生成语法之外的"线性顺序生成"说。主张话题移位生成的黄正德（1982）、李艳惠（Li 1990）、宁春岩（Ning 1993）等认为，汉语的话题化（topicalization）和关系化（relativization）都可能移位生成，受孤岛条件限制。另有宋国明（2008）、张敏（2009）等也持话题移位生成的观点。还有一种移位说来自徐杰（2003：17），见（33）。

（33）

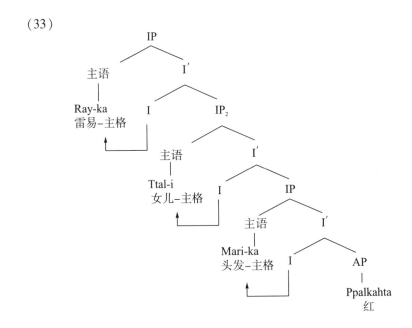

　　虽然徐杰并未明确指出话题一定是移位生成的，但他在句法上将话题均视为主语，话题没有独立的地位；话题结构的生成进入形式语法的运算系统后即转化为一个语法特征［＋Top］。因此，主语可以带上话题特征，但不管是否带话题特征，主语都通过［EEP］因格驱动而移位。这种分析实际上支持乔姆斯基关于 IS 的生成所采用的特征分析法。但该分析并未对［＋Top］和［＋Foc］特征的来源做出进一步说明；对为何有些主语能带上［＋Top］特征而有些不能，还有待进一步解释。

　　"移位说"还得到了神经语言学上的证据的支持。刘涛（2011）、杨亦鸣和刘涛（2013）利用高时间分辨率的事件相关电位（event-related potentials/ERP）技术，通过实验证明句首话题成分移位后会在原有位置留有语迹，语迹在汉语话题句中有其神经机制，从神经机制的角度逆向证实了汉语话题句是经由移位生成的句法结构。

　　李纳和汤普森（Li & Thompson 1976）、徐烈炯和朗根多恩（Xu & Langendoen 1985）、徐烈炯和刘丹青（1998：274）则认为话题结构在语法的基础部分产生，而不是移位以后派生的。他们主张将话题和主语都看作某个结构位置的名称；话题分为主话题、次话题和次次话题，分为在句法投射位置中的 IP 之上、IP 之下 VP 之上、VP 之内；普通话中最常见的是主话题，有少量次话题，但未提及是否有次次话题。

徐烈炯（Xu 1986）、顾钢（2001）、潘海华和胡建华（Pan & Hu 2008）、黄正德等（2009）、高秀雪（2011）等则认为有些话题是移位生成的，有些是基础生成的。黄正德等（2009：203）指出，并非所有的话题结构都是按照相同的方法推导而来的，有些话题由移位推导，并与述题句子的空位相关，其他话题与空位无关，可以按照关涉性话题（Aboutness Topics）加以解释，是基础生成的。例如：

（34）水果，我最喜欢［（水果中的）香蕉］。

黄正德等认为（34）是关涉性话题，是基础生成而来。他们以（35）为反例，否定了移位说。

（35）＊张三，我最喜欢［（张三的）爸爸］。

另有大量文献就某一种汉语话题的生成进行了探讨，如徐杰（1999，2008）、韩景泉（2000）、温宾利和陈宗利（2001）、马志刚（2011，2013）、熊仲儒（2012）、庄会彬（2013）、韩景泉和潘海华（2016）、张孝荣（2017）等。

另外，就话题结构的生成究竟是按照线性顺序还是层级顺序进行也有不同看法。目前大多数人赞同话题结构的生成遵循乔姆斯基的层级结构说，但也有人提出了反对意见。杨小龙和吴义诚（2015：56）以含有插入语"怎么说呢"之类的话题句为例，指出生成语法基于层级假设的移位分析难以成立，话题句按照话题先于述语的线性序列进行构建，因此提出了"线性序列构建"说。典型的话题结构有其固定的句法表征形式"Topic［Subject + VP］"。当然，他们论证所取语料范围有待扩充。比如，"线性序列构建"似乎难以解释"他给了儿子呢一幢房子，女儿呢一只钻戒"之类的 VP 域内话题的生成过程。另外，如果从句子话题看含"怎么说呢？"之类的话题结构，"怎么说呢"是插入语，位于［Spec，CP］位置，相当于 Wh - 词，其余部分是"话题 + 述题"，仍然可以按照层级分析得到解释。史有为（2005：10）指出，从初始性的话题结构来看，话题是初始概念，首先是有了话题，然后才能谈其他成分的安排；话题结构的协同化造成了不同的语言结构类型的产生，导致了不同的话题生成方式。史有为并未明确反对生成语法所主张的话题生成体现的层级性，但就生成顺序来说，他支持的是先有话题后有述题的线性顺序建构观。

汉语话题的生成研究虽然在 20 世纪八九十年代就得到了重视，但大都是在乔姆斯基的 GB 理论或 MP 框架内部讨论的。这类讨论关注的核心是句

法以及句法 - 语义和句法 - 音系之间的接口。但是，话题具有语用属性，因此，在探讨话题结构的生成机制时，不可忽略语用因素的影响。鉴于此，在单一的生成语法模式下分析话题，总容易出现顾此失彼的缺陷。已有研究观点的多样性也正好说明了该模式在分析汉语话题时解释力有所不足。

综上所述，传统的本体研究对汉语话题结构在三个层面上的特征进行了全面描写，但其中的不足之处也比较明显，它难以对话题结构所体现的句法、语义和语用特征做出统一的合理解释。国内对汉语话题的系统研究较少，更多的是针对某一类话题进行分析；国际上对汉语整体关注比较强烈，但除了在 20 世纪八九十年代有几篇专门研究汉语话题的博士论文，如蒋自新（Jiang 1990）、石定栩（Shi 1992）、宁春岩（Ning 1993）等，近 20 年来针对话题生成机制研究的专著并不多见。目前尚鲜有从模块化视角下对汉语话题进行全面考察的成果。总之，由于汉语学界对主语的界定长期缺乏共识，在有关话题的一些基本问题上，如话题和主语的关系、话题是如何生成的、汉语是不是话题突出型语言等，仍存在不少分歧（陈国华、王建国 2010：311）。由话题引出对句法 - 语用接口及其句法分布上体现的语用表征规律的探讨，以深入揭示其认知机制，这是目前句法 - 语用接口研究的主要问题之一。

1.4 选题由来

1.4.1 研究的问题、范围和方法

话题结构研究本应属于话语结构研究的范围。话语结构有宏观结构（macrostructure）和微观结构（microstructure）之分。话语宏观结构主要涉及信息主题，是完整命题表征包含的思想单位（idea units）；微观结构包含的成分就是微观命题（Singer 1990：161）。有关 IS 的句法研究应该被限定在微观命题的句范畴之内。本书研究的对象——汉语话题的句法生成属于微观话语结构研究范畴。本书的重心不是讨论话题在话语环境下的功能，而是话题实现其信息传递功能时它与其所在句子的基本句法之间的关系。概言之，本书研究的核心问题是汉语话题结构的句法生成机制和它所反映的句法 - 语用接口性质。

S$_{Top}$的推导和解读需要考虑的对象包括基本句子结构 S 和话题成分。如果采用单一的生成语法理论对话题结构进行分析会面临不少难题，究其原因，主要是该理论下的语法架构建立在句法自足的基础之上。但是，像话题这类的语用成分出现在句法中，似乎与其理论建构不兼容，这是否就意味着核心句法推导全然无效呢？显然也不是。任何一个话题结构的表达都必须依托句法存在，即便该话题成分本身可能没有独立的句法构型。那么，"如果 Mary 说一句话，是因为她想告诉 Susan 某件事——问题是这些方面的语言使用是否应该属于语法描写的一部分"（López 2009：22 - 23）。IS 到底是属于句外部分还是乔姆斯基所言的狭义句法（句法运算系统）范围之内呢？同样，在话题结构中，话题成分到底是属于语法运算范围还是应将之视为独立的信息部门的一部分？本书的观点是，S$_{Top}$不仅涉及句法内部的运算，还必须考虑其与句外模块的接口。

鉴于 S$_{Top}$的性质与特点，本书拟对以下两大问题进行尝试性研究。

第一，在生成语法框架内，语用如何进入句法？话题是否为一般的形式特征？究竟该如何建立一个适用于有关话题结构生成的语法模式？

第二，汉语话题成分可能有独立构型也可能无独立构型，为何会产生这种差异？不同汉语话题结构是如何生成的？汉语 S$_{Top}$的推导和解读受到哪些条件限制？反映了句法 - 语用接口的何种规律？

本书旨在一方面基于 OT - 语段为汉语话题结构的生成机制做出统一分析，另一方面基于汉语话题的研究，揭示汉语话题现象反映的语言认知机制，力求通过相关句法分析，为句法 - 语用接口研究提供经验的证据。

由于汉语话题是十分复杂的语言现象，对其基本定义都存在困难，这对研究范围的确定造成很大困扰。鉴于此，本书根据语用结构是否在句法上有独立构型，将汉语话题分为两大类——有独立构型和无独立构型话题，并提出了"语用构型"假设（Pragmatic Configuration Hypothesis）：

（i）如果一个语用成分从句法吸收构型，此时句法一定从语用吸收相关信息的显性特点；

（ii）如果一个语用成分未从句法吸收构型，句法只可能从语用吸收信息的隐性特点。

本书研究将话题视为语用概念，但基于句子层面探讨现代汉语话题的推导和表征。考虑到 IS 本身的复杂性，以及话题和焦点是最基元的信息类别，并且具有相同的生成机制，本书根据汉语话题是否有独立构型，将其分为有独立构型话题（A 型话题）和无独立构型话题（B 型话题）。对它们的界定分别如下。

（i）A 型话题：语言 L 中的话题 Topic 是有独立构型话题，当且仅当 Topic 按照 L 语言的常规语法组合规则处于非常规句法结构位置。

（ii）B 型话题：语言 L 中的话题 Topic 是无独立构型话题，当且仅当 Topic 按照 L 语言的常规语法组合规则处于常规句法结构位置。

本书将具体研究范围确定为：A 型话题包括左置带复指代词话题（简称左置话题）、左置带空位话题（简称话题化话题）和既不带空位也不带复指代词，但处于非常规位置的话题（简称悬垂话题）。B 型话题包括的种类具有不确定性，本书主要分析主语话题、状语话题和时空话题等。

本书采用基于语料的分析法，并结合对比法和比较法进行论证。书中所采用的语料主要来源于北京语言大学（BCC）语料库（http：//bcc. blcu. edu. cn）（荀恩东等 2016）现代汉语文学作品以及相关话题研究文献中的典型例句，尽量选择贴近现代汉语日常口语的句子作为讨论对象。对比法是指将汉语中合法的表达与不合法的表达进行比较，从而得出某个结论。比较法则是将两种或两种以上不同语言相似的现象进行对比，从而做出某种解释。本书在具体的句法分析中主要采用这两种方法。

1.4.2　研究的难点和挑战

本书面临的难点有两个方面，在此需要说明。

一是学界尚未能对汉语话题的判断和分类做出统一界定，对话题的测试和判断主要依靠直觉，客观性有嫌不足。本书对话题的界定和分类采用了学界的部分已有研究成果并初步给出了自己的观点，而本书研究的重点是话题结构的句法生成机制，但由于话题的定义和分类又是探讨生成机制的前提，因此，这可能造成本书研究存在较为明显的不足。

二是韵律在某些语言中也是话题标记，话题的解读可能涉及音韵 - 语用之间的互动。但是，IS 可能只是间接地影响句法，话题和焦点特征并没有真正进入句法（Fanselow 2006：3）。另外，焦点（这里所说的焦点包括话题和焦点）的音韵 - 语用互动不依赖句法上的移位分析（Erteschik-Shir 2007：33），可能只涉及表层句法与语用部门互动。有些语言的话题和焦点都以自己的音韵形式实现显著性，语用直接与音系接口（Tsoulas 2015：476）。虽然有关 IS、句法和音韵的关系也有其他意见，但本书支持音韵和语用直接互动的看法，属于语法之外的处理。而且，汉语话题并不采用音韵策略来实现（周士宏 2016：102；另参见徐烈炯、刘丹青 1998：31）。因此，有关音韵的看法和本书的研究关系不大，但这仍可能造成有关话题生成机制研究在全面性上有所不足。

1.4.3　研究的创新点和意义

本书的创新点主要有三个方面。

第一，对汉语有独立构型和无独立构型话题的生成做出较为统一的分析和解释，这明显不同于以往将研究对象聚焦于某种或某些话题结构上的做法。已有生成语法研究多关注有独立构型话题的生成机制，将无独立构型话题排除在外。无独立构型话题虽然没有句法上的独立地位，但其语用属性与有独立构型话题并无差异。对话题产生机制的研究应该将两者综合起来考虑，做出统一分析，才有可能深入揭示话题涉及的句法－语用接口的相关生成机制及其背后的深层动因。

第二，以句法为核心，持句法、语用各自自足的语言模块观，将话题视为来自语用部门的语用算子，并作用于句法，这不同于大多数汉语话题生成研究将话题视为一般形式特征的分析方式。本书提出 OT－语段模式，将 OT 句法理论作为修补机制用于语段推导中的汉语句法－信息（话题）接口，以弥补单一的经典生成语法理论在解释汉语话题生成上的不足。

第三，采用了从宏观到微观再到宏观的研究路径，这也是本书的特色之一。

本书的研究意义主要包括理论和实践两个方面。

理论上，一方面，采用 OT－语段分析模式，为汉语话题结构生成机制的探讨提供了一种新的尝试方案。另一方面，以汉语话题结构为对象，探讨句法与 IS 在形态句法与话语语用之间的互动中各自的劳动分工，为语言与一般认知之间的关系，以及生物语言学范式下的语言研究带来新的启示。汉语是一种话题显著和话题概念结构化的语言，对汉语话题的考察不仅可以验证相关理论的解释力，还能为语言类型学提供新的支撑证据，因此有着重要的理论。

实践上，话题生成机制的研究成果可用对外汉语教学。对在对外汉语教学中遇到的非常规句法规则现象，可以从 IS 的角度考虑去解释，从而有助于解决教学中遇到的此类问题。另外，该成果还可能为人工智能（AI）、自然语言理解（NLU）、机器翻译（MT）等方面的研究提供支持。

1.5　本书框架

本章简要介绍本书的研究对象和目标、话题及相关概念，回顾和梳理汉语话题、主语之争和已有话题生成研究，并简要概括和分析这些研究存在的主要争议、难点和不足，最后对本书的研究问题、范围、方法、难点、创新点和研究意义等做了简要说明。

第 2 章主要介绍本书研究涉及的主要理论背景，包括语言模块观、生成语法理论（包括最简方案、语段推导、分裂 CP 假设）和 OT 句法理论等。回顾经典 Y - 模式在处理与话题等语用相关的成分上所持的基本观点，并指明特征分析的不足；梳理了已有修正后的 Y - 模式，包括特征分析、句法（内）- 语用接口分析和句法 - 语用接口分析，并对它们的解释力做出评价。

第 3 章从理论上探讨有关 IS 的语法架构问题。针对经典语段理论在解释 IS 时面临的包含条件（Inclusiveness Condition，简称 IC）限制、前瞻性（look-ahead）和局域性问题以及单一语段推导在解释话题生成中的不足，提出语用"话题算子"假设和 OT - 语段模式。

第 4 章主要从句法和语用上探讨汉语话题的性质。概述有关汉语话题和主语研究的主要观点，指出将各观点置于生成框架分析可能存在的问题，从而提出将话题和主语视为句法、语用和语义层面上的不同概念。针对话题的语用属性和在句法上的不同表现，结合莱因哈特和贡德尔对话题的分类，将汉语话题分为 A 型话题和 B 型话题，最后详细分析汉语话题的［＋a］语用特征。

第 5 章主要根据 OT - 语段理论对汉语中典型的 A 型话题推导做出统一分析，包括左置（带复指代词）话题、话题化话题和悬垂话题。针对已有研究在这些话题结构的生成上的争议，本书采用关系化、重构效应、孤岛效应、约束受阻效应等手段对话题成分是否发生移位进行测试，从而判断其是否发生移位，并指出经典语段分析可能面临的问题，然后在 OT 语段下对各类话题的核心句法操作、句法 - 语用接口操作和 OT 评估输出进行分析。

第 6 章探讨 B 型话题的生成和句法－语用接口。首先概述了此类话题的基本属性，重点考察了主语话题、状语话题和时空话题。对它们的生成方式进行句法测试，并在 OT－语段理论下解释此类话题的推导和解读过程。另外还专门讨论了汉语非宾格动词前 NP_1、方位名词和介词性话题标记等的性质。

第 7 章是结论。主要总结本书的新观点，阐明汉语话题生成研究的生物语言学意义，并指出本书研究存在的问题和后续研究努力的方向。

2　相关理论背景

话题结构的生成机制涉及核心句法和句法－语用接口。本章主要介绍本书所持理论视角和需要采用的具体理论：生成语法下的最简方案之语段理论和接口操作涉及的 OT 句法理论。2.1 讨论语言模块观及其对语法架构的影响。2.2 介绍 MP 的基本理念、语段推导下的基本操作和句法功能投射。2.3 介绍优选句法（OT-Syntax）及其与语段理论的兼容性。2.4 回顾 IS 在生成语法理论 MP 之前和 MP 时期的语法地位，并指明主流生成语法理论在解释 IS 时面临的难题；梳理三类典型的修正后的 Y－模式，分析它们的优点和不足。本章旨在为后面章节的理论探讨和句法分析做准备。

2.1　语言模块观

乔姆斯基（Chomsky 1980，1988）坚持语言模块性假说。该假说认为人的大脑成模块化构造，由多个次成分组成，每个次成分专司不同的功能；语言官能是与视觉、数字等认知模块并列的一个特殊认知模块，同时又具有自身的次系统。这种观点始于他对结构主义和行为主义心理学的批判。

20 世纪四五十年代的美国结构主义语言学派致力于寻找语言的"发现程序"，即基于大量的语料，通过切分、归类、替换等程序分析和概括出语法规则。这种模式建立在经验主义哲学和行为主义心理学理论基础上，仅注重对表层结构和语言表现，即"外化"语言的描写，置语言的内在心理因素于不顾，这完全割裂了语言与心智的关系（傅顺华 2016）。乔姆斯基（Chomsky 1959）认为，如果要建立具有深度解释力的语言理论，对语言现象和语言事实进行概括仅仅迈出了第一步，必须揭示引发、规范与制约这些现象与事实背后的深层原理。他猛烈抨击了行为主义心理学代表斯金纳

（Skinner）的"言语行为"理论，指出语言获得靠外界刺激是远远不够的，必须有一个天生的生物体即语言官能来处理输入的信息以组织自身的行为。语言官能具有复杂结构，由基因遗传决定，并且有一个成熟发育的过程。

乔姆斯基（Chomsky 1965）区分了语言能力（competence）与语言表现（performance）。语言能力是指说话者天生的语言知识，又被称为普遍语法（Universal Grammar，简称 UG），为人类所共有。语言表现是指运用这种知识的能力。他认为语言能力是语言学研究的重点，应该将语言学视为心理学的一部分，将语言作为一种"心智"状态进行研究。语言能力是一套组合性规则或原则，这些原则能够利用有限的词汇生成无限可能的句子，这个原则系统就是"生成语法"。语法由三部分组成，构成概念上不可缺少的条件（Chomsky 1995）：（i）运算系统（语法）必须与感知－运动系统有一个接口；（ii）运算系统必须与概念－意旨系统有一个接口；（iii）运算系统必须与词库有一个接口。乔姆斯基坚持以句法推导为中心，运算系统的基础生成部分是句法部门（component），而音位和语义部门是"解释性"的。学界有人将这种观点称为"句法自足论"（Autonomy of Syntax）或"句法中心主义"（syntactocentrism）（司富珍 2008：161－162）。乔姆斯基将语言作为一种心智状态进行研究，将语言学视为心理学的一个分支，持高度的心理模块观，他的语法架构是高度模块化的。

语言是"具有无限能力的有限系统"，这是语言的"基本性质"（the Basic Property）：每一门语言提供无限层级性的结构化表达阵列，并在两个接口得到解释——供外化的感知－运动接口和供心智处理的概念－意旨接口（Chomsky 2016：4）。每一门语言都至少包含一个运算程序以满足这个"基本性质"。因此，按此定义，语言理论是一种生成语法，语言则是内化语言（Internalized Language/I－语言①）。I－语言是人类的一种生物特性、（很可能是）大脑的某个次成分、宽泛意义上的心灵/大脑的一个器官，其中"器官"是一个生物学术语。在这里将心灵视为某个抽象层面的大脑。这种方法有时被称为生物语言学框架（Biolinguistic Framework）。语言科学研究的目标就是寻找基因天赋作用产生的人类独有的语言能力及其特定的I－语言例示（instantiation）。I－语言是人类的生物特性，很可能是大脑的某个次成

---

① I－语言是内在的（internal）、内涵的（intensional）和个体的（individual），而 E－语言则是外在的（external）、社会的（social）、非个体的（non-individual）和外延的（extensional）。

分，是宽泛意义上的心智/大脑的一个器官，其中"器官"是一个生物学术语，心智则被视为某个抽象层面的大脑，因此，生成语法采用的生物语言学视角，是生物语言学框架下的 I－语言研究。

谈到模块观，一种典型的认知模块观来自福多（Fodor 1983）。福多认为，心智/大脑的许多功能可以被当作"心智器官"或"加工模块"，语言也是一个模块。语言就如感知，是一个输入系统。不同于福多的语言模块，乔姆斯基（1995）所言的语言模块与认知系统相关，是指专门的"学习机制"（learning mechanisms）。这种机制是通过遗传基因天赋的，最初以初始状态出现，通过后天的语言输入，并经历语言官能的发育成熟，最终使人获得语言能力。生成语法研究关注的核心问题就是语言能力的本质。不同于生成学派，认知语言学、功能语言学等其他语言学流派主张结合语言能力和语言表现，将语言置于一般认知或社会文化背景下来研究。乔姆斯基等则认为长期以来人们将语言作为一般认知研究，未能区分人类语言和动物交际的共同部分与独有部分（Hauser et al. 2002）。因此，应该将语言从一般认知中分离，才可能更好地揭示语言的本质。观点上的这些差异导致了他们在语法架构上持有不同看法。生成语法的语法架构是建立在如下语言模块观之上的：核心句法是独立、自足的；句法和句法之外的模块通过接口实现互动，句法并不是完全封闭的。这种句法自足模式可能在处理话题、焦点之类的 IS 时面临一些难题：IS 究竟属于句法还是语用部门？句法－语用如何实现互动？对于句法和语用来说，句法自足也意味着语用自足，因而，在生成语法框架下，句法－语用通过接口建立联系。语法模块观引出的语法架构上的争议表现在两个方面：一是句法是否自足？二是句法在何种程度上是自足的？将句法置于不同的地位，导致了生成语法内部和各语言学流派建构的各种语法模式上的差异。

2.2　生成语法理论

自 1957 年乔姆斯基引领的生成语法学派诞生以来，生成语法的句法架构已经历了五个阶段的发展：经典理论、标准理论、扩展的标准理论（包括修正的扩展的标准理论）、原则与参数理论（PPT），以及最简方案（MP）时期。接下来介绍生成语法理论最新发展阶段的 MP 方案下的语段推导，以及 MP 采用的基本句法功能投射框架——CP 分裂（Split CP）假设。

2.2.1 语段理论简介

20世纪90年代，生成语言学从PPT理论发展到了MP。"经济原则"（Principles of Economy）成为MP语言理论建设的奠基石，强调在句法表征与运算推导两方面都力求达到最简程度，不仅应该使用最精简的方法研究语言，而且语言本身的构成与运算也符合最精简原则的精神。乔姆斯基（Chomsky 1998，2001，2004，2016）提出，语言是一个完美的优化设计的系统，自然语言的语法创造的结构为与心智中的其他部分完美地接口而设计。这里的"其他部分"是指言语系统和思维系统。MP取消了D-结构和S-结构，句法运算系统直接从词库挑选词条，然后按照短语规则通过合并操作手段生成相应的结构，两个接口将语音和语义结合起来。语法只剩下狭义句法内的"合并"操作（包括隐性操作和显性操作/内部合并和外部合并）及两个接口的映射，即由一个句法运算系统、一个句法-语义接口和一个句法-语音接口构成。该模式用图示表示就像一个倒写的字母"Y"，因而被称为"Y-模式"①，见（1）。

（1）

句法研究要考虑人类语言机能的处理能力（Chomsky 2000a）。作为生物器官，人类语言机能处理信息的能力有限，受限于活动记忆区的容纳能力，每次只能处理一个有限的结构，优化运算要求严格的循环合并操作模式。句法推导分段进行，每段即为一个语段。有关语段的理论叫作语段理论。

乔姆斯基（Chomsky 2000a，2001）提出，CP和及物性 vP② 是语段。CP表示一个完整的句子复合体，包括特定的语力（force）；v＊P表示一个

---

① 也有人称之为"T-模式"。

② 乔姆斯基（Chomsky 2000a）将及物性 vP 标记为"$v*P$"，且用斜体"v"表示轻动词。但更多的文献在具体的句法分析时并不区分 vP 的及物性和非及物性，对于 v 也采用正体形式，本书亦如此。

完整的题元（论元结构）复合体，包括一个外论元（Radford 2009：381）。语段理论认为，一旦一个语段形成，该语段中心语的语域即补语就被移交（Transfer）到语音部门和语义部门以供处理，分别得到合适的语音表征和语义表征，不再进入下一步的运算，这就是语段无渗透条件（Phase Impenetrability Condition/PIC）。该语段的其余部分则继续进入下一个语段的推导。在所有语段推导完成之后，其余的成分再进行移交，包括处于语段边缘（edge）的标志语及附加语和语段中心语。映入 S-M 接口的过程叫"拼读"。通过拼读生成语音形式（Phonetic Form/PF）和逻辑形式（Logic Form/LF）。语段边缘负责与语用相关的因素接口。接口条件是检验句法过程是否合法的手段。用树形图展示如（2）：

(2)

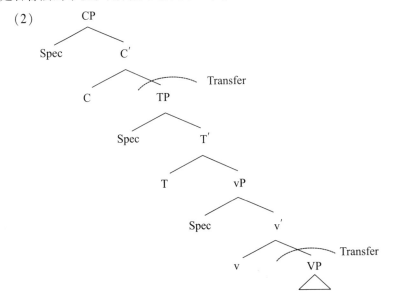

根据语段理论，语段有两个作用。一是运算作用。语段中心语携带无解特征，如 T 的 Φ-特征（人称、数、性等特征）和 EPP 特征，进行相关移位操作。按照乔姆斯基（Chomsky 2005）的观点，T 的特征是从语段中心语 C 处继承而来的。二是解读作用。语段与解读系统接口，句法表征必须为解读部门所识别。

根据 MP，词库直接满足句法推导。语段操作包括基本句法操作和接口操作。句法操作包括"提取"（Numeration）和"运算"（Computation），其中"运算"又包括"合并"（Merge）、"匹配"（Match）、"一致性"（Agree）、"赋值"（Valuation）等操作。句法操作要遵守包含条件和局域性限制。句法与外部系统的接口要满足"可识别性条件"（Legibility Condition）。接口操作包括移交和拼读。下面对这些操作进行简要介绍。

Ⅰ. 提取。提取是指句法运算从词库提取词项和特征，以备句法运算。按照乔姆斯基（Chomsky 2000a，2004）的观点，句法运算并不直接从词库提取词项，而是先有初始提取。初始提取一次性将句法推导所需要的词项和特征都准备好，这些被选中的词项及相关特征形成一个集合以备句法运算使用。句法运算时根据需要在该集合中进行选择，即分提取（subnumeration）。这样，句法推导时不必关注整个提取，而只要关注所指语段需要的词汇的次矩阵（sub-array）。这是"多次拼读"（multiple Spell-Out）的条件。从提取中得到的词项进入推导，并带有特征，这些特征受狭义句法的控制。

（3）Which book did John read?

  Numeration = $\{which, book, did, John, read, C, T, v\}$

被提取的词项可能通过分提取被多次使用（下标数字表示被选择的次数）。[1]

（4）I think everything will be ok.

  Numeration = $\{I_1, think_1, everything_1, will_1, be_1, ok_1, C_2, T_2, v_2\}$

Ⅱ. 合并。语言的层级架构依靠运算系统，而运算的基本手段就是合并。句法根据内在的词汇限制选择词项进行组合，这就是合并操作。合并包括外合并（external merge）和内合并（internal merge），内合并也就是"移位"（Move）。将两个互不包含的对象 X 和 Y 组合在一起就是"外合并"；如果 X 包含 Y，将 Y 移位再与 X 组合则是"内合并"，内合并是指特征核查驱动下的移位操作。最小运算原则要求被合并的 X 和 Y 都不会通过合并而被修改，且在合并后得到的 Z 中以无序的形式出现。反复合并生成某些语段。具体操作如（5）所示。

---

[1] 本书将初始提取标记为 Numeration，第一次分提取标记为 $Numer_1$，第二次分提取标记为 $Numer_2$，以此类推。

（5）

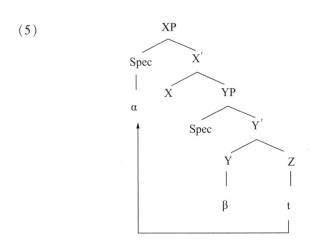

其中，Y 和 Z 进行外合并，X 和 YP 进行外合并。YP 与 X 合并后，YP 中的 α 移位至 XP，实现内合并。

Ⅲ．匹配。匹配是指携带语义无解特征的探针（Probe）寻找与之匹配的携带语义有解特征、可以给该特征赋值的目标（Goal）的过程。特征包括语义有解特征（interpretable features）和语义无解特征（uninterpretable features）。前者是具有语义内容、可以为语义部门识别的特征；后者不具有语义内容，无法为语义部门所识别，因此在进入语义部门之前必须被删除（delete）。按照 MP，这些形式特征均来自词库，通过初始提取以备运算使用。句法操作中，带语义无解特征的中心语充当探针，在局域范围内寻找一个可以为该语义无解特征赋值的目标。这就是特征匹配过程。也有人将特征匹配取代特征核查（feature checking），如雷德福（Radford 2009）。特征匹配操作包括实现一致性操作和语义无解特征得到赋值的过程。

但是，潘俊楠（Pan 2016：77）认为，匹配不同于一致性操作和特征赋值。一个特征可以被视为一个属性-特征值对（Attribute-Value pair）。匹配只是探针和目标之间的特征属性的匹配，并不一定是特征值的匹配。例如，代词"he"具有的特征如（6）所示。

（6）he：[PERSON：3rd]

　　　　[NUMBER：singular]

　　　　[GENDER：masculine]

左边诸如 PERSON、NUMBER 和 GENDER 的项为属性，右边诸如 3rd、singular 和 masculine 的项则为特征值。两个词项可能有相同的属性，但具有不同的特征值（Pan 2016：78）。在（7）中，设想 T° 是可能的探针，"he"

是可能的目标。匹配操作核查这两者所携带的相关特征是否具有相同的属性，而不考虑它们的特征值（同上）。

(7)   T°   ···   he

        ［PERSON：＿＿＿］   ［PERSON：3rd］

        ［NUMBER：＿＿＿］   ［NUMBER：singular］

        ［GENDER：＿＿＿］   ［GENDER：masculine］

T°所携带的特征和"he"所携带的特征具有相同的属性［PERSON，NUMBER，GENDER］，从而能够建立匹配链接。一旦探针发现可匹配的目标，目标携带的相关特征就与探针携带的特征实现匹配，然后特征赋值才开始。汉语代词涉及的匹配操作同样如此。例如，代词"他"和"他们"有相同的属性，但是有不同的特征值：一个为单数，另一个为复数。一个词汇成分进入推导时，该成分所携带的特征能够具有特征值，但也可能不具有任何特征值，这意味着探针和目标相互匹配，只是属性相同，而特征值可能不同。概言之，通过匹配操作，可能仅完成特征属性的匹配，而未实现特征赋值。

综上所述，匹配操作有两种说法：一种是特征属性的匹配，如潘俊楠（Pan 2016），另一种是特征值的匹配，如雷德福（Radford 2009：296）。特征属性的匹配是特征值匹配的前提。特征值的匹配是特征核查的同义语。只有特征被赋值之后，才真正实现一致性操作。为了避免术语混淆，本书的观点是：匹配操作仅实现探针和目标之间的特征属性的匹配，一致性操作是实现特征值匹配的过程，匹配和一致性完成之后，实现特征核查。

Ⅳ. 一致性和特征赋值。一致性操作是指带语义无解特征的探针选择带有与之相同的特征的过程，实现特征值的匹配。按照"特征赋值相关性"（Feature Value Correlation）设想，语义有解特征在进入推导前已经被赋值，进入推导前未赋值的特征是语义无解的（Radford 2009：288）。特征赋值则指探针的语义无解特征得到从目标复制（Copy）而来的特征，从而被消除的过程。乔姆斯基（Chomsky 2001）指出，探针和目标均活跃时，才可以进行一致性操作。"活跃"是指一个成分（不管是探针还是目标）含有一个或多个语义无解特征。语义无解特征使该成分活跃。探针携带的特征是语义无解的，语义无解特征没有被赋值，如（7）中的T°仅具有属性，并未得到赋值（Pan 2016：77）。实现特征属性的匹配之后，一致性操作则仅针对特征值，探针携带的未赋值的特征只能在推导过程中通过某种依存关系获得赋值。一致性是唯一能够为语义无解特征提供特征值的操作。携带已经得到赋值特征的目标为探针未得到赋值的特征赋值。一致性操作复制目标上的语义有解特征给探针携带的语义无解特征。简言之，赋值由特征核查组成，特征核查的结果就是删除探针和目标之间所有的语义无解特征。特征核查包括两个操作：一是特征（属性）的匹配操作，二是特征（值）的一致性操作。语义无解特征的赋值被包含在一致性操作之内，见（8）。

（8）

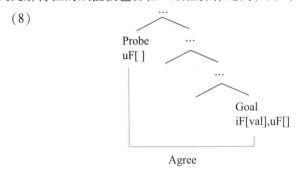

Ⅴ. 移位（内合并）。移位是指特征核查后目标移位至探针所在短语的相应位置。MP 理论最初认为语义无解特征匹配要求强特征驱动目标进行移位，弱特征并不导致目标移位（Chomsky 1995）。强特征和弱特征在具体语言上有差异，比如，英语中的［Wh］特征是强特征，汉语中的则为弱特征。为了做出统一解释，强特征必须在显性句法中得到核查；弱特征必须在 LF 得到核查。不过，在语段理论中，乔姆斯基（Chomsky 2000a）放弃采用强特征和弱特征的说法，认为移位由来自词库的［EPP］特征驱动的，功能中心语以及 v 均可能携带有［EPP］特征，［EPP］特征驱动相关成分移位到这些中心语的 Spec 位置。

接下来看语段推导所受的条件限制，主要包括包含条件限制和局域性条件限制。

第一，包含条件限制（Chomsky 1995：209）：任何通过运算形成的结构由词库中已有成分构成，运算过程中不能增加任何新的对象。

第二，局域性条件限制要求所有语法操作在局域范围内进行。按照语段推导的目标与探针关系来看，所有的语法操作涉及一种探针 P 与局域目标 G（该目标离探针足够近）之间的关系，以保证"最小搜索"，降低运算负担。

局域性条件限制包括两个方面：语段无渗透条件（PIC）和最小连接条件（the Minimal Link Condition/MLC）。

Ⅰ. PIC：一个语段中心语成分统制范围内的任何一个目标，对该语段之外的目标来说都是无法渗透的。

Ⅱ. MLC[①]：一个探针与最近距离的目标进行一致性特征核查。

PIC 要求语段中心语的补语在推导完成后就被移交，不再进入下一步的推导。MLC 则阻止探针与最近距离目标之外的目标之间实现一致关系。

句法表征需要满足接口条件，即"充分解读"（Full Interpretation/FI）原则。在 PPT 时期，乔姆斯基（Chomsky 1986）指出，狭义句法推导输出一组表征 < PHON，SEM >，语音表征必须为语音部门（S－M 系统）识别，语义表征必须为语义部门（C－I 系统）识别。只有这样，句法推导才能汇聚，否则就会崩溃（crash）。这就是可识别性条件（Legibility Condition）。到了 MP 时期，接口条件限制改为"充分解读"原则，即一个输出表征的每个成分应该为认知系统的其他相关部门提供一种有意义的输入（Chomsky 1995：27）。这两者的区别是，前者要求每个句法对象必须能为 C－I 系统所识别，后者要求每个句法对象必须有语义内容（Zeijlstra 2009）。语段推导必须遵守充分解读原则。

运算系统按照句法操作限制和接口条件限制完成推导之后，语段补语被移交到接口部门——语音部门和语义部门，从而得到语音表征和语义表征。[②]

2.2.2 CP 分裂假设

至此，这里有必要解释 CP 分裂假设（Rizzi 1997），它与功能投射紧密相关。有关该假设的提出背景，需要追溯到乔姆斯基提出的 X－阶标理论。20 世纪八九十年代，大多数人承认这样一个事实：功能投射的层级性差异在中心语所涉及的库藏、数目以及相关顺序中都可能具有普遍性（Cinque 2002：3）。在此期间，乔姆斯基（1986：3）提出将 X－阶标模式扩展到屈折词（Inflection）和标句词（Complementizer），这引起了人们对功能中心语的关注。80 年代中期学界有人主张，功能成分的句法投射与 X－阶标图式一致，即一个句子的每层用 X－阶标表示就是 VP、IP 和

---

① 即"最短距离移位"（Shortest Move）（Chomsky 1995：267－268）。

② 有两个术语需要澄清：移交和拼读（Spell-out）。移交常常用来指拼读，尽管如此，拼读仅指移交到 S－M 系统。由于没有另外对应的术语表示向 C－I 接口的移交。奇特科（Citko 2014：41）主张采用"解读"（Interpret-out）表示向 C－I 系统的移交。

CP。但这似乎过于简单。波洛克（Pollock 1989）指出，IP 还可以分解为 AgrP、TP、AspP 等，从而提出了"一个特征一个中心语"（One Feature One Head/OFOH）假设，即"每一个形态句法特征对应于功能层级中的一个带特定槽的独立的句法中心语"。另外，因多论元动词（Multi-argument verbs）的存在，VP 也可分解为多层。例如，为了解决多层补语难题，拉森（Larson 1988）提出了"VP 壳"假设（VP-shell Hypothesis），一个 VP 结构包括两个中心语——v 和 V。随着对功能投射研究的深入，里齐（Rizzi 1997）在 X－阶标图式相关研究的基础上提出补词层的 CP 分裂假设。

里齐指出，CP 可分解为 ForceP、TopP、FocP 和 FinP 等［如（9）所示］，这些功能短语可能同时出现，也可能只出现一部分。它们都与句法之外的语用部门相关，这样，补词 C 系统处理的是句子本身之外的内容。中心语 Force 携带的特征决定"句子的类型"或"语力"（force）；TopP、FocP 与话题、焦点概念相关；FinP 位置的特征与该句动词的屈折、人称、语气（mood）、时态（tense）、体貌（aspect）或非限定形式相关（印欧语系语言的非限定形式用不定式表征）。

(9)

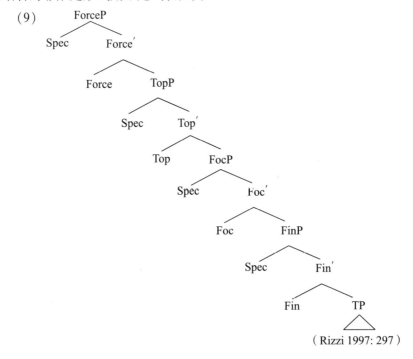

（Rizzi 1997: 297）

　　根据这一假设，话题和焦点短语可以在句法功能投射中得到表征。但需要注意的是，它们是选择性出现的。一个句子的句法投射中可能有TopP，也可能没有TopP。功能中心语对应的标志语是功能成分出现的位置。例如，话题化或焦点化的成分就分别出现在［Spec，TopP］或［Spec，FocP］。中心语Top之下，即Top的补语是话题对应的述题部分；中心语Foc之下，即Foc的补语是该焦点对应的预设部分。按照CP分裂假设，有关话题和焦点的短语都以独立的身份选择性地出现在句法投射中。但显然，这不包括那些没有独立构型的话题和焦点成分。

　　CP分裂假设的提出开启了制图理论下句法功能表征研究的序幕。制图理论，又叫作制图法（Cartographic Approach），是基于最简方案下的句法投射，尤其是CP分裂假设、另外还包括IP分裂假设（Split IP Hypothesis）、主语在vP内假设（vP-internal Subject Hypothesis）等相关功能投射假设，为语法特征和中心语间的对应关系寻找句法分布地貌图。句法制图的描写目标就是去研究构建句子的功能中心语的数量和标记，描绘自然语言的功能结构（Cinque 2002：3）。该理论一方面通过句法表征状态揭示句法部门和语义、语用等部门之间的映射关系，由此对句法表征规律折射的语言认知规律进行探索。另一方面，它主张语言之间的统一性（Uniformity），尤其强调功能中心语的句法表征规律的普遍性，因此它与语言类型学紧密相关，对句法、语义、话语和IS研究都做出了显著贡献。

　　按照分裂CP假设和制图理论，所有语言的架构都包含三个层面——VP层/词汇层、IP层/事件层及CP层/语用层，区别在于将论元解读为事件还是话语。具体到句法投射上，句子投射就包括由CP层、TP层和vP层组成的三分结构：首先，词汇层（vP）合并词汇要素；然后是屈折层（TP），解读事件并进行格/一致性特征核查；话语层（CP）是话语解读层，这三层都对论元解读和允准至关重要，如（10）所示。

（10）　[ForceP TopP FocP FinP　　[AgrP NegP TP　[vP VP...]]]

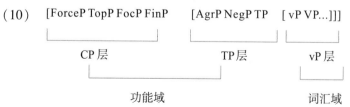

　　其中，vP层关涉题元授予，表达句法与语义的接口；TP层表达vP与句法主语及其他论元之间的关系，负责论元特征，如格（case）和一致关系

（agreement）的合法化；CP 层一般由一个自由的功能语素充当中心语，寄主是话题、疑问或关系之类的算子、焦点化成分等，编码句子的命题内容，以及与话语等相关的句子的意义（Rizzi 1997：281；Benincà 2001：39 - 40）。这样，CP 和 TP 层为功能域，vP 层为词汇域。句法投射完好地反映了句法与语用的接口、形式与功能的结合状态。基于语段的 IS 制图理论致力解决以下问题：信息状态是怎样清晰地表征在句法结构上的？如何实现语法编码？"在这些特性中，哪些进入人类思维和信念系统？哪些作为语法特征得到表征？"（Shlonsky 2010：424）。句法推导从本质上揭示了句子的生成过程，而句法制图能将推导后的句法表征特性系统地展示出来，从而揭示句法结构背后所隐藏的人类语言深层认知表征规律。CP 分裂假设下的句法制图在解释汉语话题的句法表征上具有显著的理论优势，因此，本书按 CP、TP 和 vP 基本结构骨架分析话题的表征规律。

2.3　生成语法与优选句法理论

2.3.1　OT 句法

OT 最先用于音系研究（Prince 2004，Prince & Smolensky 1997），后来被扩展至语言研究的其他方面。20 世纪 90 年代开始，OT 与句法理论，尤其与生成语法中的 PPT 或 MP 结合（Prince 2004，Grimshaw & Samek-Lodovici 1998，Samek-Lodovici 1996，Grimshaw 1997，Pesetsky 1997，Barbosa et al. 1998，Legendre et al. 2001，Broekhuis & Woolford 2013），形成了 OT 句法方案。该方案旨在对某种语言中的某些特定语言现象的产生机制做出解释。

OT 机制是关于不同限制条件相互竞争的机制①。OT 系统根据层级性等级标准，将一个输入对象映射到一个输出对象。在该系统中，选择什么对象作为输入和输出对象，以及采用何种表征模式均极为关键。OT 句法可以采用将语义表征映射作为输入对象，映射到以句法表征作为输出对象的模式（Grimshaw 1997；Vogel 2004：214），也可以采用输入和输出对象都是句法

---

① 与句法和语用相关的限制条件（condition）构成 OT 中的制约条件（constraint），或称制约项。

表征的模式（Vogel 2001，2004）。这两种具有不同的输入和输出对象的 OT 系统存在差异。

在 OT 句法机制中，语法是不同等级的普遍性制约（universal constraint）条件，它由一套组织完好的制约条件构成，并运用到结构或语义表之中。这些制约很可能相互冲突，因而按照有关方面的程度被划分为不同表征之中。它们在一定条件下可以被违反或回避，但这并不会导致句子的不合法。处于高级别的制约会压制低等级的制约而表现为最优。语法的优选输出与"最佳表现"有关。表现最优项破坏层级等级中违反程度最弱的项之后，该项的输出就是最优的。

例如，如果存在两个普遍制约条件 C_1 和 C_2，且 $C_1 \gg C_2$，可能产生的候选句子（即候选项）有两个——a 和 b，其中 a 违反制约条件 C_2，b 违反制约条件 C_1，那么 a 和 b 的优选竞争结果是：a 为最优选项（见表 2.1）。

表 2.1 候选项竞选表（Kager 1999：13）

	C_1	C_2
a. ☞候选项目 a		*
b. ☞候选项目 b	！*	

注："*"表示条件被违反，"！"表示被淘汰，"☞"表示最优选项。

按照 OT 理念，语言表达的完好性只是相对的，一个表达是完好的，是因为它是一系列参与竞争的候选项中的最优选项。这一设想可以应用于 IS 的识别、推导和解读研究，这与话题、焦点之类的信息结构常常表现出非常规状态密切相关。从语言表达的完好性来看，话题、焦点结构有可能不那么合乎语法，也就不那么"完美"。OT 句法方案可以为这样的"不完好"性做出解释。

以焦点识别为例来看 OT 句法的运作机制。亨德里克斯（Hendriks 2004：48-49）以"only"焦点为例，采用 OT 方案对词类表达中的焦点识别做了分析。焦点识别受三种条件限制。

Ⅰ. 句法条件（DET）[①]：如果存在一个带有 Det 的 N，那么采用该 N 来限制该限定语的量化域，采用该句的其余部分来限制该限定词的量化范围。

---

① DET：Determiner。

Ⅱ．句法结构（FP）[1]：如果一个焦点小品词被嫁接到一个 XP，采用该 XP 限制该焦点小品词的焦点，采用该句的其余部分限制该焦点小品词的背景。

Ⅲ．焦点化（FOCUSING）：如果一个成分对一个焦点小品词的焦点有贡献，那么采用该成分来限制该焦点小品词的量化范围，采用该句的其余部分来限制该焦点小品词的量化域。

假设"only"焦点表达遵循以下制约等级：

FOCUSING ≫ FP ≫ DET

以"Only CATS purr"为例，其中的焦点识别表现如表 2.2 所示。

表 2.2　OT 下"Only CATS purr"中的焦点识别表现（Hendriks 2004：50）

Input Only [$_{N'/NP}$CATS] [$_{vp}$purr]	FOCUSING	SYNTACTIC STRUCTURE（FP）	SYNTACTIC STRUCTURE（DET）
Q-Domain：CATS FOCUS：CATS	＊！＊		
Q-Domain：CATS FOCUS：purr		＊！＊	
☞Q-Domain：purr FOCUS：CATS			＊＊
Q-Domain：purr FOCUS：purr	＊！＊	＊＊	＊＊

注："＊＊"表示违反，"＊！＊"表示严重违反。

从该表可以看出，当量化域为"purr"、焦点为"CATS"时，其输出违反的限制最少而表现最优。

根据穆勒（Müller 2015：121－122），OT 句法中的优化选择可能仅运用一次，也可能运用多次；优化范围可能是整体的，也可能是局部的。其中，最优化范围包括句子（并行最优化或顺序最优化、推导的或表征的最优化）、最小分句（如 CP，潜在的顺序最优化/推导的优化）、语段［CP、vP（AgrOP）］、DP（顺序、推导的最优化）、短语（顺序最优化、推导的最优化）等范围。这些优化可以是语序上的优化，也可以是推导或表征上的优化。如果在语段模式中进行，句法结构的建立和最优化操作以循环交递的方式得以应用。

---

[1]　FP：Focus Particle。

2.3.2　OT-语段方案

严格来说，OT 和 MP 都不是理论，而是解决问题的技术方案。MP 不是生成语法理论下的一种特定理论，OT 也不是一种评判输出项的精密理论。尽管 MP 和 OT 貌似两种不相干的理论范式，但实际上它们在整体范式上并没有本质上的区别，而是非常相似的（Broekhuis & Woolford 2013：122）。

首先看 MP 中语段理论下的语法架构，该架构概括如下（11）：

（11）

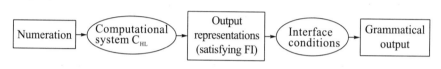

（Broekhuis & Woolford 2013：123）

按照经典语段推导模式，首先从词库中提取出词项，构成词汇矩阵以备句法运算使用，接着进入核心句法运算，即递归合并操作。一个携带语义无解特征的探针在局域范围内搜索合适的目标，并赋予该目标相应的特征值。当递归运算进行到穷尽状态时，所有的成分被移交，输出句法表征形式，为概念-意旨系统和感知-运动系统所识别，实现语义和语音上的"充分解读"。其中，EPP 特征核查迫使相关成分移位至带 EPP 特征的短语的 Spec 位置，从而使后面的推导继续。语言运算系统具有普遍性，因而决定了每次运算后可能输出的表征。但事实上，由于参数差异，各种语言在语序上表现不同。这与一个携带语义无解的功能中心语，包括及物性 v 充当的探针是否携带 EPP 特征相关。早期 MP 认为，是否选择 EPP 特征与所讨论的语言的词库有关，是事先确定的。乔姆斯基（Chomsky 2001）后来又提出 EPP 特征可能被选择性地授予一个探针，这样可以解释某些移位，如冰岛语中的宾语前置的动因。但是，宾语前置与该句的 IS 相关。乔姆斯基认为 EPP 特征的授予受制于"输出条件效应"（effect-on-output condition）（Broekhuis & Woolford 2013：124）：

当该效应对句子的意义有影响时，EPP 特征才能被授予。"输出条件效应"实际上就如一个过滤器，对一套可能的输出表征进行过滤，其实就是所谓的接口条件。尽管这些条件在某种语言中为选择合乎语法的输出表征起着重要的作用，但 MP 仍然未能提供一个通行的方式以满足接口条件需要。OT 或许可以填补这一空缺。

再看 OT 句法的基本建构思想，具体如（12）：

（12）

（Broekhuis & Woolford 2013：125）

从（12）可见，OT 包括两部分：一个是发生装置，称为发生器（generator），它生成一门特定语言的某种候选项的集合；另一个是评价装置，称为评估器（evaluator），它从候选集合中选择最优项。评估器由一套具有普遍性和可回避性的限制组成，由特定语言的制约等级决定最优候选项（Archangeli & Langendoen 1997；Broekhuis & Woolford 2013：125）：

Ⅰ．如果候选项能够满足高等级的制约，则允许其违反低等级的限制；

Ⅱ．通过违反或满足更高等级的制约解除与低等级的制约关系。

综合以上分析，OT 和 MP 具有相同之处：两者都有一个生成装置，以确定一套可能的结构，具体语言通过这种生成机制的过滤装置选择可接受的句子。

当然，它们之间的差异也很明显：MP 注重的是语言的生成机制，OT 注重的是评估过滤机制。句法限制与 OT 限制之间的根本差异就是：MP 下的句法规则限制是"绝对"不可违反的，但 OT 下的限制（即制约）并不那么绝对，它们是相对的。"绝对"是指如果一个句子违反了某个制约条件 C，该句不合法；"相对"是指如果一个句法违反了制约条件 C，它不是一个"好"的句子，但是它如果违反 B 就会变得更"糟糕"，如果违反 A，那么比违反 B 还要"糟糕"（Vikner 2001：326）。

尽管有人认为以推导为导向的 MP 与 OT 之间存在重要的差异，但实际上它们是可以兼容的（Legendre et al. 1998：285－286；Müller 2015：120）。对 MP，一是它本身实际上承认有些原则是可以违反的，如为收敛成功而违反拖延性原则不是对经济原则的违反，不为收敛成功的违反才是对经济原则的违反（Chomsky 1995：374；熊仲儒 2006：31）。二是 MP 的发展一直没有忽视过滤机制的重要性。乔姆斯基（Chomsky 1995：220）指出：

语言 L 结果生成三组相关的推导：推导集合 D、D 的汇聚推导子集 D_C 和 D 可接受的推导子集 D_A。充分解读（Full Interpretation/FI）决定 D_C，经济条件选择 D_A……D_A 是 D_C 的子集。

在 MP 中，过滤装置被赋予了不同的名目，如整体经济性（global

economy)、纯输出（bare output）、输出效应条件等，但这些不同的过滤条件却没有被整合成一套互相联系与制约的过滤系统（Broekhuis & Woolford 2013：132）。

与 MP 相反，OT 注重的是过滤装置，很少关注发生器。如果将两种方案相结合，生成装置就是运算系统 C_{HL}，过滤装置就是 OT‑评估器。将两者结合起来，即得到 OT‑MP 组合下的语法架构，如（13）。

（13）

```
┌───────┐     ╭──────────────╮     ╭──────────────╮     ╭──────────╮     ┌──────────┐
│ Input │ ──► │ Computational │ ──► │ Candidate Set│ ──► │   OT-    │ ──► │ Optimal  │
│       │     │ System C_HL   │     │(satisfying FI)│    │Evaluator │     │ output   │
└───────┘     ╰──────────────╯     ╰──────────────╯     ╰──────────╯     └──────────┘
```

（Broekhuis & Woolford 2013：132）

将该模式运用于语段推导中，就可以得到 OT‑语段模式。该混合模式下的语法架构表明：运算系统和优选机制各有分工——前者负责基本的句法运算，后者负责句法‑语用接口，最终输出最优化的语言表达。这一理念源于句法中那些不可违反的原则为满足具体语境的需要而被人们违反这一事实。

本书将句法运算中的"绝对"不可违反的制约条件称为局域性条件限制，把"相对"不可违法的制约条件视为（句法‑语用）接口条件。将 OT 与 MP（语段理论）结合后，不再要求一个合法的句子必须符合所有语法规则要求，而是将可能的句法表征输出项通过 OT 评估，违反制约程度最低的候选项才是最优选项。

乔姆斯基提出"语言设计是完美的"的设想。但实际上，一种方式可能对某个接口是完美的，而对另一个接口来说并不完美。因此，不同接口条件的完美接口之间相互冲突，只能通过保证某个接口的完美而使其他的接口不那么完美（Zeijlstra 2009）。一个接口的完美有可能意味着其他相关接口的不完美。语言官能可能提供多种选择方案，语言（最佳）输出是各个接口条件相互竞争实现最优化的结果。这也就是 OT‑语段模式力求解释的。在 OT‑语段推导模式中，竞争结构只用于语段左缘的句法‑语用接口运算中。这里的发生器创造的候选集合不仅包括语段推导涉及的句法限制，还包括语言信息显著性等限制，语用限制和句法限制一同参与竞争，评价机制选择最优项，最终的选择直接影响话题成分的选择和其所在的语段左缘位置。鉴于此，本书拟采用 OT‑语段模式探讨影响话题结构生成的句法内和句法外因素。

2.4 生成语法对信息结构的处理

2.4.1 最简方案前的 Y－模式

从生成语法标准理论时期开始，语义（LF）部门都是语法结构中不可缺少的一部分。生成语法将研究对象限定在句法之内，认为涉及语用和语用意义的研究不是语言（能力）研究的主要目标。但是，如前文所述，即使以句法为基本研究单位，不涉及具体话语研究，在面对 IS 这样既含句子基本意义又含语境成分的语言结构，也不可避免地需要将 IS 的生成机制纳入其基本语法模型架构之中。事实上，乔姆斯基本人也承认 IS 在语法架构中不可或缺的地位。

生成语法对 IS 地位的看法存在一个演变的过程。在标准理论时期（1965—1971）的语法模式中，语义由深层结构决定，话题－述题则是表层结构的基本语法关系，与语义无关，大致对应于深层结构的基本主谓关系。句子中的"话题"是在表层结构中受到句子支配的最左边的名词短语，该句的其余部分就是述题（Chomsky 1965：221）。另外，乔姆斯基还指出，话题和主语往往会重合。例如，在"it was John who I saw"中，"John"既是主语也是话题。

在扩展的标准理论时期（1972—1974），由于语义已改为"由深层结构和表层结构共同决定"。主谓关系由深层和表层共同决定；诸如焦点－预设、话题－述题等 IS 则是通过表层结构性质，而非深层结构决定的；在英语中，焦点移位直接受韵律显著性也就是主重音的驱动，在表层结构得到解读（Chomsky 1971）。"话题－述题"关系必须与"主语－谓语"关系区分开来（Chomsky 1976：107）。

在修正后的标准理论时期（1975—1980），生成语法将研究的重点由规则系统转向了对规则的限制，而规则限制主要体现在对句法各个组件部分的规则的形式和数量的限制上。"转换"一词逐渐被新的术语"α 移位"（move α）代替，移位该受到什么样的原则限制成为研究的核心问题。移位产生"语迹"（trace）。与语迹有关的理论叫"语迹理论"（Trace Theory）。

而这一理论的提出使语义表征可以在表层结构上得以解释，因此，表层结构也决定语义。那么，处于表层的 IS，也就与语义相关。乔姆斯基（Chomsky 1980：64）在谈到焦点和预设在语言模块中的地位问题，即焦点之类的信息究竟是语义问题还是语用问题，是否属于语法的一部分时，他的回答是："关于重音和预设，有理由相信，这些规则属于语法能力范围内，因此，它们的性质出现在意义表征之中。"

乔姆斯基的回答虽然肯定了焦点和预设出现在意义表征层面，所遵循的规则应该也属于语法能力范围，但似乎难以肯定焦点和预设本身是否属于语法/语言能力范围之内。他还强调，要对语言知识做出更为全面的解释，就要考虑语法与其他系统，尤其是概念结构和语用能力，以及其他诸如进入世界的"常识理解"的知识系统和信念系统之间的互动（Chomsky 1980：92）。从这点看，作为与语用相关的 IS，似乎可能是通过句法与语用的接口实现互动的。

在原则与参数理论（PPT）（1981—1993）时期，条件理论研究的深入开展使生成语法在总体模式和研究方法上产生重大转变，从具体语言规则系统的研究，转向了人类普遍语法的原则系统的研究。乔姆斯基（Chomsky 1981）指出，像话题化、异位等现象确实引出显而易见、实实在在的问题，有多种可能的方式来处理这样的现象。他认为话题化是移位的结果："话题化和分裂（clefting）现象是正常的，话题化成分前移，很可能在基础位置留下语迹。"（Chomsky 1981：94）他还强调，GB 理论必须得到扩展，从而可以解释包括左异位成分、话题、谓词性名词等在内的情况。

2.4.2　最简方案时期的 Y - 模式

20 世纪 90 年代，生成语言学从 GB 理论发展到了 MP 阶段。MP 将"经济原则"确立为语言研究与语言理论建设的奠基石，强调在理论表征与运算推导两方面都力求达到最简程度，不仅应该使用最精简的方法研究语言，而且语言本身的构成与运算也符合最精简的原则。乔姆斯基（Chomsky 1999，2004，2008）指出，语言是一个完美的优化设计的系统，自然语言的语法创造的结构为与心智中的其他部分完美地接口而设计；确切地说，这个其他部分是指言语系统和思维系统。

在 MP 初期，乔姆斯基（1995：202）指出，表层效应（如话题 - 焦点）似乎涉及音系部门之内的额外层面，在形态后（postmorphology）、音系前（prephonetic）伴随 PF 和 LF 进入接口。在 IS 究竟何时以何种方式进入语法这个问题上，乔姆斯基并没有给出一个确切的答案。这也可以从他于 1999 年接受《神经语言学手册》（*Handbook of Neurolinguistics*）第一主编、《脑和语言》（*Brain and Language*）杂志第 68 卷语用学专栏特约主编施特默尔（Stemmer）的采访中看出。当被问及"怎么看待某种语法部门，它与语用相关，并不是自足的（例如，有些部门要求语用输入），在这种情况下，语用必须在逻辑上先于那个部门，并被包含于语言能力之中？"这一问题时，他的回答是，"运算－表征系统通达（access）语言使用的特征（feature of language use），尽管我也不清楚（I have no idea）这样的系统是什么样子的"（Stemmer 1999：399）。他还特别提到了 IS（Stemmer 1999：399－400）：

> 语言交流中，新旧信息是关于背景的、参与者被认为共有的东西[这种东西往往被误称为"话语"（discourse）；完全没理由认为具有"话语"那个术语的意思]。如果进一步假设（看似正确的）新旧信息与狭义句法中的"异位效应"相关，并假设（纯粹出于正确性）我们通过转换操作在狭义句法中表达这些异位效应。我们应该说宾语提升（object-shift）、话题化等确实访问了共同背景信息吗？这似乎是不相干的；我能想到的任何对直觉想法的阐述都导致运算系统处于无望的地步，迫使我们努力勾画出适合一切的理论，这不可能是理性追问的话题。一种更为理想的方法就是将这些操作归于"自足的"，也就是说，广义句法，从而将语用理解为一种关于解读表达性质（如异位）方式的理论，这种解读是通过语言的外部（但是对个人来说是内在的）系统、根据新旧信息进行的。如果这样，句法（狭义或广义）是"自足"的，与语用学无关①，尽管我只有在回应所谓的"句法自足"方面的论点时才使用"自足"一词……我一向认为语用是普通语言学理论中的核心部分；但语用不属于我所说的"能力"范畴之内。

在最简方案之前，生成语法主张句法部门建构整个句子，一切都需满足解读机制的要求，从而一切句法问题，包括 IS，都经句法机制得到解读。自 20 世纪 90 年代以后，只有句法的 PF 和 LF 得到解读，但是其余的部分可能属于句法内部问题，也可能属于句法外问题。从乔姆斯基多次不太肯定的

---

① 原文为"narrow syntax is autonomous of Pragmatics"。

表述来看，他倾向于把 IS 置于广义句法之内，这也可以从上述引文看出。

随着 MP 的发展，乔姆斯基（Chomsky 2000a，2001，2004，2005，2008）提出了语段理论，主张应该更加注重用外在因素来解释语言性质，认为感知－运动系统和概念－意旨系统，以及运算效率（经济性）的一般（语言之外的）性质要求，都会给接口施加限制。句法外语段的跨语法模块研究及语法操作的局部性等是近几年兴起的热门话题（李海、程工 2016：304）。语段理论下的分析认为 UG 对句法与 IS 之间不设定特定的联系，句法无法进入 IS，向左缘的移位只是受到了 CP 的边缘特征的驱动（Fanselow & Lenertová 2011）。也就是说，在乔姆斯基的 Y－模式中，来自语用的 IS 是依靠形式特征在句法的逻辑层面得到解读实现句法（语义）－语用接口的。

如（14）所示，语段推导按照循环递归合并操作模式进行（另详见 2.2.1）。

（14）

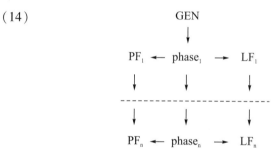

（von Stechow 2012：2177）

语段边缘均涉及句法－语用的接口处理。乔姆斯基（Chomsky 2008：151）在语段推导模式中对 IS 的处理如下：

> 在语段推导模式中，语段中心语的边缘特征是不加选择的：它在语段范围内可以搜索任何目标，所带的限制性条件［如残余移位（remnant movement）、恰当约束（proper binding）等］由其他因素决定。以 DP 话题化为例，语段中心语的边缘特征能够搜索语段中的任何 DP，并将之提升到 Spec-PH（语段中心语的标志语位置）。除非待话题化的短语有某种特定的标记，否则不存在干扰效应。即使那样可行，那也是多余的，尤其是如果采用里齐的左缘结构方案：被提升的成分在其到达的终点位置被识别为话题，任何额外的设定（specification）都是冗余的。

总体来说，IS 在生成语法理论发展史上一直没有被忽略，但也一直是一个棘手的问题。乔姆斯基倾向将 IS 视为语言能力的一部分，属于句法部门；话题和焦点作为特征出现在句法推导中。他支持里齐（Rizzi 1997）将话题视为特定投射，位于句首的观点。虽然他认为话题和焦点之类的表达看似属于话语语用的东西并不属于语用，仍然属于句法自足范围，但是，他对这些来自语用概念的解读还是未提出较为理想的处理策略，而他本人也提到"我也不清楚"（I have no idea）（Stemmer 1999：399）。在 IS 的处理问题上，他实际上并未能给出一个比较明确的解决方案。因此，IS 在句法自足的 Y-模式中该如何处理，这一问题仍然尚待解决。

2.4.3　修正后的 Y-模式

IS 在 MP 中被视为语言能力的一部分，与其他句法现象一样在 Y-模式下得到解释。但 Y-模式是一种严格的语法模型，它只能解释局限于狭义句法生成并解读的表达，而事实上，如果要揭示语言的本质，必须承认并探索语言的复杂性，而语言的复杂性绝非全部来自句法（Jackendoff 2002）。句法映射到语义的运算也可以依靠句法系统之外的因素（Reinhart 2006）。与语用紧密相关的 IS 便是如此。IS 的句法-语用/话语接口关系可从多个方面去解释。当前对 IS 在句法运算机制中的解读的研究争议主要集中在对两个问题的探讨上：一是就话题（与焦点）来说，语用和句法的界限在哪里？二是焦点、话题之类的 IS 是怎样进入句法的？这具体体现在包含条件限制（见 2.2.1）以及话题、焦点等语用特征是否来自词库两个方面。如果话题和焦点作为形式特征来自词库，这与它们作为语用概念的基本定义性属性不符；如果它们不是形式特征，那么就不是来自词库，而只有一种可能——它们是在句法推导过程中出现的，但这又违反了包含条件限制。

另外，从 Y-模式的理论建构来看，语用和语义信息属于不同的系统，而事实上，语义模块在句法推导实现与 SM 和 C-I 的接口之前就能够内在地进入句法推导。因此，句法-语义是一种内在接口，而句法-语用是一种外在接口。已有最简模式下的语法架构反映的语义-语用之分尚不那么清楚。完全基于句法的 Y-模式在解释话题和焦点等 IS 时往往难以成功，因为在谈论语用信息时，必须将之放置于高于句子层面的话语层，将语用因素考虑在内。当前最简模式将语言的输出仅仅视为是通过狭义句法和两个接口解读得到的，这使得 Y-模式很容易处于被动境地，解释力也被削弱。鉴于此，有人基于 Y－模式，提出了修正后的 Y－模式，以期解决生成语法在解释 IS 生成上的不足。

按照句法与 IS 的统一程度，目前大致有三种解决方案。

Ⅰ．将 IS 统一于句法。这一模式继续坚持双接口，语用被视为句法特征，通过运算系统，作为特定的结构构型，或是作为推导的特定条件直接编码在句子中。话题和焦点作为与一般形式特征性质相似的特征来自词库，参与句法运算（如 Rizzi 1997，2004；Aboh 2010；Erteschik-Shir 1997，2007）。

Ⅱ．将 IS 视为独立模式，但仍属于语法部门，IS 与句法直接或间接接口（Reinhart 2006；Jackendoff 1972，2002；Vallduví 1990；Tsoulas 2015）。

Ⅲ．将 IS 归于语用部门，句法后有一个句法－（语用）信息接口。这是一种激进式的句法、语用独立观（Büring 1997；López 2009）。

从本质上看，对生成框架的不同解决方案都持语法模块观。差异在于究竟核心句法和 IS 在何处连接：在句法内还是句法外。本节将就以上三类典型的 IS 语法架构模式进行概述并做出简要评价。

2.4.3.1　句法特征分析法

特征分析法将话题、焦点视为直接来自词库的形式特征。话题和焦点之类的 IS 与其他句法特征没有本质上的差异。从句法运算模式来看，该分析仍然完全基于 Y－模式，IS 是语法的一部分，因此它们并不是真正意义上修正后的 Y－模式。持该观点的分析大致有两种形式。一种是话题和焦点特征被视为来自词库的强制性特征，话题和焦点被视为功能中心语，有自己特定的投射位置，并有自己的句法分布地貌图。里齐（Rizzi 1997）、钦奎（Cinque 2002）等引领的句法制图研究者们均持这一观点。另一种是话题和焦点特征被视为与一致性特征相同的选择性特征，能够渗透到它们所在的词项中心语的最大投射上，这种观点典型的代表是埃尔特施克－希尔（Erteschik-Shir 1997，2007）。

首先看强制性特征分析法。制图理论提出者里齐认为，话题和焦点作为功能中心语，带有［＋Top］或［＋Focus］特征，并有其自身的功能投射位置。如（15）所示，前移的话题和焦点在结构上遵循 X－阶标图式，分别为中心语 Top 和 Foc 的投射。话题化或焦点化的成分处于 Top 或 Foc 位置。Top 和 Foc 在一些语言中是以显性形式实现的。

（15）

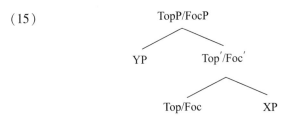

　　这种分析中，话题和焦点被视为与其他短语结构投射属性相同的对象，直接参与句法运算，从而统一于 Y－模式，无须增加其他条件限制。这实际上支持了乔姆斯基的观点，也得到了他本人的认可。但是，话题和焦点在许多语言中有专门的句法位置，有些与句子中的其他成分重合。例如，汉语中的话题就可以有句首专门的位置，也可能与句子中其他成分（如主语）重合；依靠重音实现的汉语焦点没有特定的句法位置，而是依托句子中某个成分实现的。因此，这种分析并不能对那些没有专门句法位置的话题和焦点做出解释，也没有探讨话题和焦点涉及的音系方面的问题。

　　阿柏（Aboh 2010）认为，词库中完全可能有话题、焦点和疑问之类的语用特征，句法运算可以直接从词库提取①这些特征。以疑问词被焦点化的运算为例。要生成疑问句（16），运算时需要从词库中提取（17a）中的词项，如果疑问词被焦点化，运算时则需要从词库中提取（17b）中的词项。疑问词被焦点化的句子推导过程为（18），其中的"did""John""who"均经历了复制、删除和移位（Aboh 2010：37）。

（16）Who did John love?

（17）a. ｛C，T，*who*，*did*，*love*，*John*｝

　　　b. ｛Inter，Foc，T，*who*，*did*，*love*，*John*｝

（18）... [InterΦ [FocP who [Foc did [TP John [T did [VP John love who]]]]]]

　　阿柏还以语用结构化语言贡语（Gungbe，格贝语族中的一种语言）为例，指出其中的话语小品词（particle）的句法性质决定了句子的表层结构，IS 被话语小品词编码，从而直接进入句法。阿柏（2010：32）指出，名词短语 NP 有特指（definite）NP 和非特指（non-definite）NP 之分。对话题，限定词短语 DP 内的特定性标记与句中的话题性匹配。按照语段推导，话题中心语探寻一个有定或特定的成分②，该成分被吸引到标志语位置，被解读

---

① 这里指初始提取。

② 即话语照应性（discourse-anaphoric）成分。

为话题。贡语中只有特指或特定性成分（既有定或特定的 NP 的）可以被话题化，附加语必须具有指称性才能话题化。DP 成为话题或焦点成分并不是偶然性的，而是它们由于具有话题或焦点特征。在感叹、话题和焦点中，涉及的某些句法操作（包括特征匹配）表明目标必须被标记，以满足探针需要的相关特征。这些特征是选择性的，不会加入其他新的对象。因此，这类句法运算并不违反包含条件。他认为这种分析的好处是话题、焦点成分和 Wh－表达在跨语言上有着相同的分布限制，从而支持钦奎（Cinque 1990）、里齐（Rizzi 1997）等的句法制图研究结果。另外，该分析方式没有增加任何新的理论假设，它不仅完全与包含条件兼容，而且支持乔姆斯基（Chomsky 1995）所持的形式特征一般与语义相关并反映语义性质的观点。

　　虽然特征分析法能够将 IS 统一于 Y－模式，无须增加其他假设，但是，其局限性也显而易见。首先，就如存在专门表示疑问的疑问词一样，语言中是否广泛存在标记话题和焦点之类的词。如果一门语言缺乏这样的词，其中的话题化或焦点化现象可能难以得到解释。其次，该分析法仅将具有独立构型的 IS 概念考虑在内，忽略了话题和焦点与句子中其他成分重合的情况。另外，该分析法对焦点和话题的音调性质重视不足。

　　另一种是基于 Y－模式的选择性特征分析法。埃尔特施克－希尔（Erteschik-Shir 1997，2007）将 IS 视为与一致性特征性质相似的特征，具有渗透性。埃尔特施克－希尔（Erteschik-Shir 2007：43）认为，两分法将话题和焦点视为分离的、独立的实体，容易导致忽视话题和焦点之间的互动。因此，他将 IS 称为 F－结构（focus-structure/f-structure）。F－结构包括话题和焦点，它们是解释信息现象所需的唯一的信息结构元，而无须诉诸其他信息元。话题和焦点与句法、语义和语调（intonation）接口。该模式并不以两分法的方式切分句子：话题和焦点不一定是互补关系，句子的其他部分构成了背景。例如：

（19）John said that he knows Peter.

（20）Q：Where is the book？

　　　　A：I gave it to Mary.

（19）中的主句部分"John said"既不是话题也不是焦点，（20）中的"I"是话题，"Mary"是焦点，两句中的非话题和非焦点部分都是背景。

　　埃尔特施克－希尔（Erteschik-Shir 2007：56－57）指出，乔姆斯基的

Y-模式有明显的缺陷：一是句法与语音、语义接口，但语音和语义没有接口；二是 IS 特征在 PF 和 LF 中都有，那么必须已经存在于句法之中，但如果话题和焦点特征不是由词汇引入，就违背了包含条件；三是 IS 特征驱动的选择性移位问题。MP 中的移位由强制性特征核查驱动，排除选择性移位。因此，Y-模式没有办法将 C-I 接口的语义有解特征授予给发音-感知①（A-P/articulatory-perceptual）接口的音调性质；MP 中的选择性移位并没有句法上的动因，而是 IS 驱动的移位，这种移位是选择性的。

按照埃尔特施克-希尔的观点，话题和焦点特征是词汇选择的一部分，每一个词语被选择性地授予话题和焦点特征，［top］／［foc］特征与 φ-特征一样，能够渗透到它们所在词项的最大投射上。这样就顺利地避开了乔姆斯基的包含条件。在这种分析中，话题和焦点并没有充当功能中心语，投射出相应的短语结构，它们类似于 φ-特征，可以被选择性地从词库中得到提取。例如：

(21) a. Q：What did John wash?

　　　　A：HE WASHED THE POTS.

　　b. 选择 "pots" → 授予［foc］特征

　　　　选择 "the" 　→ 没有授予特征

　　　　选择 "wash" → 没有授予特征

　　　　选择 "he" 　→ 授予［top］特征

　　c.

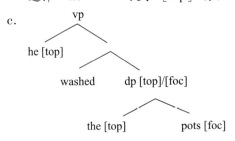

从话语的恰当性看，根据问句（21a Q），"he" 识别为话题，授予［top］特征；"pots" 为焦点，授予［foc］特征。这些特征渗透至 dp（determiner phrase，限定词短语）。（21c）就是合并后的树形图。

该分析仍然将话题和焦点视为句法特征，但这些特征仅选择性地出现在句法运算中，就如一致性特征。话题和焦点特征具有渗透性，可以渗透给它

---

① 乔姆斯基本人更多时候使用"感知-运动系统"。

们所在短语的中心语，从而使整个短语携带话题或焦点特征。显然，这种分析可以解释那些没有专门的话题和焦点投射的 IS，但是，该分析存在的问题也比较明显：IS 特征为何一开始可以出现在 VP 之内？VP 表达基本论元关系层，并没有涉及语用。如果话题和焦点特征一开始就可以直接出现在 VP 短语内被提取的词汇上，那么很可能在 vP 语段内就进行了特征核查，也就不再有动因移位到语用层 CP。而事实上，话题和焦点可能出现在 CP 层，也可能在 IP 层，具体情况需具体解释：特征在何时被选择并渗透到其所在的短语中心语上，为何会进一步移位或者不再移位？以汉语话题句（22）为例：

（22）李四，唱歌的声音很好听。　　　　　　　　　　　（Paul 2014：220）

从语用上来看，至少"李四"可以分析为话题。按照埃尔特施克－希尔的分析方法分析如（23）：

（23）[DP [top 李四，[IP 唱歌的声音]]] [foc 很好听]。

DP"李四唱歌的声音"的中心语"的"（或者将"声音"视为 NP 的中心语）得到 [top] 特征，使"李四唱歌的声音"具有话题特征，但是如何使话题特征分解到"李四"，而"唱歌的声音"受 EPP 特征核查需要处于 [Spec，IP] 上，这似乎难以解释。换言之，为何"李四"要脱离"唱歌的声音"而独立存在？按照埃尔特施克－希尔的分析，这是没有必要的，因为该分析认为没有独立的话题功能中心语投射。另外，[top] / [foc] 作为词汇本身所带的特征来自词库，哪些词可以携带话题特征，哪些词可以携带焦点特征，也需要进一步说明。但是根据汉语话题可能的语类，这种分析的解释力似乎有限。

实际上，埃尔特施克－希尔仍然坚持的是特征分析法，只是在运算时的提取方式不一样，是选择性的，这确实与话题和焦点的句法表现事实一致。但是，他一方面认为"话题和焦点特征来自词库"的观点存在的不足，另一方面他又承认话题和焦点特征的存在，选择性地通过特征投射贯穿句法投射。这可能构成了理论的自我否定。而且，该方案未能解释为何话题和焦点这样的语用概念来自词库。另外，尽管可以标记有无构型的话题，但是未能介绍移位生成和基础生成的话题产生差异的动因。最后，通过增设表征层面的方式解释信息结构的句法标注问题属于"费力的方案"（张孝荣 2020：442），有违语言运算的经济原则。

综上所述，基于特征分析的 IS 研究面临两个核心问题：一是特征必须来自词库，如何在词库中确定这些带有语用性质的特征；二是话题和焦点有时有专门的句法功能投射位置，有时依托句中其他成分出现。也就是说，它们是可选择性的功能中心语，选择性地出现在推导中。但是，对在何种情况下可被选择并独立出现在句法结构上，何种情况下被选择却不能独立出现在句法结构上，需要做进一步解释。总之，强制性特征分析解释了独立出现的话题和焦点，选择性特征分析法可以解释非独立出现的话题和焦点。这两种分析方式的差异产生的原因在于，前者将话题和焦点视为独立的句法概念，后者将话题和焦点视为语用概念。将语用直接置于语法模块之内，会导致句法上大部分成分可以根据语境分析为话题或焦点。显然，选择性特征分析模式解释空间过大，增加了解释的不确定性。但是，话题和焦点离不开语用，这又导致里齐等人的制图理论的解释力被削弱。因此，基于特征的分析难以将 IS 的句法和语用性质完好地统一于 Y - 模式。

2.4.3.2 句法（内）- 语用接口分析法

MP 中的移位是为了消除那些来自狭义句法、无法被接口解读的不可解读性特征，从而实现接口的合法性而采用的最后的无奈之举（last resort）。为了保持理论上的一致，与话语相关的［＋Top］［＋Foc］特征也被当作形式特征接受特征核查。但是，该模式无法对相同类型的移位的优先选择问题做出解释（Domínguez 2013：13）。鉴于此，有人提出了 Y - 模式之外的其他接口策略，认为除语义和语音等限制之外，还将（话语）语用限制考虑在内，以保证接口的完好性，实现语言的完整解读。

一种典型的句法内接口分析就是莱因哈特（Reinhart 1981，2006）提出的"参考集合运算修补机制"。

语言理论的目标就是建构既定语言 L 的运算系统，使概念表征对其他认知系统可见，从而使语言结构与语言使用建立联系，这在 Y - 模式中，是通过运算系统和其他系统之间的接口实现的。乔姆斯基认为，主要有两个外在系统与语言有关：感知 - 运动系统和概念 - 意旨系统。前者是发声系统，后者是思维系统。运算系统通过句法表征使之对这两个系统可见，从而实现句法 - 语音接口和句法 - 语义接口。但是，概念 - 意旨系统是复杂的，又可以进一步划分成三个不同的次系统（Reinhart 2006：3）：一个特定的"语境"（Context）语用模块，一个负责语义解读的"推断"（Inference）模块和一个独立的"概念"（Concept）系统，如（24）所示。

（24）

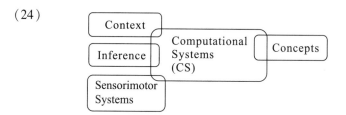

（Reinhart 2006：3）

这三个模块，再加上感知－运动系统，通过接口统一于乔姆斯基的语法模块之内。在这里，语用与语义信息分属于不同的模块，各自属于不同的系统。

在 Y－模式中，乔姆斯基（Chomsky 2000b：28）将语言中与 C－I 系统接口的层次确定为由句法单位组合而成的 LF，实现语义上的解读。但实际上，C－I 中还包含语用部分，比如话题和焦点等与信息表达相关的内容，也与语言接口紧密相关，这就需要考虑句法与 C－I 的语用接口问题。虽然语言设计是完美的（Chomsky 2000b），但实际上，某些接口施加的条件并不能满足狭义句法中进行推导的需要，因此，当运算系统的输出（outputs）无法满足特定语境下接口需要时，必须添加不合法的额外操作以进行弥补（Reinhart 2006：105）。MP 采用一些最后的无奈之举来弥补运算系统 CS 的不完美性，与此类似的策略在莱因哈特这里被称为"参考集策略"（reference-set strategies）。这是一种采用不合法操作来扩展选择的策略，这些选择得到了 CS 允许，这被称为修补机制。修补机制的运用以增加 CS 的运算负担、违反经济原则为代价，因此需建立一个参考集合（reference set），从中选择最佳操作，排除不必要的选择性操作，以此决定不合法的 CS 范围的扩展是否确实合理，并满足接口要求。这样的策略也可以用来弥补语言使用的不完美性。也就是说，参考集策略不仅可用于语言运算，而且可以用于句子的处理，以分别弥补语言运算系统和语言使用系统的不足。推导运算过程可能存在另一种可选择的推导，这样的运算叫作"参考集运算"（reference-set computation）。参考集就是可供最优选择的候选竞争对象。Y－模式下的核心句法运算系统在接口上有所不足，特别是句法－语用接口，参考集运算就是为弥补 Y－模式的不足而提出的接口策略。

一旦运算系统不能满足语用接口的需要，CS 的不完美部分就通过参考集运算进行修补和调节。假设推导 D 与可能的使用集 U 相关，原则上会出现三种情况（Reinhart 2006：4）。一是 D 和 U 直接关系。U 需要的性质作为专门的特征、功能投射、操作或推导条件，都通过运算系统，直接在 D 中得到编码。二是 D 和 U 无直接关系。U 集合完全由外在系统独立的性质和运算决定的，这些性质和运算运用到可识别的 CS 表征并进一步修改它们。三是运用 CS 和外在系统独立的性质以某些接口策略将 D 和 U 联系起来。第一种的句法编码最受欢迎，许多性质被编码在 CS 以保证与外在的运用系统接口。但有多少推理和语境信息被编码在 CS 中，是怎样编码的？这都是问题。该修补机制就是为了解决这些问题。需要注意的是，支配不合法操作应用的参考集策略只是接口策略之一。

跨语言研究发现左向异位、话题化、PP 前置等会产生语序变化的句法汇聚操作都是选择性的。但是，经济原则要求"没有使用某种操作的推导 D 是不容许的"（Chomsky 1992：47）。这要求以上提到的移位要么是受句法特征和它们相应的功能投射驱动的，要么涉及接口经济性，也就是有接口的参考集运算（Reinhart 2006：38）。

另一种句法接口内分析来自苏拉斯（Tsoulas 2015）。苏拉斯（Tsoulas 2015：468－470）指出，Y－模式的主要问题是没有涉及句法与语用之间的关系。因此，考虑到语用和句法的接口，就需要将 Y－模式进行扩充。既然句法相对语用来说自足，那么句法就可能从语用上吸收相关的特点，语用从句法吸收相关的构型。他还认为，语用核心应该与语义、语音分离，语用是语言能力的一部分。一种恰当的语法架构模式不但应该容许局域性操作和拼读，而且容许在运算进入下一步之前存在某种被重新整合的结构。这更加清晰地揭示了句法和语用在多大程度上相互吸收的问题。

苏拉斯支持里齐的左缘结构分析。话题和焦点本不是句法层面的语法概念，但里齐（Rizzi 1997）等句法制图研究者们将它们视为句法概念，并指出它们移位或基础生成于句子左缘结构上。德·卡特（De Cat 2000）则对里齐的观点提出了质疑，认为异位成分是通过特殊音韵性质构建的。苏拉斯（Tsoulas 2015）认为，这两种观点实际上可以兼容：如果一个异位的 DP 在某个位置上有标记，那么它可能在解读部门被解读为话题；话题和焦点可以有音韵、形态和语序上的标记；最大显著性是 IS 的首要原则，句法为音韵提供相关构型，从而实现显著性。

苏拉斯（Tsoulas 2015）还指出，语用过程的相关运算位置也如句法推导那样，被循环使用。一方面，句法似乎不能独立于音系与语用接口，另一方面，对句子意义蕴含关系的研究表明，语用过程必须基于一个完整的结构单位，但不一定是整个句子范围。蕴含推理须解读子句单位，否则无法进行必要的意义填充（enrichment）。经典 Y－模式不允许 LF 与 PF 之间的互动，也不允许局域范围内（拼读前）运用非句法操作。语段模式似乎充满希望，但是仍然无法解释意义与语音之间的互动，也没有句法和语用之间的互动。因此，一个恰当的语法模块应该不但允许局域性运算和拼读，还应该允许在运算进入下一步之前重新整合结构，见（25）。

（25）

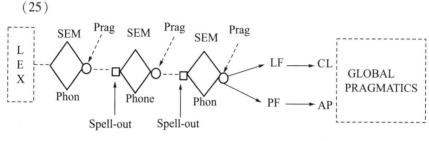

（Tsoulas 2015：486）

根据该模式，拼读在小正方体内得到循环表征，每个正方体范围就是一个语段。拼读完成之后，音系、语义的映射照常进行。不同于经典语段理论的是，语用在已得到解读的次句法成分，即已得到解读的语段层面被局部地、递归地运用。这样，局域性语用过程能够访问结构的语义和音系性质。局域性语用在中间层面的运用创造了语段大小的成分。这些成分带有被加强了的意义和信息特点。

这种模式将语用直接置于语段推导之内的拼读前过程。句法从语用上吸收相关特点，如信息显著性，语用从句法吸收相关构型，如里齐（Rizzi 1997）提出的话题和焦点功能投射。但是，以汉语为例，在具体分析时，会面临一个问题：汉语话题和焦点都可能有句法上的专门投射位置，也可能没有；它们的句法投射是选择性出现的；汉语话题没有音韵上的显著性表现，而焦点有，常携带焦点重音。那么，为何话题和焦点的语用性质在句法上的区分有如此大的差异？为何有些话题和焦点从句法上吸收构型，并直接体现在具体投射中，而有些并没有，至少没有显性地体现在句法上？另外，音系与语用的互动是否属于语言能力系统？从推导的经济性原则来看，修正后的语段推导在局部范围内总是要增加音系－语用接口和句法－语义接口，也就增加了运算系统的负担。

将语用视为语言能力的一部分，需要解释以下问题①：为何有些语用内容可以进入句法，而有些不可以？关于话题和焦点，为何有些有显性句法投射，而有些没有？音系与语用的互动是否属于语言能力系统？从以上模式来看，虽然各种观点都将 IS 视为语言能力的一部分，但较之于特征分析，这样的接口分析明显增加了句法部门的负担。当然，语用渗入句法部门，确实必然会增加运算系统的负担，按照语言经济原则，只能尽可能地降低语用带来的这些负担，因此，句法（内）－语用接口分析从某种程度上来说是符合理论建构的经济原则的。

2.4.3.3　句法－语用接口分析法

特征分析法和语法－语用接口分析仍然没有偏离"句法自足"这一基本立足点。与此同时，不少人意识到了"句法中心论"这一单一模式的缺陷，转而想方设法以其他方式探讨语用在多大程度上、以何种方式体现在句法之中。有人提出第三种模式，就是将句法、语用和语义均结合起来。支持这种分析模式的典型代表有兰布雷希特（Lambrecht 1994）、布林（Büring 1997）、洛佩斯（López 2007，2009）等。

一种典型的语用模块分析法来自兰布雷希特（Lambrecht 1994）。他认为语法除了句法音系等还应该设一个部门专门处理结构与交际的关系，称为信息结构部门，许多语法特征其实都是用来表达信息结构的（徐烈炯、刘丹青 1998）。但他的观点基于功能主义视角，因此在这里不拟进行详细讨论。

另一种语用模块分析来自布林（Büring 1997）。布林从语境考虑，结合乔姆斯基管辖和约束理论以及蒙塔古语义学对话题和焦点的意义进行了解释。他认为焦点和话题敏感性绝不是一种词汇性质，而是（被限制在特定语境范围之内的）语境敏感词项。语境被反映在句法的话题/焦点/背景的发音（articulation）上，然后共同决定音调。从音调到焦点/话题再到语境，是一个循环过程。这种观点彻底否定了话题和焦点是词汇特征的观点，增加了语调在语法中的分量，从而导致对 Y－模式下的语法架构进行了较大的修正，也就意味着对语言官能提出了新的看法。这种认为语音和语境关系密切的观点或许在分析某些话题和焦点成分时更具有优势。但是，由于它仅从音

---

① 它还带来了更为宏观的问题，即它还是乔姆斯基意义上的一般语言能力吗？语用能力是学习与练习而得来的特殊性能力还是个体语言自然发展所习得的能力？

韵和语用互动角度来分析话题和焦点，并没有从句法角度探讨因新旧信息驱动而导致句子结构异常的具体动因，对话题与焦点的句子构型问题力有未逮。

基于Y-模型的语用模块分析法最为典型的模式之一是洛佩斯（López 2009）。洛佩斯结合乔姆斯基的经典语段理论和坎普和雷尔（Kamp & Reyle 1993）的话语表征结构（Discourse Representation Structures/DRS），提出了一种新的句法-信息接口模式。该模式认为IS就是将句法结构映射到说话人心智中的事件状态的运算系统，因而将IS与核心句法视为平行关系，认为IS不属于语法模块，而是属于语用模块，语用模块将特征授予给句法。

洛佩斯的模式由三部分组成：句法运算模块、话语运算模块和负责赋予句法语用特征的语用模块。该模式的具体操作大致如下：首先，句法作为一个乔姆斯基的运算模块通过组合性操作手段将词组合成结构，将"话语"视为一个把句子（可能还有其他的单位）组装到DRS的运算模块；然后语用模块将与句法对象插入至某个话语结构的相关特征赋给某些位置上的成分；这样，句法对象Σ的IS就是$\Sigma_{[P]}$，见（26）。

（26）

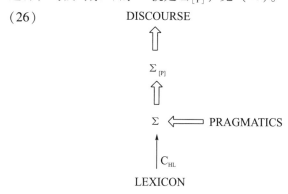

（López 2009：23）

按照洛佩斯（López 2009）的观点，语用关系由相关成分的句法构型决定，IS由"语用模块"赋予，在每个语段结束的时候校验（inspects）句法结构，并将语用值赋给某些句法位置上的成分。语用值只可能在语段范围内被改变，否则，它们不会受到下一步的句法移位的影响。当语用特征在句法模块的语段边缘可识别时，语用模块就将语用特征授给句法对象。洛佩斯并不认为话题和焦点是词汇或话语特征，因此，他将左缘简化，仅包括Force和Fin的投射，另外，他不使用焦点和话题这样的术语，而是运用语用特征［±a（naphoric）］和［±c（ontrastive）］代替类似的概念。Wh-短语、

FocP、附着异位短语（clitic-dislocated phrases）等以递归方式占据 FinP 的标志语位置，如果同时出现多个，就全部集中在［Spec，FinP］，见（27）。

（27）

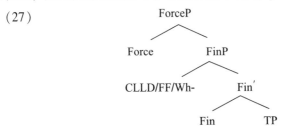

在 IS 推导中，语用模块授予两种基本的解读值：（话语）照应性和对比性（contrastiveness）。［＋a］和［＋c］特征是在推导中被授予的，与 IS 相关的成分则不是在推导过程中合并的，这些特征由语用模块授予给相关的成分所在的相关位置：［Spec，vP］和［Spec，FinP］（López 2009：146）。以下是 IS 特征授予规则：要注意的是 X 是特征矩阵（feature matrix），其拼读是一个附着语素（clitic）。

（28）a.［＋a］特征被授予给 X。

　　　b. v 的补语被授予［－a］特征。

（29）a. Spec-Fin 被授予［＋c］特征。

　　　b. Fin 的补语被授予［－c］特征。

洛佩斯将 IS 视为一个语用模块，与狭义句法模块互动，在特定语言的特定语境下，句法能够产生合适的汇聚输出，正是 IS 与句法之间的这种互动决定了这些输出（Gupton 2014：16）。这种分析的好处是：语用特征［±a］和［±c］在它们进入推导时并没有被授予给运算中的词汇成分，而是在语用模块"读取"句法模块的输出时，在推导的过程中被授予的。这没有违背乔姆斯基的包含条件限制。语段结尾在某些结构上出现的成分获得可解读性的语用特征［±pf］（pragmatic feature），语用特征组合由句子成分的某种语用功能决定。该模式能较好地分析具有形态标记的 IS，但是没有将通过音韵手段实现的 IS 考虑在内。另外，按照［＋a］［＋c］特征分析，［＋a］实际上是话题必带的特征，［＋c］是焦点必带的特征。但是，就汉语而言，带这种特征［＋a］的成分，其照应语可能是显性的，也可能是隐性的，可能需要解释语用特征进入推导时为何产生这样的差异。洛佩斯取消了 FocP 和 TopP 这种专门的功能投射短语，将它们都归于［Spec，FinP］位置，这或许适应于加泰罗尼亚语（Catalan），但对汉语而言，话题、焦点可能有独立的功能投射也可能没有，Wh - 短语并不进行显性移位，这些现象在该模式下可能难以得到解释。

2.5 本章小结

综合以上语法架构模式，IS 可能是句法的一部分，也可能处于句法之外。已有研究争议的焦点是：IS 中的话题和焦点是如何进入句法运算或者如何实现句法 - 语用接口的。里齐等人将 IS 视为能够直接参与句法运算的形式特征，这种处理使 IS 统一于语法，遵循了经济原则，是生成语法经典理论的自然延伸，但 IS 的语用属性与推导须遵循的包含条件限制难以得到协调。莱因哈特（Reinhart 2006）等人将 IS 视为句法内独立的语用部门，这种处理突出了话题和焦点的语用属性，但接口的增加也相应加重了句法运算的负担，有违经济原则。洛佩斯（López 2007，2009）等人则将 IS 视为句法外独立的语用部门，IS 与句法实现互动。这种观点与经典理论并不矛盾，但它过多依赖语用分析则难以避免解释的不确定性。三种分析模式之间的差异植根于句法与语用分野的设置，各具优势和不足。

总之，IS 在决定句子语序上起着重要作用，各家对这些基本达成了共识，但对于 IS 究竟是怎样影响语序的观点不一。综合以上回顾和分析，有关 IS 的语法架构可能需要考虑以下四方面问题。

第一，语法架构建立在何种句法观和/或语用观之上？

第二，对 IS 生成机制的探讨必须将尽可能多的相关语言现象（话题或焦点）考虑在内，不能只顾及某一种类别。例如，有独立句法构型和无独立句法构型的话题和焦点应当在同一个理论框架内得到解释。另外，由于各种语言中 IS 的具体表达方式存在差异，因此，还需将语言的参数差异考虑在内。

第三，话题、焦点究竟是一般形式特征，具有语用属性的形式特征还是来自语用部门的语用特征？这方面的假设直接与包含条件限制相关。

第四，话题、焦点与和核心句法的关系是怎样的？它们的生成涉及哪些可能的操作？

纵观经典生成语法理论及其修正后的句法模式，大致可以肯定的是：Y - 模式的单一性无法解释语用在句法上的渗透这一事实；而单纯语用模式下的解释又显得过于随意化与多样化，只有将句法和句法－语用接口结合起来才可能有效地解读 IS 的生成机制。接下来我们将阐明对这些问题的看法，并对话题的语法架构做出可能的假设。

3　话题与语法架构

　　话题作为 IS 的两个基本维度之一，在讨论其与语法的关系时，它的语法架构问题当然也属于 IS 的语法架构问题。前一章中已对尝试解释 IS 的几种方案进行了讨论，它们各有其优点与不足。总体而言，目前面临的主要问题是：一方面，IS 是一种关涉句法、语义和语用的语言现象，应该在某个理论框架内得到解释，生成语法下的 IS 研究也是如此；但另一方面，在生成语法理论框架内，究竟应采用什么样的具体模型去推导涉及多个层面的句法结构的生成机制，却难以达成一致意见。从深层结构和表层结构来看，像"这本书啊，我喜欢"之类的话题可视为异位成分，很可能是语用信息驱动的结果。这就引出对 IS 在语法中的地位以及有关 IS 涉及的句法与语用接口的思考。语言官能包括一个运算系统和接口层面。运算系统产生的语音和语义表征必须为外在系统识别，从而使外在系统与语言系统实现接口。这些外在部门给运算系统施加许多可识别性条件。接口条件又来自句法的、语音的、语义的和语用的等多个方面，如何建立一个句法－语用（信息）互动模式是 IS 的句法研究中令人颇感棘手的问题。3.1 从意义包含的两个方面阐明句法和语用各自自足、语义归于句法之内的可能。3.2 讨论概念－意旨系统、话题和焦点特征与包含条件的冲突、句法－语用接口、句法推导的"前瞻性"等问题，在经典语段理论的基础上，结合修正后的 Y－模式的部分观点，提出语用话题算子假设和 OT－语段推导模式。

3.1　信息结构与句法/语义－语用之界限

　　句法、语用究竟如何分工？语法和语用如何实现接口？对这些问题的不同理解直接影响着我们在语法中对信息结构的定位。如果基于语言模块观来看它们在语法架构中的地位和关系，首先需要区分语言包含的两种不同的意义（meaning）：在语言交际中，一方面，所说的话总会遵循语法规则，词汇按照语法规则组合形成合法的句子，构成句子的字面意义，或称语法意义；另一方面，交际中需要推断的隐含意义则依赖语用解释。这两者实际上对应于格赖斯（Grice 1975）所区分的句子意义和说话者意义。这一区分得到了多数人的认同，但也分化出两种不同意见：偏向话语意义的研究者持语境主义（contextualism），偏向句子意义的则秉持弗雷格语义学传统的"非语境敏感语义学"（刘利民 2016）。非语境主义典型的代表是"语义最小论"（Semantic Minimalism）（Borg 2004，2007，2012；Cappelen & Lepore 2005）。语义最小论认为句子的语义内容就是由其组成词项的意义按照句法规则组合而成的规约性意义，无论语境如何变化，无论说话人带有什么意图，句子都有着同样的最小语义内容（刘利民、傅顺华 2017：47）。如果将意义研究的这种观点与以句法为中心的语言模块观相结合，那么，我们可以认为，句法承载着以词汇为基础、按照词汇组合规则组合而来的句子意义，这意味着语义依靠基本句法得以实现，句法（语义）和语用（意义）相对独立。这种观点实际上与乔姆斯基所言的语言能力和语言使用二分的观点相一致。可以说，句法和语用各自自足。尽管如此，句法和语用二者的界限并非泾渭分明，语用在某些情况下可能对句法造成影响，IS 表现出来的非常规句式或非常规韵律现象即是如此。如何将这些来自语用的因素统一于句法模块，这就是有关 IS 的语法架构研究旨在回答的问题。

语义（句法）和语用的区分核心在于语义立足于词库和组合性原则，语用立足于语境和世界知识等，均与概念－意旨系统相关。概念－意旨系统是我们形成和实现意图、推理和计划等特定功能的一组大脑机制，是人类大脑的表征系统。它除了负责语义部分，还负责根据语用因素和"百科"或"世界"知识，对语境中的句子进行理解（Chomsky 1995）。乔姆斯基（Chomsky 2000b：28）将语言中与概念－意旨系统接口的层次确定为句法单位组合而成的 LF，而这个 LF 与语义相关，但未涉及句法与概念－意旨系统中的语用因素之间的关系，至少未涉及非规约性语用因素。

既然句法与概念－意旨系统产生联系是通过接口实现的，那就有必要理解"接口"（Interface）这个术语在语言模块观下所包含的内容。"接口"既可以指联系语言内部次模块之间的接口，也可以指语言与其他认知系统之间的联系（Ramchand & Reiss 2007：2）。前者被称为句法"内接口"，是语言内部的接口，包括句法－语义接口、句法－音系接口等；后者是语言与其他认知系统的接口，被称为句法"外接口"，包括句法－语用接口、语义－语用接口和音系－语用接口等（Tsimpli & Sorace 2006；Sorace & Serratrice 2009；White 2009，2011；常辉 2014）。在生成语法架构的 Y－模式中，语义是以句法表征的逻辑形式，通过语义解读，实现与概念－意旨系统的接口。语义依靠句法表征，所以隶属于句法，语义没有独立的地位。这也是生成语法相关文献有时采用"句法/语义"表达法的原因。

如果将意义以两分法形式区分为语义和语用，即在语义和语用之间做出分界，具体到生成语法模式中，意义的解读将包括句法部门和语用部门，前者解读语义，后者解读语用，最后都通过接口条件实现句法－语义和句法－语用之间的映射。但这两种解读和映射方式存在差异：句法运算机制是核心机制，句法－语义接口属于狭义句法范围内的接口，属于句法内（internal syntax）范围；语用不进入核心句法，句法与语用的接口是句法外接口，属于句法外（external syntax）范围。语言有语言能力和语言使用之分（Chomsky 1965），那么句法－语义接口是语言能力范围之内的事情，而句法－语用接口是语言能力与语言使用之间的互动关系。也就是说，句法和语用部门有严格的分工；句法与语用是两个并行的系统，前者的主要对象是语言内部的句子构成规则，而后者则是负责语言外的语言使用的问题（胡旭辉 2015：1）。

综上所述，基于高度模块化的语法架构观来看，句法是一个独立的自足部门，与之对应的语用部门，则是另一个独立的语用自足部门。但是，两个部门在处理 IS 时，如何实现二者之间的互动，这一问题是极富争议的。正如施莱纳（Schreiner 2014：316）所指出的那样：

> 为了区分语义学与语用学所做的工作，生成方案（至少从句法方面）在总体上将句法与意义部门做了清晰地区分，但是它花了大量时间解决语用进入（句法）的问题。语用功能往往作为语义（概念/意旨）系统的一部分而存在，或是语用被推向另外的语言系统或是一般认知。

如果句法、语用各自自足，而"IS 架起了语法和使用的桥梁——一个语言理解'丢失了的关联'接口"（Leino 2013：4）。那么，IS 究竟属于句法还是语用部门？或者 IS 应该被视为一个独立的层面？是否存在一个由语用或是句法决定、通过语法和语言外知识满足的 IS 接口？概言之，有关 IS 的语法架构上的争议主要表现在究竟应该采用语用/语境驱动的方法还是采用以句法/语义为核心运算系统（Computational System/CS）的方法。

3.2 信息结构与 OT - 语段架构

如前所述，如果将 IS 置于一个统一的语法模式下进行解释，就必须建立一个以句法或语义或是语用为基础的，包括句法、语义、音系和语用部门的语法模式。但在具体语言分析中，某门语言或某种语言现象可能更突出地表现在部分接口上。例如，埃尔特施克 - 希尔（Erteschik-Shir 2006）就认为，具有选择性的话题化异位是语音上的异位，但是，汉语话题一般不通过音韵手段实现。以上三种理论分析采用的语料来自不同语言，而各语言中 IS 的实现策略具有差异。因此，前面提到的各种修正后的语法模式可能只适合被考察的语言，在别的语言中（如汉语），可能并不具备较强的解释力。而一种理论如果是合适的，它原则上必须能够普遍应用于对各种不同语料的分析，这是理论建构的基本要求。另外，如果一种理论范式存在缺陷，则应尽可能在其之内进行修正，来自理论之外的修正容易使之偏离甚至完全脱离其原有出发点和目标。基于语义或语用的 IS 分析与基于句法的分析并不是同一个范式内的理论架构。具体语言中的焦点和话题生成会涉及哪些关系，需要依照该语言的话题和焦点性质而定。本节拟从 IS 与核心句法和句法 - 语用接口关系出发探讨如何建立一个适合汉语话题推导和解读的 IS 分析模式。

3.2.1 普遍语法与信息结构参数差异

话题和焦点各自的信息表达策略存在跨语言差异，不同语言由于实现策略不同，涉及的解读机制也就不同。本书将之概括为"信息结构参数差异"假设：

语言的基本句法运算机制是普遍的；不同语言的 IS 解读机制存在参数上的差异，从而导致了各种语言信息结构上的差异。

一方面，该假设与生成语法所持的语言模块观一致。专司语言知识的模块与其他模块分离，但与一般认知通过接口联系起来（Chomsky 2001）。接口有多种，而语言设计是完美的（Chomsky 2016），有时却只能满足某一个接口条件的最优化，从而导致另外的接口相对不完美，语言的异位、形态差异和语言多样性等都是完美性不足的表现。不同语言或同一种语言内部，实现信息表达的策略不同，可以归因于接口方式上的差异。

另一方面，该假设与 IS 在类型学上的表现事实相符。IS 在类型学上表现出的多样性表明，不同语言的 IS 解读具有参数差异，一种语言的话题或焦点解读可能涉及其中一种或两种解读方式。李和汤普森（Li & Thompson 1976：460）从类型学的角度将语言分为主语显著语言、话题显著语言、主语显著且话题显著语言和非主语显著且非话题显著语言，其中汉语是话题显著语言。从话题结构类型学上的分类可以看出，IS 在结构上的表现具有差异性。话题结构在类型学上表现的多样性与该观点是兼容的。另外，基斯（Kiss 1995：6）从类型学上将语言分为用语法结构来体现话题的语言、用语法结构来体现焦点的语言、用语法结构来体现话题和焦点的语言、不通过语法结构来体现话题和焦点的语言四种，前三者统称为话语概念结构化语言（discourse configurational language），其中包括 A 型话语概念结构化语言、B 型话语概念结构化语言、AB 型话语概念结构化语言。基斯还指出，话题显著语言与非话题显著语言的区别在于前者用不同的结构表现主题判断和一般判断，也就是说，话题优先语言中两种判断的区别在句法层次有所体现，而非话题显著语言中两种判断的区别可能在语音层次才有所体现（徐烈炯 2002：401）。由此看出，分属不同类型的语言采用语法结构来表达信息的方式和程度不同，IS 参数差异设想与 IS 在类型学上的表现兼容。

综上所述，核心句法是普遍语法部分，IS 表现的参数差异反映了接口机制的参数差异。

3.2.2　再论语段理论

3.2.2.1　概念系统和意旨系统

句法表征的语用部分是为了满足句法－语用认知系统接口条件的要求，如果承认这一点，那就需要进一步考虑该认知系统的性质。在 Y－模式下，概念－意旨系统包含语义和语用两个方面（Chomsky 2005，2008）——论元结构以及与话语和辖域相关的性质。语言以最优化方式满足这个具有双重属性的系统的要求。这样，外合并是一种功能，内合并（即移位）是另一种功能。两者都寻求功能上的"原则性的解释"——一种对由外界要求施加给 FL、内在于 FL 的结构条件的解释，即"语言是 FL 满足接口条件的最优化方案"（Chomsky 2005：3）。这就是"强势最简理论"（Strong Minimalist Thesis/SMT）。它要求句法运算建立的推导必须满足接口部门（音系部门和语义部门）的条件需要，句法表征可为这些部门识别，以达到"充分解读"（FI）的要求。FI 要求只有语义有解的对象才能在接口处幸存下来，如果这一条件被违反，那么由句法部门推导而来的对象就会违反接口条件，从而导致句子最终不合法。根据 SMT，如（1）所示，句法运算后的表征应该同时为概念系统和意旨系统所识别。但是，乔姆斯基的经典语段理论并没有区分概念系统和意旨系统，自然也就不涉及两个独立系统的识别要求。

（1）

SMT 实际上要求，FL 不是单一地与概念－意旨系统的意义方面相关，而是与两个不同的外在认知系统相关，一个是概念系统（Conceptual System/C-S），一个是意旨系统（Intentional System/I-S）（Munakata 2006：48）。这两个系统要求句法运算机制采用不同种类的句法输入：词汇成分为概念系统利用，CP 域内的功能成分为意旨系统利用，然后产出相应的句法输出，即语段。鉴于此，我们采用莱因哈特（Reinhart 2006）、宗像（Munakata 2006）、乌里阿赫雷卡（Uriagereka 2008）等人的观点，将概念－意旨系统进一步区分为概念系统和意旨系统。两个不同的系统分别与句法接口。这样，如（2）所示，一个语用表达 S_p 包含基本论元和话语语用功能两部分，分别对应句法推导的 vP 和 CP 语段。基本论元结构依靠词汇属性确定，而这归于概念系统的要求；话语功能等与意旨相关，表现新旧信息之类的焦点、话题则归于意旨系统的要求。这仍然和乔姆斯基的经典语段分类相容，但是各语段有了明确分工，这种分工也恰好反映了句法、语用部门的分工和互动关系。

（2）

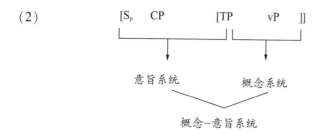

概念系统 C－S 要求句法操作从词库中提取词项和相关特征，并通过提取对句法运算施加接口条件；I-S 与语义部门（Y－模式中的两个接口部门之一）相连，并通过语义部门对句法运算施加接口条件（Munakata 2006：58）。确切地说，概念系统处理谓语的事件结构以及选择与题元（θ）相关的性质，意旨系统处理有关意向性的内容，包括与话语相关的性质及句子的语气等。这样，概念系统为 FL 提供必要的涉及选择性要求与事件结构的 θ 的性质相关的信息，从而建立并生成词汇投射，而 I-S 通过访问语义部门来实现意旨－语义解读（同上）。题元信息及谓词的选择性信息等都通过词库得到编码。如（2）所示，概念内容一般通过词项得以表达，而意旨内容往往在 CP 域内。例如，谓词词汇中心语是事件结构的核心，显然是概念内容，它的论元也是词汇性的名词性成分。此外，CP 语段内的非论元位置编码从句类别、话题化、焦点化、言据性（evidentiality）等内容（Rizzi 1997；Cinque 1999；Speas 2004）。与话语相关的内容，如话题的选择可以视为意旨内容（Munakata 2006：61）。但是，话题、焦点仅选择性出现，一个句子的句法结构完全可能没有话题或是焦点功能投射。在这点上，它们又不同于表示句子语气的标句词短语 CP，中心语 C 是规约性出现的功能范畴。

需要注意的是，功能中心语 T 究竟属于 vP 语段还是 CP 语段需要予以确定。在形－义对应中，vP 对应事件，TP 对应时态事件，CP 对应语篇（话语）事件（张连文 2017：102）。宗像（Munakata 2006：59）认为，事件结构的限制性要求需要词汇范畴和 v/v＊ 来表达，因为它们作为功能中心语投射出一个论元，与事件结构相关；事件结构必须选择一个时间论元，T 在句法上表征这个时间论元。T 具有概念系统的性质，从而归于词汇语段之内。乔姆斯基（Chomsky 2001）认为 T（ense）是属于实词（substantive）范畴，而不是功能范畴，但在句法投射上将之列入功能范畴之内。本书认为 T 是表达一个完整事件的标志，但在句法投射上支持乔姆斯基的观点，将之归于功能范畴。总之，一个完整句子的句法结构包括词汇层、TP 事件层和

CP 语用层，TP 和 CP 层均属于功能域。这具有跨语言上的共性。

如前所述，已经有学者指出，概念－意旨系统可进一步区分为概念系统和意旨系统。本书赞同这样的区分。这种设想有其理论上和经验上的优势。一方面，概念－意旨系统既处理概念内容，又处理意旨内容，这意味着它本就包含了两种不同的分工内容。概念系统包括 θ 的性质和选择性要求，与词库中单个词项紧密相关（参见 Pustejovsky 1995），并且表现出完全不同于意旨系统的属性，因为后者处理的是句外属性和语言之外的问题（参见 Uriagereka 2008）。另一方面，该区分可以避免采用"前瞻"手段（Bošković 2007，Stroik 2009）。在乔姆斯基的理论体系中，运算是按照谓词词汇中心语的选择性要求和题元属性进行的，因为它们是概念－意旨系统的一部分，但并不直接与题元发生联系，这就采用了"前瞻"方式，而这是不合理的。而概念－意旨系统的进一步区分可以避免推导的"前瞻"，因为概念系统为语言官能提供必要的涉及谓词中心语的选择性要求和题元属性的信息，提取就是与概念系统的接口。句法运算已经知道谓词词汇中心语的题元栅（theta-grid）和论元的初始合并位置，这对 vP 和 v∗P（以及其他相关投射）来说都是必要的；一旦由于概念系统提供的信息错误而导致某个论元被合并在错误的位置，题元异常可立即被发现（Munakata 2006：61）。

基于概念－意旨系统的复杂性，本书同样将它进一步区分为概念系统和意旨系统，二者对应于句法投射上的 vP 语段和 CP 语段；TP 表达一个完整的事件，它具有概念性质，但是在句法投射属于功能范畴，位于功能域内。这种观点仍然统一于语段理论。

3.2.2.2 包含条件与语用话题算子假设

按照本书的理论框架，如果概念－意旨系统区分为概念系统和意旨系统，那么与意旨系统相关的话题和焦点功能短语是如何选择性地出现在功能域内的？

经典生成语法理论将话题等视为来自词库的特征，但是包含条件使 IS 研究处于两难境地。乔姆斯基（Chomsky 1995：228）认为，一种完美的语言应该满足包含条件：

> 任何通过运算形成的结构（特别是，π 和 λ，即 PF/LF，de/rn）是由已经出现在被选取以备提取 N（umeration）的词项中的成分组成的；运算过程中，除了词汇性质的重组，不会增加新的对象……我们假

设这个条件（纯粹）是为了阻止从 N 到 LF 的运算……

按照包含条件，句法推导过程中不能出现新的内容。也就是说句法成分和特征的提取要一次性完成。如果话题和焦点之类的特征被当作一般的形式特征，就必须和其他形式特征一样，在初始提取操作过程中就完成，但是，语用特征本身的出现是选择性的，初始提取时句法运算无法判断在高位的 CP 语段需要利用哪些语用特征。因此，将话题、焦点等语用概念视为形式特征，这与包含条件是冲突的（Szendröi 2001，2004；Erteschik-Shir 2007；López 2009）。这也可以通过对具体句子的推导分析得以验证。

话题、焦点特征与乔姆斯基（Chomsky 1995）所言的规定性特征（如 φ 特征）不同：话题和焦点特征是选择性特征，它们选择性地出现在句法投射中。按照语段理论，第一步是从词库中提取词项和相关特征，构成词汇矩阵（Lexical Array，简称 LA），然后按照谓词的选择性特征合并得到语段 $v*P$，$v*P$ 再与时态 T 合并得到 TP，TP 与 C 合并得到 CP。

（3）a. 这，部，电影，我喜欢。

　　b. LA = ｛这$_1$，部$_1$，电影，我，喜欢，v^*，V，T，C｝

　　　Numer = ｛这部电影$_1$，我$_1$，喜欢$_1$，v_1^*，V_1，T_1，C_1｝

　　c. [$_{v*P}$我 [$_{v*}$ [$_{VP}$喜欢这部电影]]]

　　d. [$_{CP}$C [$_{TP}$我 [$_T$ [$_{v*P}$我 [$_{VP}$喜欢这部电影]]]]]

　　e. [$_{CP}$这部电影 [C [$_{TP}$我 [$_T$ [$_{v*P}$我 [$_{VP}$喜欢这部电影]]]]]]

以（3）为例，要生成（3a），首先需要从词库内提取（3b）中的词项和特征。然后按照动词"喜欢"的选择性要求，首先和"这部电影"合并，得到"喜欢这部电影"，接着 v 与 VP 合并，"喜欢"被吸引至 v，$v*P$ 与外论元"我"合并，得到 $v*P$"我喜欢这部电影"。$v*P$ 与时态中心语 T 合并，得到 TP，由于 EPP 特征的需要，"我"移位至 [Spec，TP]，得到 TP"我喜欢这部电影"。TP 与 C 合并，得到 CP，由于 C 的 EPP 特征需要，"这部电影"移位至 [Spec，CP]，被解读为话题。根据里齐（Rizzi 1997，2004）的"CP 分裂"假设，C 可能分裂为 Force、Top、Foc、Finite 等，可能同时包含其中的多个，也可能仅包含其中之一。这些功能中心语都与语用有关，具体解读为哪一种，应该由话语语用决定，但是在这里 C 却被事先规定为 Top。然而，根据（3）中被提取的词项和特征，还可以生成（4a）"我喜欢这部电影"这样的陈述句和（4b）"我，喜欢这部电影"这样的话题表达。

(4) a. $[_{CP}[_C[_{TP}我[_T[_{v*P}我[_{v*}[_{VP}喜欢这部电影]]]]]]]$

b. $[_{CP}我[_C[_{TP}我[_T[_{v*P}我[_{VP}喜欢这部电影]]]]]]$

按照包含条件，话题等语用特征来自词库。但是，（4a）和（4b）基于相同的提取，却可能生成不同的句法结构，这表明与语用相关的成分并非由词库决定。但如果话题之类的特征是在运算过程中被添加的，这就违反了包含条件。这表明，包含条件与话题、焦点特征并不兼容。

另外，一个句子中被解读为话题或焦点的成分，可能以独立的构型出现，也可能依托句子中的某个成分。

(5) Q：谁喜欢这部电影？

A：我喜欢这部电影。

在回答中，"我"是新出现的信息，被解读为焦点；"这部电影"是已知信息，因为在问题中已经出现，被解读为话题。（5A）的生成同样可以通过（3b）中选取的词项和特征得来，但其推导过程并不能解释其焦点特征和话题特征为何不能以独立构型出现。有人认为这些是通过韵律实现的，例如，按照莱因哈特（Reinhart 2006）的分析，这里的焦点以重音方式实现。但是，韵律解释不能回答为何"这部电影"是话题成分，因为汉语话题对韵律并不敏感。这里的话题解读不能通过核心句法运算实现。话题和焦点在句法上可能得到也可能得不到独立编码，但它们是纯粹的话语概念，在句法的语义表征中并不活跃。

包含条件与话题作为形式特征可能存在冲突，而包含条件是为了保证句法运算的经济性提出来的，这种限制对句法运算起着至关重要的作用。那么，解决包含条件和话题特征之间的矛盾就只能从话题本身出发寻找根源。话题仅参与语段左缘的句法-语用接口操作，联系句法与语言的使用。话题特征和与真值条件相关的词项所带的相关特征（如人称、数等屈折特征）不同，并没有纯粹与语用相关的概念可以作为形式特征编码在语法中。因此，句法推导中没有"与话语相关的特征"，它们只可能出现在人类语言运算系统之外（Horvath 2010：1349）。话题只是以语用特征的形式被选择性地作用于句法运算。一个纯粹的话语概念的句法移位不可能是通过句法结构中相应的形式特征驱动的，而是可能直接来自接口效应（Horvath 2010：1347）。句法与信息结构之间的映射与人类语言的形式语义表征推导无关，句法与信息结构之间仅通过接口互动（Reinhart 1995，2006；Zubizarreta 1998；Neeleman & Van de Koot 2008）。话题成分并不参与基本句法运算，但这并不意味着否定一个话题结构的生成涉及基本句法推导。

　　上文已经指出，话题是意旨系统的要求。如果话题作为语用特征并不来自词库，那么，话题是何时、以何种方式进入句法的？本书提出，话题作为一个来自语用的算子，在词汇语段完成之后作用于句法（详见 3.2.3）；某些词汇可能携带话题属性，在功能语段即句法－语用（意旨部门）接口时，这些属性被激活，从而使某个句子成分带有了话题属性。本书将这种假设称为"语用话题算子"假设。根据该假设，词汇本身不带有话题属性，而是话语功能的需要使某些成分带有了话题属性，这个属性乃是来自意旨系统的要求，通过语用算子作用于句法得以实现，而不是概念系统赋予的。例如，在"这本书，我喜欢"中，最初"这本书"是动词"喜欢"的内论元，此时并没有话语功能。在词汇语段建构过程中，"这本书"在被从词库中提取出来之前，它并不携带显性话题属性，或者说它的话题属性并没有被激活，而是在进入功能语段之后，它才具有了话题属性，或者说它的话题属性才被激活。

　　按照这一设想，最终在功能域内充当话题或焦点的成分，在词汇语段操作中，并不涉及话题或焦点特征，也就没有违反乔姆斯基所言的包含条件。这种设想综合了"存在一个独立的包括信息结构的语用部门的设想"（Büring 1997，López 2009）和"语用在语段推导完成之后移交之前进入句法的设想"（Tsoulas 2015）。与布林（Büring 1997）、洛佩斯（López 2007，2009）和苏拉斯（Tsoulas 2015）等不同的是，本书将话题视为来自语用的算子作用于句法，从而使一个句子 S 被添加某种语用功能后生成 S_p。这种设想的好处是：一方面，话题/焦点总是选择性地出现在语段边缘，这并不违反包含条件；另一方面，一般形式特征与概念系统相关，话题、焦点等语用特征与意旨系统相关，这两类特征与概念系统和意旨系统的对应关系变得清晰。更为重要的是，这一假设尊重了话题的语用属性这一广为接受的事实。

3.2.2.3　推导的前瞻性与局域性

　　在上一节论证话题、焦点等作为一般形式特征的不合理性时已经谈到了推导的"前瞻性"问题，在这里继续做进一步的分析。

　　按照乔姆斯基（Chomsky 2000a，2001，2008）的观点，CP 和 v＊P 是语段，两者都具有命题性质，其中 v＊P 表达基本论元关系，涉及基本的词汇语义，CP 表达与语用相关的内容，是句法 - 语用接口之处。v * P 作为句子表达最为基本的要素，是必须出现的，而 CP 中的某些功能中心语的出现具有选择性，例如，一个句子可能有 TopP，也可能没有 TopP。按照语段理论，先进行词汇语段的推导，之后才进入表示语用功能的语段操作。这样，由于 CP 语段内选择性出现的功能短语具有不确定性，在 vP 语段操作完成之后才可能出现，这就需要对 CP 内的功能中心语进行"前瞻"，但这种做法不符合句法推导的一般逻辑。例如，在（6b）中，当 vP 语段内部推导完成之后，T 与 vP 合并，DP"这部电影"是 V"喜欢"的内论元，属于 vP 语段补语中的一部分，而此时 vP 语段已经是一个完整的语段，其补语 VP 应该被移交，因此 DP 也随着 VP 被移交，无法再参与 CP 语段①。但充当 TopP 的 DP"这部电影"在此推导过程中并未如此。因此，按照经典理论分析，在 vP 语段建立后，需要对 DP 做出"前瞻"，事先知道它需要充当话题成分。

（6）a. 这部电影，我喜欢。

b.

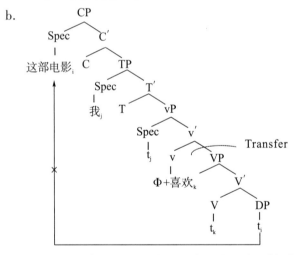

乔姆斯基一向主张将话题和焦点视为与疑问词性质相似的算子。即便如此，语段理论在解释疑问句的推导时也面临困难。例如，在谓语为及物性动词的疑问结构中，语段理论在解释 Wh - 移位时，需要因这种情况而专门做出修正。以（7a）为例，其句法推导如（7b）所示。从（7b）可以看出，

---

① 尽管根据乔姆斯基（Chomsky 2001），为了避免 Wh - 短语、话题、焦点等成分被移交，在 vP 语段完成之前这样的成分被移至［Spec, vP］位置，但是对于话题、焦点之类的成分而言，它们本身并没有移位的动因，因而这种分析实际上仍然采用了前瞻手段。

当疑问短语为及物动词宾语时，如果按照经典语段理论，由于 vP 是及物性 v*P，是完好的语段，在 vP 与 T 合并后，vP 语段的补语被移交（Chomsky 2001），那么疑问词 what 也跟着被移交，不再参与 CP 语段的运算，因而无法移位到［Spec，CP］。

（7）a. What do you like?

b.

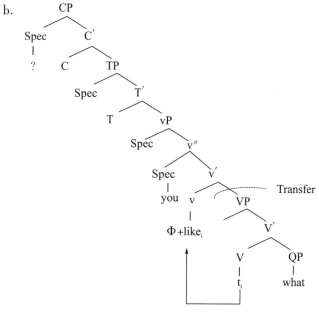

对这种情况，只能假设轻动词 v 也像 C 一样，因为有［EPP］特征而吸引一个 Wh－成分移位，使疑问词移位至最大投射 vP 的标志语上，从而避免疑问短语被移交（Radford 2009：391）。但显然，这种分析似乎是专门为了达到某种特定目的而特设（ad hoc）的。因为如（8）所示，当 vP 为非及物性短语时，也就是 vP 不是完整语段时，vP 内的 Wh－短语无须移位至［Spec，vP］。虽然在 MP 内的解释是［EPP］特征吸引对应目标移位，但对 Wh－成分本身来说此举似乎无甚必要。

（8）

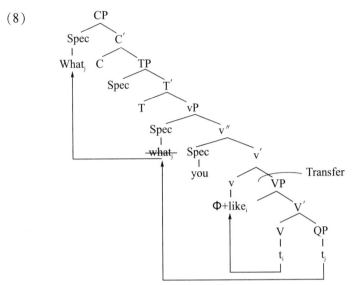

语段推导分步在局部范围内进行，一个语段内所有的语义无解特征被删除之后，该语段的补语就被移交。对具体何时移交，乔姆斯基在《最简探索》（"Minimalist Inquiries"，Chomsky 2000a）和《语段推导》（"Derivation by Phase"，Chomsky 2001：13－14）两篇文章中先后提出了两种 PIC 观点。按照限制性强弱，前者被称为强 PIC（Strong PIC/PIC_1），后者被称为弱 PIC（Weak PIC/PIC_2）（Citko 2014：33）。

Ⅰ. 强 PIC/PIC_1：H 域内对 HP 之外的操作来说是不可及的，只有 H 和它的边缘对这些操作可及。

Ⅱ. 弱 PIC/PIC_2：H 域内对 ZP 上的操作是不可及的，只有 H 和它的边缘对这样的操作可及。PIC 决定移交和局域范围，也就是语段的大小。因此，不同 PIC 设想下的分析，局域性包含的范围也不同。按照 PIC_1，当语段 1 和语段 2 之间有一个 XP 时，X 不能与 YP 进行一致性核查，因为 YP 在 X 合并时已经被拼读了，如（9a）；按照弱 PIC，X 能够与 YP 进行一致性核查，因为 YP 要在 Z 被合并时才被拼读，如（9b）。

（9）a.

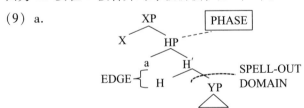

b.
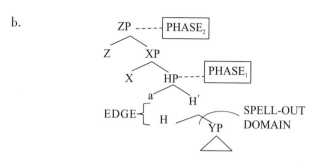

（Citko 2014：34）

　　如果将 ZP 替换为功能语段 CP，HP 替换为词汇语段 vP，XP 替换为 TP；那么，按照强 PIC，T 无法与 DP 进行一致性核查，因为一旦 vP 语段内运算完成，vP 的补语 VP 就被移交，其中的 DP 无法参与之后的操作。而按照弱 PIC，T 可以与 DP 实现一致性核查，因为当合并到 C 的时候，vP 语段中心语的补语 VP 才被移交。不管按照 PIC_1 或 PIC_2，都存在一种可能：当 vP 语段完成之后，功能语段还没有出现，vP 语段中心语的补语就被移交。那么，对词汇语段中某个成分是否被意旨系统的话语功能要求激活，就需要提前预测，这就是一种"前瞻"做法，但它却没有来由，显然，这不符合常理。

　　里齐（Rizzi 1997）等认为，一个句子的基本结构包括"CP－IP－vP"，其中 CP 能够涵盖的对象很多，但最基本的 C 表示的是语力。也就是说，每个句子都有语力。句子的语力表现为陈述、疑问、祈使和感叹，分别对应于陈述句、疑问句、祈使句和感叹句。但是 CP 分裂出来的话题、焦点等就具有选择性，一个句子可能没有话题或者焦点（按照本书观点，这里指的是有独立构型的功能语类）。这就意味着，一个句子必须出现 CP 和 vP，但是 CP 可能包括哪些功能中心语，在 vP 完成之后尚不能确定，而 vP 内的成分又可能被识别为带有功能中心属性，从而被 CP 域内的探针选为合适的目标。为保证 vP 域内的句法对象可能为高于它的 CP 功能语段所利用，那么只有一种可能：vP 语段完成之后并不及时移交其补语，而是在 CP 语段完成之后，vP 语段才进行移交操作。这样就无需对下一步的操作做出预测。词汇语段和功能语段之分引出了一个有趣结果：句法局域性由词汇语段和功能语段的形成共同决定（Munakata 2006：77）。或许有人会认为，这种操作会导致增加运算的负担，因为总是要顾及两个语段。但是，如果不这样，CP 语段就需要重新直接从词库提取相应对象，vP 语段内本可以充当话题的成分却还保留，在拼读的时候又可能需要被重新删除，这样的操作负担比推迟移交复杂得多。另外，一个表达应该是词汇和功能二者的结合，词汇语段推迟移交，能保证词汇与功能接口，也就是概念系统和意旨系统的交互作用。

为了避免推导的前瞻性，并且遵循推导的局域性，那就只能将 CP 语段与 vP 语段分别归于不同系统的要求。话题之类的信息概念并不来自词库，而是在词汇语段推导完成之后，语段中心语的补语被移交之前进入句法。这仍然保证了句法运算的局域性限制要求，而后产生的句法－语用接口则是句法限制和语用限制功能作用的结果。

3.2.3　话题算子

3.2.3.1　话题算子与 Wh－算子之异同

乔姆斯基（Chomsky 1977）、黄正德（Huang 1982 a，b）、黄正德等（2009）等主张将话题和焦点等视为与疑问词性质相似的算子，移位话题的生成类似于关系化。黄正德等（2009：191）指出 Wh－移位和话题移位都是非论元（A-bar）移位，具有以下共同特点：存在一个空位，该空位有一个在左缘非论元位置的先行语；先行语与空位的关系可以是无界依存关系（unbounded dependency）；这种关系对局域性条件敏感。例如：

(10) a. This is the girl ［ whom$_i$ I think ［that John believes that ［Bill likes t$_i$］］］.

　　b. ［That girl］$_i$, I think that John believes that Bill likes t$_i$.

黄正德等（2009：192）指出，疑问句和话题句中的这种依存关系可以通过罗斯（Ross 1967）提出的孤岛条件得以证明，进而指出先行语与空位的关系是一种移位关系。也就是说，话题就如 Wh－算子或量化算子，在孤岛条件限制下进行移位①。另外，有人（参见 Kuno 1973，Jiang 1990）认为关系化成分是从话题位置推导而来的，话题结构可能与关系结构密切相关（Huang et al. 2009：192）。

通过移位产生的话题成分仍必须遵循以上句法限制，因为这样的话题成分来自词汇语段，自然要受到句法上的约束。但是，话题算子并不同于 Wh－算子和量化词等算子；话题特征驱动的移位不同于一般形式特征驱动的移位。具体理由包括以下五个方面。

第一，Wh－算子和话题算子各自所操作的成分在属性和来源上有本质

---

① 孤岛有多种，包括复杂 NP 孤岛、附加语孤岛、主语孤岛、疑问词孤岛等。

差异。疑问成分是直接在词库中就已经存在的，而充当话题的成分是在句法推导后被选中为话题成分的，它本身在词库中并不具有话题属性。

乔姆斯基（Chomsky 2000a）认为，Wh－问句中，疑问词携带语义无解的 Wh－边缘特征[1]［Wh-P］，该特征是活跃的，导致相关成分移位至语段边缘，被移位的成分所达到的最终位置是非论元位置，因此 Wh－移位是非论元移位，如（11b）中的"where"就是如此。

（11）a. that he will go [where]

   ［u-P］   ［Wh-P］

   ［EPP］   ［Q-OP］

b.

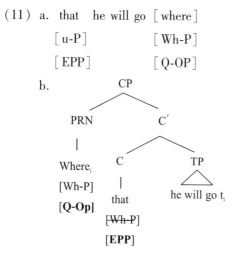

话题成分最终达到的位置同样是非论元位置，因此也是非论元移位。从这点来看，话题移位确实类似于 Wh－移位。

但是，话题短语又不同于 Wh－短语。Wh－短语移位到［Spec，CP］，这是一个规约性位置。标句词 C 表示语力[2]，不管疑问词是否出现，一个句子总是具备语力。而话题和焦点则与此不同，它们出现的位置是非规约性的，一个句子可能没有 TopP 或 FocP。其次，如果 C 具有［u-P］和［EPP］特征，话题成分带有语义有解的［u-P］和［EPP］特征，那么，充当话题的成分可以像疑问词那样移位至［Spec，TopP］，给 Top 的［u-P］特征赋值。但是，话题成分本身并不像 Wh－词那样有专门的形态。英语表示疑问的词有"where/who/how/what"等，汉语表示疑问的词有"什么/谁/多少"等。充当话题的成分可以是多种范畴，如 NP、PP、VP、S 或从句等，但这

---

① 边缘特征是指与移位至语段边缘相关的特征。

② C 可表明一个句子具有陈述、疑问、祈使或是疑问语力（参见 Radford 2009：328）。

样的范畴并没有特定的形态标记①。句子中某个成分或某些成分都有可能成为话题成分，但在进入句法运算时并不带话题性质，这与 Wh - 词有根本的区别。Wh - 词在词库中就带有这样的特征属性，进入句法运算后仍然保留这一属性。一旦 CP 语段存在表示疑问的语用功能中心语，它的疑问属性就可能被激活。而话题成分并非如此，话题成分具有的话题属性，是语用作用的结果，充当话题的词汇本身不具有话题性。

第二，携带语义无解特征的话题中心语充当探针时，一个探针可能有多个目标，它们都可以发生移位。如果话题确实表现出核心句法中的形式特征，那么就会像其他算子特征一样诱发移位。当中心语 C 或 T 充当探针时，只有一个目标符合它的要求，按照 MLC，它选择的是最近的目标，但话题中心语选择的目标并不一定是最近的目标，可以是更远的目标②，如（12d）。

(12) a. 我喜欢这本书。

　　b. [$_{TP}$我 [$_{T'}$ [$_{vP}$我 v' [$_{VP}$喜欢这本书]]]]

　　c. [$_{TopP}$我 [$_{Top'}$ [$_{TP}$我 $_{T'}$ [$_{vP}$我 v' [$_{VP}$喜欢这本书]]]]]]

　　d. [$_{TopP}$这本书 [$_{Top'}$ [我 $_{T'}$ [$_{vP}$我 v' [$_{vP}$喜欢这本书]]]]]]

根据"主语在 VP 内"假设，这里的主语"我"来自 [Spec, vP]。由于 T 的 [EPP] 特征核查需要，"我"移位至 [Spec, TP]。根据语段推导限制条件 MLC，满足 T 的语义无解特征要求的目标只有"我"。但是对话题，中心语 Top 可能选择近距离的"我"为目标，也可以选择更远的"这本书"为目标。

对焦点也是如此，满足焦点中心语探针的目标也可能有多个，如（13）。

(13) a. 在当今这样一个文明的社会我们无法容忍这种行为。

　　b. [$_{FocP}$在当今这样一个文明的社会 [$_{Foc'}$ [$_{TP}$ t$_i$我们无法容忍这种行为]]]

　　c. [$_{FocP}$这种行为 [$_{Foc'}$ [$_{TP}$在当今这样一个文明的社会我们无法容忍 t$_i$]]]

---

① 有些话题带话题形态标记"啊""吗""关于/对于"等，即便如此，也并不是充当话题的成分本身携带的话题属性。

② 尽管后来乔姆斯基（Chomsky 2016）提出，同一个语段内，内论元和外论元相对探针来说，是等距离的目标。但这仍然难以解释为何选此论元而非彼论元为目标，并使之充当话题成分。

第三，被话题探针选中的目标产生移位，但其本身却可能没有携带来自词库的语义无解特征，它的移位纯粹是"利他"行为，这一点也不同于Wh－移位。乔姆斯基（Chomsky 2001：4）指出：探针和目标均活跃时，才能够运用一致性操作。这里的"活跃"是指一个成分（不管是探针还是目标）均含有一个或多个语义无解特征。语义无解特征使它们活跃（Radford 2009：290）。但对话题，只有充当探针的 Top 携带的［EPP］特征是语义无解的，被它选中的目标并不携带语义无解特征。于是，只有话题探针是活跃的，目标并不活跃。

（14）a. ［$_{TP}$他［$_{vP}$没赶上火车］］

b. ［$_{TopP}$火车$_i$［$_{Top'}$［$_{TP}$他没赶上 t_i］］］

c. ［$_{TopP}$他$_i$［$_{Top'}$［$_{TP}$$t_i$没赶上火车］］］

在（14）中，如果将话题视为一般形式特征，（b）（c）均可由（a）推导而来。当出现话题短语时，Top 携带的语义无解特征［EPP］充当探针，搜寻合适的目标，"他"和"火车"都可以被选为目标，但是（b）（c）中移位了的充当话题的成分本身并没有移位的动因："火车"和"他"在移位前分别已经获得宾格和主格。

第四，经典语段推导中允许"多重一致性关系"（multiple agreement）：一个探针与多个目标之间的一致性关系，例如，英语存现句中的"there"和主语同时满足 T 探针的需要而均成为其目标（Radford 2009：304）。虽然一个探针可能在局部范围内同时探测到多个目标，但只能有一个目标最后到达探针的 Spec 位置，比如英语存现句中只有"there"占据对应的 Spec 位置。而在话题推导中，可能出现多个话题成分，也就是多个探针搜寻多个目标，这些目标都需要移位，但占据不同的位置。如（15）：

（15）［$_{TopP}$小张$_i$［$_{TopP}$这件事$_j$［$_{TP}$我认为 t_i办不了 t_j］］］

第五，话题成分可能与句子中某个成分重合，因而，如果话题是一般形式特征，这会与"一个特征一个中心语"（Pollock 1989）的设想不符，而由形式特性建立的句法投射却遵循这一设想。这表明话题特征与一般形式特征表现出不同的功能投射属性。

（16）A：我的眼镜在哪里？

B$_1$：你的眼镜在书桌上呢！

B$_2$：你的眼镜啊，在书桌上呢！

（16）中 B$_1$的话题成分在主语位置，B$_2$却有专门的位置。这种差异显

然不能通过形式特征分析找到动因，只可能归于语用的影响。

综合以上分析，话题和 Wh－算子不同，它们在成分来源、成分属性、句法特征、移位动因以及 MLC 限制等方面均有区别。

3.2.3.2　话题算子与话语照应性特征

本书认为，话题特征并不是一般的形式特征，而是语用特征，它应意旨系统的要求而作用到句法成分上，使某些可以充当话题的成分满足话题功能短语的需要。话题不同于疑问算子或关系化算子，虽然它们都建立算子－变项关系，但话题是一个来自意旨系统、选择性作用于句法的语用算子，而非句法系统内的形式算子。话题算子的这一性质与话题充当的功能角色是分不开的。

兰布雷希特（Lambrecht 1994：184）提出"指称和角色分离原则"（Principle of the Separation of Reference and Role/PSRR），认为话题成分的指称功能应该同它在命题中扮演的角色功能分离，也就是"不要把某个所指引进小句的同时还在该小句中谈论它"（周士宏 2016：167）。概言之，述题前的话题和述题中与话题成分同指的成分各自有不同的功能；话题的功能是为了引进述题，述题内与话题成分同指的成分充当的是建立命题时需要充当的角色。将这种观点用到句法分析上，这实际上与功能语段和词汇语段两分的设想吻合。将话题视为一个来自语用、表达话题属性的算子，那么在述题中有一个受其约束的变项（var），但该变项受约束的条件不同于反身代词受约束要遵守的约束条件 A。话题算子与变项的约束关系是基于语用的，是语用上的照应或相关关系，标记为〔＋a〕特征。

鉴于此，本书提出"语用话题算子假设"（Pragmatic Topic Operator Hypothesis）：

> 话题算子是承接前文和引出下文的、具有〔Top〕属性和语用特征的语用算子，在句法推导完成之后、拼读之前作用于句法，寻找一个〔＋a〕特征的目标。

本书将话题视为带〔Top〕属性的语用算子，正类似于这种依赖语境的量化词算子。

话题算子具有〔Top〕属性，但是携带语义无解特征，需要在句法层面寻找一个合适的目标，赋予其语义无解特征值〔＋a〕，从而与话题算子所携带的话题属性匹配。同时，被选中的目标，即（17）中的变项被赋予话题属性。

（17）　　S~Top~：　　　　　　[~CP~ Top　　　　　[~TP~… ~VP~…]]

　　　　　Op：　　　　　　　　Op　　　　　　　　var

　　　　　PM：　　　　　　　　[Top: ＿＿]　　u[+a]

尽管话题算子－变项之间与 Wh－算子和变项之间的关系相似，但如前所述，二者实质上存在多个方面的差异。其相似之处在于都可能对句法起作用，不同的是，它们作用的方式和产生的结果不同。究其原因，可能是因为话题本身是一个语用概念，而非句法概念，在与句法互动的时候，话题充当一种语用算子，带有语用（话题）特征属性，作用于句法。语用话题算子在句法上寻找一个变量，建立匹配关系。有独立构型的话题短语（Top－算子）与变量是非论元依存关系，因为话题总是处于 CP 域内。无独立构型的话题算子与变量是重合关系，因为话题依附其他成分存在。

将话题算子视为带［TOP］特征属性的语用算子，寻找一个带［+a］特征的目标，这与金（King 1994：221－222）的"语用照应语"算子的观点类似。金指出，当前句法理论往往将辖域限定在句子范围，不能扩展到句外；照应语通常被视为句子范围的约束变项。但是，像（18）这样的例子，就无法在句内得到解释，却可用本书的假设解决。

（18）Suzi believes that a man~i~ is following her. It is possible that *he*~i~ is from the I. R. S. Ann doubts that *he*~i~ is a spy. Suzi hopes that *he*~i~ is a private detective who has been hired to find her in order to present her with a large inheritance. It is unlikely that *he*~i~ is an assassin.

以上带下标的照应语在句子范围内的语义解释并不清楚，并不能被当作约束变项。（18）中的量化算子的辖域都受第一个句子中"man"的限制，它们都是"依赖语境的量化词"，因而是语用照应语算子。

语用概念作为算子进入句法操作的设想并不鲜见。例如，扎努蒂尼（Zanuttini 2008）认为祈使句存在一个来自话语语用的祈使算子"Addressee"。该算子作用于句法，对句法操作产生影响。周昭廷（Chou 2012）将语用概念"point-of-view"作为算子进入"到底"类疑问句（wh-the-hell）的句法操作。将语用功能视为算子干扰句法操作是以承认句法、语用自足并通过接口互动这种语言模块化视角为前提的。

对话题算子需要探寻一个携带［+a］特征的目标为其语义无解特征赋值的设想还可以从洛佩斯（López 2007，2009，2010）的分析中得到支持。

洛佩斯（López 2009：17）建议取消 Topic 和 Focus、TopP 和 FocP 这样的术语，用［+/-a（naphor）］和［+/-c（ontrast）］这样的特征取代它们：话题一定带［+a］特征，焦点一定带［+c］特征。本书认为，话题带一个语用照应语，话题成分本身又相当于一个先行语①，在述题中寻找一个可以与之实现语用上照应、语义上关联的对象，该对象最终移位至话题位置。因此，充当话题的成分携带［+a］特征（详见4.3）。

3.2.4　OT-语段模式假设

3.2.4.1　信息结构的 OT-语段架构

如果话题等信息结构的生成是句法-语用接口的结果，那么，话题成分的生成不同于其他一般句法成分的生成：一般句法成分通过核心句法运算实现，话题成分在核心句法运算之后通过句法-语用接口实现。但是，充当话题的成分将可能来自基本句法（即词汇语段 vP），话题对应的述题也离不开核心句法部分。因此，一个 S_{Top} 的生成，与包含其他功能投射的句子的生成一样，包括核心句法运算和接口操作两部分。由于话题、焦点确实可能有句法构型，因此我们保留 TopP 和 FocP 这样的术语，但并不认为一个句子只有出现了这样的功能投射才存在话题或焦点。话题成分仅出现在语段边缘位置，这正是句法-语用接口的位置。

话题、焦点与句法的互动仅在语段边缘进行，如果发生了异位，就可能出现多种可选择的位置。异位是一种接口现象，是不同的句法限制和话语语用限制之间的 OT 竞争的结果（Choi 1999，2001）。即便是基础生成而来，它们也可能有多个位置选择。OT 限制的优选竞争确定它们的最终句法输出形式。那么，句法和语用具体如何实现接口？按照经典语段模式，话题是形式特征，话题成分移位至［Spec，TopP］是因为中心语 Top 携带了［EPP］特征。事实上，移位至 CP 域内 Spec 的所有成分都是［EPP］特征的要求。将话题视为来自语用的算子之后，Top 的［EPP］特征被消除。［EPP］特征的消除，可以满足 OT-发生器的要求（Broekhuis & Woolford 2013：137）。将 Top、Foc 的［EPP］特征消除后，发生器可能生成多种可能出现

---

① 这里的先行语并不是生成语法约束理论中所言的严格意义上的先行语，而是具有更为宽泛的意义，是指具有承上启下、表达旧信息或信息的起点的成分。相应地，这里的照应语也不同于生成语法中的照应语。

在语段左缘的 IS 结构，按照 OT 评估后输出最优选项。就话题表达的生成而言，首先是不带话题属性的基本句子结构的生成，即运算系统内的操作，体现的是普遍语法属性；然后是句法－语用接口，是按照基本句法和接口限制组成的制约等级通过评估器优选的结果。该操作同样具有普遍性，但最终的句法输出体现了具体语言的参数差异。

语言设计是完美的（Chomsky 2016），异位等非常规句法现象正是通过具体语言的不完美而体现这种完美性。由于不可能同时实现所有接口的完美，因而只能通过保证某个接口的完美而使其他的接口不那么完美（Zeijlstra 2009）。语法的各组成部门有自己的要求，以某种原则和制约形式得到表征，移位的发生表明不同部门之间并不匹配（Choi 1999）。接口条件的满足是在多种接口限制竞争后最优选择的结果，它并不是单一的严格句法限制条件下的推导结果。而这种通过竞争做出最优选择的机制就是 OT 句法方案。话题和论元层的竞争按照话题性和事件性的显著性强弱排序，可能充当话题的成分则受话题显著性和句法限制的制约，也通过 OT 机制过滤。本书将这种基于语段和 OT 的语法架构模式称为"OT－语段"模式解释，如（19）所示。

（19）信息结构的 OT－语段方案：

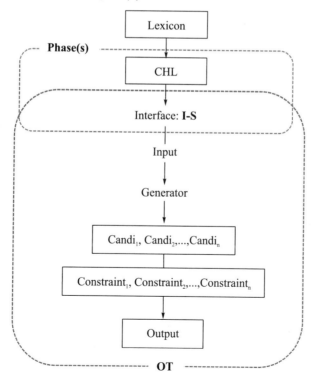

OT-语段模式采用了莱因哈特（Reinhart 2006）、洛佩斯（López 2009）等的部分观点：存在独立的语用部门，话题是语用概念；话题不是一般形式特征，而是语用特征，来自语用部门，作用于语段边缘。与他们不同的是，这里保留了 TopP、FocP 这样的术语，并将话题视为带 TOP 属性但尚未得到特征赋值的语用算子，该算子作为来自语用的探针，从句法上寻找 [+a] 特征的目标。话题表达 S_{Top} 可能有多种输出形式，其最终的表达形式是在句法-语用接口处按照 OT 机制选择的最优输出项。

综上所述，一个句子 S 带上语用成分之后成为 S_p，是为了满足句法与意旨系统的要求。S_p 可能在接口处有多种输出选择，最终输出的 S_p 为最能满足与意旨系统接口要求的选项。这符合乔姆斯基"语言最优化设计"的设想，而最优选项通过由句法、语义和语用限制构成的等级制约机制，一般按照 OT 评估器评价的结果做出最优选择并输出。

3.2.4.2　语段内句法运算操作

尽管本书主张将概念-意旨系统进一步区分为概念系统和意旨系统，经典语段理论的核心句法推导中涉及的基本句法操作，如提取、合并、移位等，以及词汇语段中的成分外移所受的句法限制仍然适应于 OT-语段推导模式。但本书理论的要点在于，话题作为语用算子在词汇语段建构完成之后、移交之前进入句法。OT-语段推导可能涉及的基本句法操作包括初始提取、合并、匹配、移位等。基本句法操作分为两步，具体情况如下。

第一步涉及基本论元结构的推导：C-S 的要求决定了对词汇的第一次分提取（Subnumeration$_1$，简称 Numer$_1$）和最初的合并操作，产生 vP-语段，生成基本论元层。因而这里的操作包括提取和合并（内合并和外合并）操作。另外，由于话题对应的述题通常由一个完整的事件构成，而完整事件总是带有时态（见 3.2.2.1），因此，话题结构中的词汇语段实际上须扩展到 TP。

需要注意的是，这些操作与经典语段理论的句法操作并无太大的差异，但也有不同，这里通过初始提取以备使用的 LA 不包含 Top、Foc 之类的特征。按照乔姆斯基（Chomsky 1995）的观点，初始提取将句法运算所需的全部词项和特征一次性从词库中提取出来，以备句法运算使用。一次性提取可以减轻句法部门的负担，因此限制了句法访问词库的次数——仅需要一次。

但是，功能项实际上具有不确定性，一次性提取包含了功能域内所需特征，这样似乎并不合理（Munakata 2006：51）。本书认为，初始提取可以包括句法运算所需的全部词项和功能域内的规约性项，如 C、I/T，一个完整的句子总是有表示时态 T 和句子类型（语力）的 C。话题和焦点是选择性出现的，因此，初始提取不包含 Top 和 Foc 这样的特征；但对被话题算子选为目标而充当话题的词汇成分，它们总是和概念系统相关，因而也被包含在初始提取中，只是此时它们的话题属性尚未被激活。这避免了"前瞻"，也遵循了包含条件。

第二步是 CP 域内的操作。话题算子在词汇语段建构完成之后进入句法，并寻找［＋a］特征的目标。话题算子与目标之间进行语用匹配（Pragmatic Match/PM）操作；充当话题成分的目标本身又与其所在述题中的照应语进行句法内的语义关系匹配，简称句法内匹配（Syntax-internal Match/SM）（详见 4.3）。通过 PM 被选为话题的成分如果来自词汇语段，其移位仍然须遵守句法限制的要求，即仍然遵守 PPT 下所谓的孤岛限制等和语段理论下的 PIC 和 MLC 等，因为词汇语段属于核心句法部分。如果话题成分并不通过移位而来，而 CP 域内初始提取又不包含［Top］特征，充当话题成分通过分提取而来，这样的成分虽然没有被词汇语段利用，但必然与词汇语段中的成分有语义上的联系，因此也是通过初始提取事先存于 LA 中以备利用。按照"语用构型"假设（详见 3.2.4.3），当话题性高于事件性时，TopP 以独立构型出现在句法结构中。

需要特别强调的是，这里的 TopP 不完全对应里齐（Rizzi 1997）等制图研究中的 TopP。制图理论下的 TopP 是以话题中心语 Top 作为形式特征为前提，通过特征核查实现的话题短语，它并不包含无独立句法构型的话题成分。本书的话题则包括 A 型和 B 型，它们均由语用决定。按照"语用构型"假设决定是否以独立构型出现在句法结构中，如果以独立构型出现，相对于制图理论和 X－阶标理论来说，这样的成分是"非法"的，因为它们不是形式特征驱动的结果，却出现的句法上。但这却正好能够解释为何 A 型话题结构的句法表现出"异常"。

3.2.4.3　OT－语段下的接口操作

接口操作包括优选操作、移交和拼读。OT－语段对语法架构给予了操作分工：负责句法运算的语段操作和负责句法－语用接口的 OT 操作。

语段推导中的基本句法运算仅由一致性和合并之类的一般操作组成，而不包含具体语言的属性（Broekhuis & Woolford 2013：137）。话题结构最终的生成是句法（包括语义）和语用互动的结果，这样，对话题结构的生成，研究的重心就落在了后者，也就是对句法－语用的接口条件。但这些接口条件相对复杂，来自多个方面，如果没有一个更为一般的理论对此采取过滤操作，势必大大增加各种解释的自由与随意性。OT 作为一个优选竞争方案，正适应了这种需要。通过 OT 过滤，保证了句法运算、句法－语用接口操作最为"经济"，这与"语言最优化设计"的设想目标一致。因此，较之于最简方案的语段理论，OT－语段推导模式在解释话题现象上更具优势。

一个话语语用结构 S_p 的生成，必须首先经历基本句法推导，在语段推导完成之后，移交之前通过 OT 制约实现句法－语用接口。话题在语段左缘的实现与一个结合了句法、语用和语义限制的优选机制相关。

优选竞争机制可能涉及两个方面：功能中心语属性的竞争和句法运算限制与接口限制的竞争。这些都与意旨系统的要求相关。

一是话题性与事件性之显著性的竞争，这是通过语用构型假设进一步得出的推论。

语用可能在句法上有构型，也可能没有。基斯（Kiss 1995：6）根据语用构型和句法的关系，从类型学上将语言分为话语概念结构化语言和非话语概念结构化语言。徐烈炯（2002）指出汉语是话题概念结构化语言。将这些观点与句法、语用分离但又通过信息结构建立桥接关系的观点相结合，那么这实际上是指"句法从语用上吸收相关的区分，语用从句法吸收相关的构型"（Tsoulas 2015：488）。

鉴于此，本书提出"语用构型"假设（Pragmatic Configuration Hypothesis）（见1.4.1）：

Ⅰ．如果一个语用成分从句法吸收构型，此时句法一定从语用吸收相关信息的显性特点。

Ⅱ．如果一个语用成分未从句法吸收构型，句法只可能从语用吸收信息的隐性特点。

按照这一设想，作为语用成分的话题的显著性与作为句法的核心部分的 TP 的事件性进行竞争。TopP 在 TP 之上或者在 TP 之内通过各自对应的话题性和事件性的显著性高低决定。句首位置是最为显著的位置（Tomlin

1986），因此，根据"语用构型"假设，可以进一步推断：当话题性高于事件性时，TopP＞TP，此时话题以独立构型出现在话题结构中；当事件性高于话题性时，TopP 在 TP 之内，此时话题依附词汇（事件）语段中的某个成分，或者以空话题的形式出现。

　　二是句法限制与语用限制的竞争。如果基本句法条件得不到满足，就无法生成一个合法的句子。述题是一个表达完整意义的命题，首先应该在核心句法运算中得到满足，才有可能最终产出一个包括话题和述题的完整表达。也就是说，话题结构是在最后的句法－语用接口中调配的结果。穆勒（Müller 1999：777）指出，与异位有关的特定语言差异是由限制条件的等级重排（reranking）导致的，异位表现出不同标记程度，而不是彻底的完好或是完全不合乎语法。但不那么合乎语法的最优选项却更能满足与意旨系统接口的需要。句法－语用接口受两个方面的制约：句法限制和语用限制。这两个条件在具体话题推导中按照优选结构确定话题结构的最终表征输出（详见第 5 和第 6 章的句法分析）。

　　语段推导下的 OT 接口这一设想与语言的"完美性"设想一致（Chomsky 2000a）。从语言的完美性来看，形式特征的语义无解特征、异位效应、跨语言上的形态句法范畴差异和跨语言变化都是"完美性"的表现。但是在接口操作中，一种方式可能对某个接口是完美的，但是对另一个接口来说并不完美。因此，不同接口条件的完美解决方式相互冲突，只能通过保证某个接口的完美而使其他的接口不那么完美（Zeijlstra 2009：83）。话题表达涉及的接口操作正是语言不完美性表现出的完美设计。语言官能可能给话题表达提供多种选择方案，但最终被选中输出的（最佳）输出是各个接口条件相互和谐竞争的结果。

3.2.4.4　话题表征输出的制约条件

　　核心句法部分（基本词汇语段）的推导完成后，进入句法－语用接口（满足意旨系统施加的条件要求），这时可能有多种输入进入发生器，成为候选项。通过 OT 优选评估，这些候选项中违反制约限制最弱的项将是最佳选项，也就是最终输出项。焦点和话题相关的异位现象是一种接口现象，话题具有［－New，＋Prominent］特征，焦点具有［＋New，＋Prominent］特征，话题和焦点表达是句法制约和句法－语用接口制约下通过 OT 优选评估后的最优输出（Choi 1999，2001）。异位现象不仅仅与话语是否有［＋New］

特征有关，而且可能是话语的显著性（［＋Prominent］）导致的。那么，涉及句法和语用的具体的制约有哪些呢？崔惠媛（Choi 1996，2001：150 - 151）指出，话题、焦点的输出与制约项相关。

Ⅰ．短语结构制约（Phrase Structure Constraints）。

SUBJ/CANONI：主语应该在非主语之前（即主语应当成分统制非主语）。

Ⅱ．信息结构制约（IS Constraints）。

NEW：［－New］成分应该先于［＋New］成分。

PROM：［＋Prominent］成分应该在［－Prominent］成分之前。

这里的制约条件Ⅰ属于句法制约，Ⅱ属于语用制约。按照崔惠媛的分析，德语就遵循这样的制约要求。由于这些制约条件应具有普遍性，因而同样可以将它们用来考察汉语。汉语最基本的语序为 SVO 语序，因此，制约条件Ⅰ适应于汉语。而对Ⅱ如果话题表示旧信息，焦点表示新信息，在汉语中，如果话题和焦点同时出现，焦点低于话题位置（参见张志恒 2013）。鉴于此，Ⅱ也同样适应于汉语。但是，将这些条件综合考虑，就可能造成冲突，因为句法限制Ⅰ要求主语在宾语之前，但是主语可能不具有［－New］或［＋Prominent］特征。这些限制条件只能通过制约等级排序来得以解决。

我们可以假设汉语制约等级为：

(20) PROM ≫ SUBJ ≫ NEW

以"我喜欢这本书"为例。假设"这本书"被语用部门的话题算子选为目标，充当话题，且话题显著性高于事件性。从表 3.1 可以看出，C_1 违反了 SUBJ，即"主语应该在非主语之前"这一制约条件。按照 PROM，［＋Prominent］成分应该在［－Prominent］成分之前。由于话题显著性高于事件性，TopP 应该在 TP 之上，因而 C_2 违反了这一制约条件。C_3 不仅同 C_2 一样违反了 PROM，另外还违反了制约条件 NEW。话题作为［－New］成分，应该在［＋New］成分之前，而这里的话题成分位于句末，显然不可能在［＋NEW］成分之前。综合以上分析，C_1 是最能满足句法和（话语）语用制约的项。

表3.1　汉语话题结构的句法表征输出优选表（例示1）

	Prominence = Topic Topic = 这本书 vP = t_i喜欢这本书	PROM	SUBJ	NEW
C_1	☞[$_{CP}$ [$_{TopP}$这本书$_j$, [$_{TP}$我$_i$ [$_{vP}$喜欢 t_j]]]]		*	
C_2	[$_{TP}$我$_i$ [$_{TopP}$这本书$_j$ [$_{vP}$$t_i$喜欢 t_j]]]	*		
C_3	[$_{CP}$ [$_{TP}$我$_i$ [$_{vP}$$t_i$喜欢 [$_{Topic}$这本书$_j$]]]]	*		*

注：C_1表示候选项1，C_2表示候选项2，C_3表示候选项3。

但是，有时句法限制不一定必然与语用限制冲突。因此，崔惠媛（Choi 2001：155）认为可能还需要将布雷斯南（Bresnan 1995，1998）提出的算子约束限制考虑在内。

LP（Linear Precedence）：约束语在线性顺序上先于被约束语。

SR（Syntactic Rank）：约束语在功能层级上级别高于被约束语。

将算子约束限制也加入句法 – 语用接口制约等级竞争，得出修正后的制约等级（德语）为：

LP&SR≫ PROM ≫ SUBJ ≫ NEW　　　　　　（Choi 2001：157）

该条件等级也同样适应于汉语。以汉语话题"这本书"为例，在表3.2中，按照 LP & SR，Topic 作为先行语，应该约束其后的被约束语，C_1和C_2均遵循了这一制约条件；但在C_3中，约束语和被约束语在同一个位置上，显然违反了该制约条件。综合各项制约条件的违反情况，C_1为最佳输出项。

表3.2　汉语话题结构的句法表征优选输出优选表（例示2）

	Prominence = Topic Topic = 这本书　vP = t_i喜欢这本书	LP&SR	PROM	SUBJ	NEW
C_1	☞[$_{CP}$ [$_{TopP}$这本书$_j$, [$_{TP}$我$_i$ [$_{vP}$喜欢 t_j]]]]			*	
C_2	[$_{TP}$我$_i$ [$_{TopP}$这本书$_j$ [$_{vP}$$t_i$喜欢 t_j]]]		*		
C_3	[$_{CP}$我$_i$ [$_{TP}$$t_i$喜欢 [$_{NP/TopP}$这本书$_j$]]]	*	*		*

事实上，不同语言中的宾语是否移位存在宏观参数上的差异。布鲁克赫伊斯和伍尔福德（Broekhuis & Woolford 2013：139）就宾语前置提升（OS shift）提出了 OP-MP 下的宏观参数限制，见（21）。

（21）

	*MOVE >> EPP(case)	EPP(case) >> *MOVE
	No full object shift	Full object shift: Icelandic

D-PRONOUN >> *MOVE	*MOVE >> D-PRONOUN
Pronoun shift: Danish	No object shift: Finnish-Swedish

他们指出，宾语是否前置现象可以分为两种参数：一种是不完全宾语前置（No full object shift）。它又分为代词宾语前置和无宾语前置，前者指该门语言中只有代词性宾语才能够前置，如丹麦语；后者指该门语言中完全不存在宾语前置现象，如瑞典语。另一种是完全宾语前置（full object shift），即所有宾语都允许前置，包括有定代词（definite pronoun）和非代词性 DP，如冰岛语。按照以上宏观参数，汉语同冰岛语一样属于宾语前置语言，因为汉语中的代词和非代词性 DP 都可以前置，如（22）。

（22）a. 这本书我喜欢。

　　 b. 他大家都认识。

　　 c. 喜剧我倒看了不少。

既然汉语属于完全宾语前置语言，那么所遵循的 EPP 特征限制和移位限制等级为（23）所示：

（23）EPP（case）≫ *MOVE

　　　EPP（格）：未赋值的格特征吸引它的目标

（23）表明，在遵循这样的制约等级的语言中，其格特征通常会驱动宾语前置，这是一种强 EPP（case）等级，它由 C-I 系统和 S-M 系统施加的接口条件限制。但是，当 EPP（case）被某项制约条件（假设为 A）超越（outranked）时，就不会产生宾语前置到主语前的情况，用等级排列表述如（24）所示（Broekhuis & Woolford 2013：138）：

（24）A≫ EPP（case）≫ *MOVE

也就是说，当某一个等级高于 EPP（case）限制出现时，宾语前置语言中可能会产生宾语并不移位的情况。布鲁克赫伊斯和伍尔福德（Broekhuis & Woolford 2013：139）还进一步假设，如果排列焦点（Align focus）A 等级高于 EPP（case），那么宾语前置就会被排除。也就是说当宾语是所在句子中的焦点时，由 EPP（case）驱动的宾语提升可能被焦点限制压制而使宾语无法进行移位。这时的等级排列顺序为：

（25）Align focus≫ EPP（case）≫ ＊MOVE

    a. Jón keypti ＜＊bókina＞ ekki ＜bókina＞ bókina⊏focus

        Jón bought the book not

    b. Jón keypti ＜bókina＞ ekki ＜＊bókina＞ bókina⊏presupposition

据此，当宾语"bókina"被解读为焦点时，它并不发生移位；当它被解读为预设[1]时，宾语发生移位。汉语这样的宾语前置语言中也可能会产生宾语并不移位的情况，如"张三死了父亲"这种汉语保留宾语结构，其后带主语的结构就是如此（详见6.1.3）。这里的排列焦点是新信息，相当于崔惠媛（Choi 2001）提出的信息结构制约条件"NEW"。

综合以上分析，汉语话题结构的句法－语用接口所受制约条件按等级排列如（26）所示[2]：

（26）LP&SR≫ PROM ≫ SUBJ ≫ NEW ≫ EPP（case）≫ ＊MOVE

汉语话题的表征结构的输出可能受非移位制约、EPP（case）制约、信息新旧制约、SUBJ制约、显著性（PROM）制约和约束语线性顺序/功能层级制约（LP/SR）等。具体到汉语话题（或焦点）结构表征输出的优选分析详见第5和第6章中有关各类话题生成机制的分析。

3.2.4.5　本节小结

综上所述，OT－语段模式下，一个话题结构的生成可能包括表3.3中的核心句法操作和接口操作。

---

[1]　预设和话题均表示已知信息，它们的差异在1.2.4节已有介绍。这里的预设（NP）实际上是本书定义下的"话题"。

[2]　在具体的话题结构分析中，有时可能不会同时涉及全部制约项。如果某个制约项没有被涉及，此时默认该制约项得到了遵守。另外，在汉语中，后三项制约构成的制约等级 NEW ≫ EPP（case）≫ ＊MOVE 只有在被话题化或焦点化成分为宾语且发生了移位的时候才起作用，这时的话题化或焦点化现象属于宾语前置现象的一种。

表 3.3　话题结构的生成所涉及的操作

核心句法操作			接口操作				
vP/CP 语段			vP/CP 语段左缘				
	Numer₁	合并	Numer₂	PM	OT 操作	移交	拼读
设想	语义表达涉及概念－意旨系统（Chomsky 1995），但 C-I 系统可以区分为 C-S 和 I-S。vP 和 CP 语段分别主要满足 C-S 和 I-S 的接口要求。			语言设计是完美的（Chomsky 2001，2007），语言表现出的不完美性也是语言设计"完美性"的一种表现。				

　　按照该模式，一个话题结构的生成分别主要满足 C-S 和 I-S 的要求，这样，它涉及的词汇语段和功能语段两者的互动可能有三种情况：一种可能是词汇语段的语义表征完全能够满足 I-S 的要求，这时 CP 语段内无须单独获取句法对象以满足意旨－语义解读的要求。这时，最后输出的话题结构表征中，话题成分没有独立的构型。第二种可能是词汇语段的语义表征不能完全满足 I-S 的要求，但能够部分满足 I-S 的要求，这时 vP 语段内某个句法对象移位至 CP 以满足意旨－语义解读的要求，通过这种操作最后输出的句法结构具有独立构型，这对应于移位生成的话题。第三种情况是词汇语段的语义表征完全不能满足 I-S 的要求，这时 CP 语段需要通过再次提取（Numer₂）相关词项，以满足意旨－语义解读的要求。通过这种操作最后输出的句法结构具有独立构型，但是语用成分仅与 vP 语段中的某个成分具有语义上的关涉关系，这对应于有独立构型且基础生成的话题。

　　OT－语段下得句法－语用接口机制与说话者的语言行为所受限制这一事实兼容。一般而言，言语行为限制来自两个方面：一是规约性规则，包括句法规则、组合性语义规则等；二是会话规则。前者就是句法限制，后者更多地来自语用需要，属于语用限制。OT－语段推导下的句法输出是综合了句法限制和语用限制而做出的最优化选择的结果，但最优化和合乎语法性（Grammaticality）有所不同：一个合乎语法的句子就是完全按照语法规则组合的所谓的常规句子；最优化的句子并不是那么合乎语法，但可能是最合乎表达需要的句子。这可以解释为何话题表现出非常规句法性质，却在具体语境中是恰当的表达这一语言现象。

3.3　本章小结

本章分析了经典生成语法及修正后的 Y－模式在处理话题、焦点之类的 IS 时表现的不足，并结合已有相关 IS 架构的研究成果，提出了语用话题算子假设和 OT－语段推导模式。该模式仍然以经典语段理论为基础，但针对经典语段存在的概念－意旨系统的模糊性、将话题和焦点等视为一般形式特征与它们作为语用概念之间的矛盾性、语段推导面临的包含条件限制、"前瞻性"等方面的不足，结合前人的研究，尝试性地提出了新的设想。

首先，将概念－意旨系统作为一个整体，难以区分句法运算的哪些部分是为了满足概念系统的要求，哪些是为了满足意旨系统的要求，因而将概念－意旨系统进一步区分为概念系统和意旨系统，有利于识别核心句法部分和句法－语用接口部分。其次，将话题和焦点视为一般形式特征，这似乎违背了话题和焦点作为语用概念的这一根本属性，因此，本书设想某些词汇本身带有语用属性，但是这些属性是被意旨系统的某些功能要求激活的。因此，话题和焦点特征来自语用部门，在连续－循环进行的句法推导的中间步骤（语段边缘）作用于句法。这一设想与话题/焦点特征总是选择性地出现在语段边缘这一事实相符，也避免了违反包含条件限制。另外，经典理论认为初始提取包括话题、焦点等特征，这种规定虽是为了遵守运算的经济性原则要求，但这种选择性出现的特征事先出现在 LA 中，实际上采用了"前瞻"手段。最后，句法－语用接口后实现的表征可能有多种选择，需要按照 OT 机制，选择最优表征方式输出。这是因为，语言设计是完美的。语用进入句法，这本身增加了句法部门的负担，是具体语言中一种"不完美"表现，通过优选方式得到的选择将尽可能地满足接口的最优化要求。

总之，语段模式下的句法运算和句法－语用接口解读，实际上采用了最优化句法运算和最优化接口手段，从而实现语言与其他应用系统之间的最优接口，可为其他心智能力系统最轻松地识别。OT 方案的运用是为了避免单一句法决定论在话题生成机制上所面临的问题，从而为解决话题的句法推导和表征问题提供一个新的思路。

4 汉语话题的性质和构型分类

本章主要从句法和语用上探讨汉语话题的性质。4.1 扼要梳理了已往汉语话题、主语，尤其是二者相互关系研究中存在的主要争议，并指出这种争议很大程度上是由于争论各方未能在同一个确定的理论框架下讨论问题造成的。4.2 根据语言模块观，从句法、语义和语用三个层面分析主语和话题的性质，指出主语和话题是两个不同的概念；主语属于句法模块中的概念，话题是语用概念；汉语话题处于非论元位置，也可能与句子中其他成分重合；主语处于论元位置。另外，仅从"语用话题"角度对话题进行分类存在不足，因为所有的话题都是语用话题。因此，本书结合话题的语用属性和句法构型状况，主张将汉语话题分为有独立构型话题和无独立构型话题。这种分类是基于语言模块观得出的结果。4.3 讨论话题的语用照应性特征，指出话题本身即是前文中的先行语对应的照应语，同时也是话题所在句子述题中与之照应的空位、RP 或关涉成分，甚至整个述题的先行语。话题具有语用照应语和先行语的双重身份，正是这种属性让话题作为算子进入句法，并探寻携带 ［+a］ 特征的成分，以作为可能的目标。

4.1　汉语话题与主语之辨

话题和主语一直是汉语语法研究中颇具争议的一组概念。虽然已有研究大多认同主语、话题是两组来自不同层面的术语，应该将它们区分开来，但在具体语言分析中，二者又常常被混淆起来。对话题与主语的关系，学界大致有五种看法，其中前三种最为典型（参见 1.3）。本节基于句法和语用各自自足的立场，以句法为立足点，拟对这三种典型看法进行分析，从而指出对话题和主语进行区分的合理性和重要意义。

4.1.1　典型争议

4.1.1.1　"话题"说

"话题"说认为汉语只有话题－述题结构，没有主语－谓语结构；即便承认主语－谓语结构的存在，也将之视为话题－述题结构。持这种观点的典型代表有赵元任（Chao 1981）、李英哲等（1990）和徐通锵（1997）等。

赵元任（Chao 1981：40）指出，在整句中，主语作为问话，是话题；谓语作为答话，是说明（即"述题"）；一个整句是一个由两个零句组成的复杂句。有些零句接近于一种说明。这样，一个整句其实就是一个"话题－述题"结构。以下例句引自赵元任（Chao 1981：39－40）：

（1）这个人啊，一定是个好人。他是哪儿的人啊？

（2）他自己的小孩呐，也不大听他的话。小孩儿都上哪儿去了呐？

（3）丈夫吧，找不着事儿；孩子们吧，又不肯念书。我们问问她的丈夫吧？

应该指出的是，赵元任虽将主语和谓语对应于话题和述题，但他并没有明确将话题视为句法概念，在具体语法分析时，更多的时候还是使用"主语"概念。"汉语句子的主语的作用只是引进话题"（Chao 1981：41）。按照这种观点，话题是属于功能层面的概念。因此，赵元任的观点实际上并不属于严格意义上的"话题"说。但是，他提出的"汉语的主语－谓语之间的关系就是话题－述题之间的关系"这一颇有影响的观点激起了人们对话题和主语两个概念的探讨，成为汉语研究中极具争议的问题之一。

李英哲等（1990）认为，汉语是"话题型语言"。如果着重于意义倾向，一个句子又可以分为"话题"和"述题"[1]。话题指的就是主语，述题指的则是谓语。话题和主语可以看作是对同一种事物的两种观察方法。为了避免关于哪一个成分是句子主语的无谓争论，他们主张采用"话题－述题"来讨论句了。但是，在具体语法分析中，他们同样也多使用"主语"概念。

持"字"本位观点的徐通锵（1997）指出，印欧语是语法型语言，其基本结构框架是主语－谓语结构；汉语是语义型语言，其基本框架是"话题－说明（即述题）"。汉语中的"话题"是名物，一般表现为向心字块，

---

[1]　原文使用的是"陈述"。

是有定的；说明（述题）是有连续性特征的结构成分，一般表现为离心字块，是无定的，典型格式是"动作＋名物"。徐通锵的这种观点是典型的"话题"说观点。

"话题"说承认话题－述题结构在汉语语法中的主导地位，降低甚至否定"主语－谓语"结构在语法中的作用。然而，一旦面临具体的语法问题分析，持这一立场的研究者往往不时需要使用"主语"和"主谓结构"这样的术语。况且，汉语中有些句子并没有（显性）话题，也就无从谈及话题－述题结构。可以说，这一观点至少在实际语法分析中其可行性有所不足。

4.1.1.2 "主语"说

"主语"说认为汉语语法层面上只有主语成分，没有话题成分和话题－陈述结构，话题属于语用层面。如果一个句子出现多个主语，句首的 NP_1 被称为大主语，NP_2 为小主语，或者将主语分为基础主语和话题主语。持该观点的代表人物颇多，如朱德熙（1985，1999）、范开泰（1985）、陆俭明（1986，2022）、胡裕树和范晓（1993）、徐杰（1993）、袁毓林（1996）、杨成凯（2000）、石毓智（2001）和史有为（2005）等。

朱德熙（1999：110－111）指出，说话人选来作主语的是他最感兴趣的话题，谓语则是对选定了的话题的陈述；通常说主语是话题，就是从表达的角度说的，至于主语是施事，那是从语义的角度说的，二者也不能混同。因此，从语法上来说，汉语只有主语概念，没有话题概念。以下例句引自朱德熙（1999：109）：

（4）这件事啊，得好好商量一下。

（5）我吧，从小爱看小说。

按照朱德熙的观点，（4）中的"这件事啊"，（5）中的"我吧"均为所在句子的主语。

胡裕树和范晓（1993：11－12）持典型的"大、小主语"观点。主语是属于句法关系的概念，与谓语相对而言；主题（Topic，即话题）是交际功用上的概念，是一种语用成分，对应说明（comment，即述题）。

（6）a. 我读过《红楼梦》了。

    b.《红楼梦》我读过了。

在（6a）中，"我"在句法上是主语，语用上是话题。在（6b）中，

"《红楼梦》"在句法上是大主语，语用上是话题，"我"是小主语。按照该观点，"主语－谓语"属于句法层面，"话题－述题"完全属于语用层面。尽管二者有时重合，但主语和话题是可以独立并存的不同概念。

"主语"说的典型观点来自袁毓林（1996）。针对李和汤普森（Li & Thompson 1976）将"话题－述题"作为与"主语－谓语"并存的汉语语法关系的观点，袁毓林提出了不同意见。他用配价语法分析了主谓谓语句的句法派生过程，指出像"荔枝小王吃过""小王荔枝吃过"这类话题句，实际上是主动宾派生出来的主谓谓语结构。派生前的主谓句的主语叫"基础主语"，通过话题化移位而形成的主语叫"话题主语"。这样，一个话题句在句法层面就有"双主语"，而没有话题概念，话题完全是针对语用层面来说的。袁毓林（1996：247）将"话题主语"的产生动因归于语用因素的影响。

另外，石毓智（2001：82）从认知视角出发，指出汉语主语具有认知上的凸显性，可以被看作无标记话题；主语是一个语法结构成分，是句法层面的概念，话题则是一个语用成分。

"主语"说将话题视为纯粹的话语语用概念，在句法层面上没有任何地位。但是，话题有时确实有结构成分，在具体分析时又不得不另外为这样的成分命名，例如，胡裕树和范晓（1993）将位于主语之前、在语用上为话题的成分叫作"提示语"，这样，句法上又增加了一种语法成分。袁毓林（1996）在分析具体的句法操作时，往往借助话语语境来补充被删除了的成分，这实际上是承认了语用对句法异位的驱动作用。另外，对额外附加的、在语用上的话题，需要另外在句法上加以命名，于是采用了"话题主语"这样的术语，以区别于句法上的"基础主语"。但是，"基础主语"和"话题主语"的使用，实质已经承认了两种不同性质的主语。即便给"话题"增加一个"主语"的标签，还是无法否定话题在句法上的存在。

4.1.1.3 "主语/话题"说

"主语/话题"说认为语法层面既有主语成分，也有话题成分，主语和话题是两个不同的句法成分。持这种观点的代表人物有王力（1956）、李纳和汤普森（Li & Thompson 1976）、曹逢甫（Tsao 1977，1987）、黄正德（Huang 1982a）、徐烈炯和朗根多恩（Xu & Langendoen 1985）、宁春岩（Ning 1993）、徐烈炯和刘丹青（1998）、石定栩（Shi 1992）、陈国华和王建国（2010：318）、刘丹青（2016a，2016b，2018）等。另外，汉语生成语法学者们也多持这一观点。

李纳和汤普森（Li & Thompson 1976：460）从类型学的角度将世界上的语言分为四种，其中汉语属于"话题显著"语言。汉语以已知信息或旧信息为导向，其基本语法关系是"主题（即话题）-述题"关系。这类似于"话题"说。但不同的是，他们主张保留主语和主语 - 谓语结构的语法地位。话题具有与主语相似的句法功能，因而享有同等的句法地位。主谓谓语句是典型的话题—述题结构，是汉语的基本句式。

（7）a. 那个女孩，眼睛大。

　　 b. 吴先生，我给了他两本书。

（7a）中的"眼睛"为主语，"那个女孩"为话题。（7b）中的"我"为主语，"吴先生"为话题。

曹逢甫（1995：40）指出，虽然主语和话题①有重叠的时候（即一个名词组既是主语又是话题），但本质上属于不同的语法结构层面。例如：

（8）a. 这个女孩眼睛很大。

　　 b. 这个女孩的眼睛很大。

（8a）中的主语是"眼睛"，"这个女孩"是话题；（8b）中的"这个女孩的眼睛"既是主语也是话题。

曹逢甫还指出，汉语是以话语（discourse）②取向的语言，句子在句法上不能清晰地界定，这不同于英语之类的以句子取向的语言。句子取向语言中的主语、宾语之类的语法关系标记明显，句界清楚，而话语取向语言中的主语和话题需要在话语中来考察。另外，他还指出"双主语"［如（8a）中的"这个女孩眼睛"］的说法实际上是一种误用，应该用"双名结构"取而代之。

徐烈炯、刘丹青（1998）一方面肯定了话题在句法上的独立结构地位，另一方面也承认主语可能同时也是话题，话题可能没有独立的结构地位。刘丹青（2016a：259）通过跨语言比较，发现汉语主语和话题虽然交叉很多，但仍是汉语中两个各自独立的句法库藏成分。

---

① 原文使用的是"主题"，为了表述上的统一，这里改为"话题"。

② 原文将 discourse 称为"语段"，实际上就是本书所言的"话语"，另外，为了避免与生成语法所言的"语段"（phase）混淆，本书将之改为"话语"。

"主语/话题"说承认话题是句法概念，但由于语用层面也使用"话题"这个术语，这导致无法区分作为句法概念的话题和作为语用概念的话题。在实际分析中，两者可能产生混淆。已有研究表明，尽管学界尚未对话题和主语的区分和联系达成一致意见，但是大多数学者认为应该区别对待这两个概念。

4.1.2　三种典型观点面临的主要困难

话题和主语概念往往被人们同时从不同层面糅合在一起，因而造成它们之间的关系混乱。对话题和主语的区分应当在同一个层面进行，要么基于句法，要么基于语用。按照句法、语用各自自足的观点，要么立足语用，要么立足句法。形式语言学下的话题研究需要从句法上区分不同的话题。

按照生成语法 X－阶标理论，以（9）为例，将已有主语和话题的争议以树形图表示，则有"主语"说、"话题"说、"话题/主语"说三种情况。

（9）烈性酒，我不喝。

Ⅰ. "主语"说。

按照"主语"说，所有的话题和主语均处于［Spec，TP］位置。即便允许多个标志语叠加，但也无法区分哪个主语在前，哪个主语在后。如（10）所示，"烈性酒，我不喝"和"我（啊），烈性酒不喝"的投射结构相同，它们出现的先后顺序背后产生的动因无法得到句法上的解释。

（10）

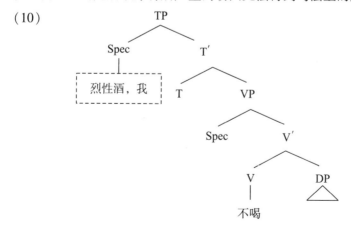

Ⅱ. "话题"说。

按照"话题"说的观点，句法上不存在［Spec，TP］。这意味着应取消［Spec，TP］位置，全部用［Spec，TopP］代替。如果这样，一方面，"主

语"这个术语没有存在的必要；另一方面，当同时出现多个话题成分时，就
会面临"主语"说所面临的相同问题：难以区分和解释标志语多重堆砌的现
象。例如，我们难以分辨（11）中的"烈性酒"和"我"究竟在句法投射上
有何差异。

（11）

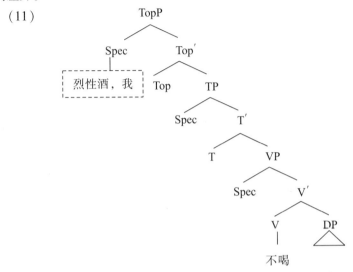

Ⅲ."话题/主语"说。

按照"话题/主语"说，如（12），话题在［Spec，TopP］位置，主语
在［Spec，IP］位置。这种分析可以较好地区分两者的句法位置，但它面临
的困难是：当一个成分既是主语，又是话题时，则难以在 X－阶标理论内得
到分析。

（12）

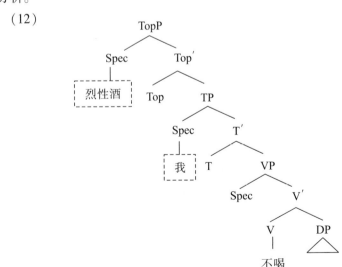

以上三种分析表明：如果两个概念是同一回事，那就无须区分，因为会出现在同一个句法位置上。话题不一定是主语，主语也不一定是话题。造成混乱的原因是在不同层面使用这两个概念。解决的办法看来是：统一在同一个层面对两个概念进行区分。

在生成语法框架下，乔姆斯基（Chomsky 1995）本人提出的 EPP 原则要求每个句子都有主语。EPP 是普遍语法的一部分，所有语言都应该遵循该原则。按照该原则，所有语言的句子都应该有主语，其句法投射也都应该有主语投射位置。话题本质上是话语概念，但是，由于它必须依托句法而存在，有时在句法上有独特的位置，有时与句子中某个成分重合。当话题在句法上有独特位置时，就作为一个与主语并列的句法概念出现在句法中，其句法位置为〔Spec，TopP〕（Rizzi 1997）。需要注意的是，这样的汉语话题往往采用非常规语序、形态标记实现。因此被称为有标记句法话题，本书都将之视为有独立构型的话题。而当话题依托句子中的某个成分存在时，它就成为一个纯粹的语用概念，在句法上无独立构型，本书称之为无独立构型的话题。两种话题实际上统一于语用部门。主语是句法概念，在基于句法自足的分析中，主语与句法外的话语语用没有直接关系，其句法位置为〔Spec，IP〕或〔Spec，VP〕。

4.2　汉语话题的分类

4.2.1　话题的分类

已有研究从不同层面为话题做出界定，这正是造成话题定义和分类多样的原因。话题可从话语层面界定（Mathesius 1975，Firbas 1964，Hockett 1958，Halliday 1967 等），也可从句子层面界定（Gundel 1988，Erteschik-Shir 1997，Dahl 1974，Vallduví 1990 等以及绝大多数句法制图理论的支持者）。从话语出发的讨论多基于功能语言学视角，从句子出发的多基于形式语法视角。本书将讨论对象限定在句子单位。从句子层面看，话题有两种典型的定义和分类：一种来自莱因哈特（Reinhart 1981），一种来自贡德尔（Gundel 1985）。

4.2.1.1　莱因哈特的观点

莱因哈特（Reinhart 1981：1）认为，话题可以分为话语话题（discourse topic）和句子话题（sentence topic）。其中，句子话题是句子层面特有的语用现象：只有句子有句子话题，一个既定句子的话题由该句子所处的话语环境和它的语言结构共同决定。用来界定句子话题的语用关涉性与人类互动的非语言方面相关。句子话题就是其所在句子关涉的内容。例句（13-15）引自莱因哈特（Reinhart 1981：54）：

（13）Mr. Morgan is a careful researcher and a knowledgeable semiticist, but his originality leaves something to be desired.

（14）（13）is about Mr. Morgan.

（15）（13）is about Mr. Morgan's scholarly ability.

第（13）句的话题可以是（14），也可以是（15）。（14）是句子话题，（15）是话语话题。区分的主要方式就是：句子话题必须与句子中的表达对应，话语话题则是更抽象、更大的话题单位。当然也不一定完全如此，（14）也可以视为话语话题。话语话题包括句子话题，只要存在话语语境，所有句子话题都可能成为话语话题。莱因哈特（Reinhart 1981）的观点可用关系图表示，如（16）所示。

（16）

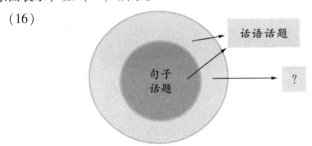

需要注意的是，这种分类是将句子话题视为话语话题中的一个子集，虽然能够较好地区分这两种不同的概念，但是难以将"非句子话语话题"的属性及其与句法的关系凸显出来。

4.2.1.2　贡德尔的观点

Gundel 学界另有一个与莱因哈特所言的句子话题接近的概念，那就是贡德尔（Gundel 1985）的"句法话题"（syntactic topic/S-Topic）。针对前人对话题的不同界定，贡德尔（Gundel 1985：85）认为，为了在语言描写中得到一个更为严格的"话题"概念，首先有必要将功能上的话题定义与有关话题的不同语用和结构性质分离开来。而对这些性质的确定一直是个经验问题。因此，她主张将话题区分为语用话题（pragmatic topics）和句法话题（syntactic topics）。前者指某个语境中说话者与句子之间的某种特定关系；后者是句子成分与包含该成分的句子之间的关系，且这种关系直接在句法上得到界定。具体如下（Gundel 1985：86）：

语用话题

实体 E（entity）是句子 S 的语用话题，当且仅当说话人 S 将增加听话人对 E 的了解，或要求得到关于 E 的信息，或者使听话人根据 E 行动。

句法话题

成分 C 是某个句子 S 的句法话题，当且仅当 C 受 S 直接支配（dominated），且 C 附接在（adjoined）受 S 直接支配的句子 S′ 的左边或右边。

贡德尔还指出，句法话题一定是语用话题，但语用话题不一定是句法话题。一个句子中语用话题的表达可能，但不一定出现在话题专用的句法位置上。也就是说，语用话题并不一定在句子中有直接的表达。这种观点试图从句法上来划分话题类别。贡德尔（Gundel 1985）的观点可用关系图表示，如（17）所示。

（17）

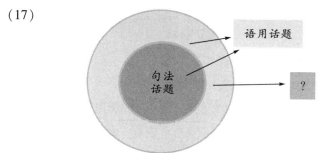

这种观点有助于厘清传统上话题和主语不分的情况，但这里的句法话题仅包括以独立成分嫁接在句子上的话题成分。贡德尔虽然承认语用话题的存在，但忽略了语用话题绝大多数情况下依附句法成分而存在的事实。因此，贡德尔的观点未能明确区分出现在特定句法位置上的话题和不在特定句法位置上的语用话题。

4.2.1.3　汉语话题构成的挑战

比较两组分类，贡德尔的"语用话题"和"句法话题"之分与莱因哈特（Reinhart 1981）的"话语/篇章话题"与"句子话题"之分有何差异呢？贡德尔（Gundel 1985：86）认为，尽管她的"语用话题"与莱因哈特的"句子话题"的定义相似，两个概念的外延（extension）却不完全相同。因为莱因哈特将她所言的句子话题严格限制在句子中的表达，但如果同时又将句子话题（以及话语/篇章话题）视为语用概念的话，这个限制可能并不恰当。一个特别的语用概念在任何既定句子中是否有直接表达都应该是个经验问题。

本书认为，莱因哈特（Reinhart 1981）将句子话题限制在句子范围，是相对于话语（discourse）来划分的，句子和语篇都是语言构成单位，但立足的仍然是话语语用；而贡德尔（Gundel 1985）将话题分为句法话题和语用话题，这是立足句法，从句法和语用两个层面来划分的。多数人倾向于接受莱因哈特的定义，是希望将话题置于一个更广泛的背景下来讨论句子范围内的话题。正如莱因哈特（Reinhart 1981：6）所言，句子话题是一种特殊的语用现象：只有句子才有句子话题，给定的句子中的话题是由说话的语境和语言结构两方面决定的。尽管贡德尔的句法话题重点落在句法层面，但也被包含在莱因哈特所定义的句子话题之内。因此，句子话题实际上耦合了句法（语法）和语用部门，涉及句法、语义和语用三个层面。如果以汉语语料来考察，莱因哈特和贡德尔两人的观点虽各有一定的合理性，但都存在不足。前者未能将语用和句法重合的话题成分从句法上区分开来，后者未能将句法话题和语用话题重合的情况区分开来。例如：

（18）Q：这个女孩的眼睛怎样？

A：这个女孩的眼睛很大，很漂亮。

按照莱因哈特（Reinhart 1981）的划分，（18A）中的"这个女孩的眼睛"从语篇层面来看也好，从句子层面来看也好，都是话题，这就无法区分"这个女孩的眼睛"究竟是话语话题还是句子话题，因为两者都是从话语语用来考虑的。而按照贡德尔（Gundel 1985）的划分方法，"这个女孩的眼睛"就是语用话题，因为它显然衔接了之前的话语信息。但是，从句法上看，话题成分"这个女孩的眼睛"究竟是句法话题还是主语，则难以定夺。

为了更好地将话语话题和句子话题、语用话题和句法话题清晰地区分开来，本书基于两者的观点，添加"从句法上是否有独立构型"这一标准，对话题重新进行区分。这实际上是基于语法，同时将话题的句子层面和语用层面考虑在内的做法。句法话题和语用话题在语法关联上的差异早已得到了人们的认可（Givón 1983，Vallduví 1990，Lambrecht 1994，Choi 1999，Frascarelli & Hinterhölzl 2007，Vermeulen 2010，2013）。本书认为，任何话题总是语用话题，且离不开句法层面。即便在句法上找不到具体形态的时空话题，也仍然需要依靠前文和其对应的述题做出判断，因此仍然与句法相关。但是，一个语用话题在句法上可能有独立的句法构型，也可能没有独立的句法构型，依托其他语法成分存在。前者称为有独立构型的话题（简称 A型话题），后者称为无独立构型话题（简称 B 型话题）。从话题属于语用概念这一基本立足点出发，不管是句子话题还是句法话题，它们都是（话语）语用话题。这样，句子话题或是句法话题都不是与语用话题并列的另一个概念，而是属于语用话题中的一部分。只有在区分纯粹的语用话题和句法上有标记的话题时，该概念的两分法才有意义。这样，本书的话题划分结果如（19）所示。这种分类是基于句法自足和句法 – 语用接口的认知模块观得出来的。

（19）

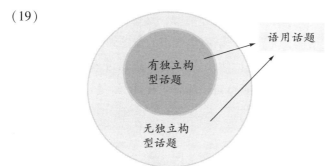

正如前面所提到的，IS 是个语用概念，但在句法上有可能得到表征。话题类 IS 同样如此。有标记话题同样可以通过特定手段实现，如改变语序、加停顿或语气词以及添加形态标记等，如（20）。

（20）a. 电影小王看完了。（改变语序）

　　　b. 碗她洗好了。（改变语序）

　　　c. 这个女孩，她又欺骗我了。（加停顿）

　　　d. 钱呢，早被他花光了。（加语气词）

将汉语话题区分为 A 型话题和 B 型话题，主要理由有三条。

首先，从话题的界定标准来看，旧信息与有定性（definiteness）或类指（generic）是判断话题的两个最基本依据。这其实会导致只有无定（除了类指）NP 不是话题，其他所有的 NP 都可能成为话题。但显然，这是单从语境上来看的。而从句法有无话题标记来看，这些话题有些出现在常规句子中，有些却是出现在非常规句子中。

(21) Q：张三吃饭了吗？

　　A$_1$：张三吃过饭了。

　　A$_2$：张三啊，吃过饭了。

结合语境，A$_1$和A$_2$中的"张三"都是在 Q 中出现了的，属于旧信息；"张三"是有定名词。因此，两句中的"张三"都是话题成分，虽然这两种回答适合的具体语境有差异。

在话语显著语言中，有标记话题比较常见。即便在主语显著语言中，同样可能出现因突出旧信息的需要而产生非常规句子，如（22A$_2$）。

(22) Q：Have you read *A Tale of Two Cities*?

　　A$_1$：Yes, I have read *it*.

　　A$_2$：*A Tale of Two Cities*, well, I have read.

其次，完全从语境出发的话题过于宽泛，从技术上大大增加了考察话题性质的难度。如果纯粹从语境出发选择话题，这也决定了话题的真值赋值。语境集合有其内在结构；尤其是，语境集合中的命题通过它们的话题得到分类（Reinhart 1981：78）。句子话题决定特定的命题进入哪个入口。这样，每个句子都有一个话题，因为所有句子都应该有真值。

(23) Q：发生什么了？

　　A：老李病倒了。

（23A）这样的句子似乎没有话题，因为整个句子都是新信息，回答"什么"的内容。但是，埃尔特施克 - 希尔（Erteschik-Shir 1997）认为这样的句子同样有话题，是隐性时空话题，表示句子的时空参数。这种话题是完全由语境决定的，话题本身没有句法依托。

因此，如果完全从语境上看话题，话题也就成了极为宽泛的概念。尽管如此，从句法上我们可以看到，一种话题是完全脱离句法存在的，另一种是有句法依托的。有句法依托的话题又可以进一步分为两种情况：一种出现在常规语序的句子中，一种出现在非常规语序的句子中。只有结合话题在句法上的表现，才能更好地将话题予以分类，但又不影响其意义的多样性。

最后，只有对话题的句法构型进行区分，才可能区分在句法上有功能投射的话题和无独立的句法功能投射的话题，也就是话题作为独立的句法成分和话题与其他成分重合两种现象。如果从模块论角度对两者的生成机制进行解释，它们在语法部门、句法－语用部门的表现是有差异的。按照本书的观点，前者的解读重点在核心句法部门和句法－语用接口部门；后者的解读重点在句法－语用接口部门。当然，所有的话题现象的解释都离不开句法、句法－语用接口和语用部门。

4.2.2　汉语话题的构型分类

如前所述，汉语话题和主语在不同层面呈现出不同特点。尽管学界对两者的讨论颇多，但话题和主语的关系仍然是模糊的，部分原因归于以往的分析多基于语感和表层句法描写。汉语句子中可能出现独立的话题成分，这是不争的事实。鉴于此，本书认为基于形式句法分析，有必要从句法角度将话题和主语进行区分。本书倾向于支持"主语"和"话题"是两个不同概念的看法，但具体而言也有一些不同的考虑。

从句法、语用自足的模块观出发并立足句法来看，对汉语话题的分析应该在同一个层面对话题和主语进行区分，而不应该将语用上的话题概念拿来与句法上的主语概念进行对比，也不应该将句法上的主语置于具体语用中，然后判断它与话题的关系。因此，借鉴莱因哈特（Reinhart 1981）和贡德尔（Gundel 1985）的话题分类，本书从句法上将话题分为 A 型话题和 B 型话题。这一分类方法适合像汉语这样的"话题显著"语言和"话题结构化"语言。

4.2.2.1　A 型话题

汉语话题在句法上有时存在专门的位置，这与语用概念结构化相关。基斯（Kiss 1995：6）从类型学上将语言分为用语法结构来体现话题的语言、用语法结构来体现焦点的语言、用语法结构来体现话题和焦点的语言、不通过语法结构来体现话题和焦点的语言四种。国内也有学者指出，汉语话题属于话题概念结构化语言；汉语话题现象高度语法化，话题结构已经是一种句法结构（徐烈炯、刘丹青 1998：37；徐烈炯 2002：409）。汉语话题在句法上有较为固定的位置，话题和主语在句法投射上占据不同的位置。

一个汉语句子结构中既有主语又有话题成分时，话题和主语分别投射到不同的位置。例如，（24）中，"张三的父亲"是典型的话题成分，并不是动词"死"的主语，尤其是在第二句中，"他"占据的是主语位置。这两句的主语和话题分别投射在不同的位置。（24a）实际上省略了主语，被省略的主语标记为 pro（小代语）。

（24）a. ［张三的父亲］啊，死了。

　　　b. ［张三的父亲］ᵢ啊，他ᵢ死了。

（24a，b）的句法投射如（25c）所示。其中，话题短语占据［Spec，TopP］位置，主语"Pro/他"占据［Spec，TP］位置。

（25）a. ［_Topic张三的父亲］ᵢ啊，（proᵢ）死了。

　　　b. ［_Topic张三的父亲］ᵢ啊，他ᵢ死了。

　　　c.

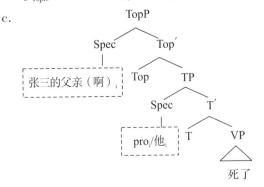

　　　话题有专门的位置，这可以得到跨语言证据支持。已有研究中，众多学者基于德语和其他语言如意大利语、日语等提出话题有其特定的句法投射位置。格雷文多夫（Grewendorf 2005）指出，话题和焦点中心语位于从句左缘的高位功能层，话题和焦点的投射位置为［Spec，TopP］和［Spec，FocP］。里齐（Rizzi 1997）以意大利语为对象，论证了话题和焦点是专门的功能投射中心语，有自己的句法投射位置，并呈现一定的句法分布规律。弗雷（Frey 2004）基于德语话题的句法现象，指出话题应该有其专门的功能投射位置，处于该功能中心语短语的标志语位置，TopP 选择 TP 作为补语，具体投射如（26）所示，其中的 XP 为话题成分。

（26）［_TopPXP　［_TP sentence　adverb　［_TP...]]]

苏拉斯（Tsoulas 2015：479）以"-(n)un"话题标记为对象，论证了［Spec，TP］移位而来，因此存在一个专门的［Spec，TopP］位置。已有研究表明，有独立构型的话题可以从多种不同语言的语料中找到证据。

　　　根据被话题算子选为充当话题的目标与述题中的成分的照应关系，汉语 A 型话题可以分为三类：左置话题、话题化话题和悬垂话题。它们的界定和相关实例具体如下。

Ⅰ．左置话题。

一个成分 X_i 是左置话题，当且仅当成分 X_i 带语用 ［＋a］ 特征，且 X_i 与它所在句子其余部分中的代词性成分 Y_i 构成复指关系。

此类话题结构的基本构式为：［$_{CP}$ ［$_{TopP}$... X_i... RP_i/YP_i...］］。左置话题成分与述题中的某个代词/名词短语同标，语用和语义上同指。例如，（27a）各句中带标引的成分之间在语用上是同指关系。

（27）a. 吴先生$_i$我认识他$_i$。

    b. 改良$_i$，我老没忘了改良$_i$，总不肯落在人家后头。

（老舍《茶馆》①）

    c. 这个教授$_i$我曾经听过他$_i$的学术报告。

    d. 炉子里的火$_i$，我让它$_i$自己灭了。

    e. 我儿子$_i$，那小子$_i$说以后上学（他）$_i$再也不敢迟到了。

Ⅱ．话题化话题。

一个成分 X_i 是话题化话题，当且仅当成分 X_i 带语用 ［＋a］ 特征，且 X_i 与它所在句子的其余部分中的空位 Y_i 同标。

此类话题结构的基本构式为：［$_{CP}$ ［$_{TopP}$... X_i... （Y_i）...］］。

（28）a. 吴先生$_i$，我认识＿$_i$。

    b. ［你大力叔叔的事］$_i$万不可对别人说＿$_i$呀！（老舍《茶馆》）

    c. 那个新来的英语老师$_i$，同学们都很喜欢＿$_i$。

    d. 那部电影$_i$，看过的＿$_i$人不多。

    e. 他$_i$呀，＿$_i$成绩不好，＿$_i$还怨老师没教好。

（沈家煊 1999：236）

如（28）所示，被话题化的成分原本为谓语动词的内论元或外论元，也可能是附加语中的某个成分。

徐烈炯和朗根多恩（Xu & Langendoen 1985）将汉语话题化话题和左置话题统称为"英式"（English Style）话题②，与之对应的是一种英语中极其少见的既不带（完全的）空位，也不带复指代词的"汉语式"（Chinese Style）话题。但事实上，汉语式话题并非在英语中找不到对应的例子，

---

① 老舍，《茶馆》，天津：天津人民出版社，2005 年，第 41 页。下文中再次引用该书时不再标注具体出版信息。

② "Chinese Style"这一说法更早由查夫（Chafe 1976：50）提及，但是查夫没有直接采用"English Style"来指代英汉语种均出现的话题类别。

例如：

(29) The lottery, I never have any luck. 　　　　（文旭 2007：126）

(29) 中的"The lottery"既在述题中找不到空位，也无复指代词与之照应，其表层句法与汉语中处于悬垂状态的汉语式话题并无差异。这表明英式话题和汉语式话题的划分并不十分合理。陈国华、王建国（2010）通过对大量语料的测试和论证，指出真正的汉语式话题为数极少，而且多在英语中可以找到对应例子。因此，汉语式话题并非汉语特有。鉴于此，本书不拟采用"英式话题"和"汉语式话题"的说法。另外，由于汉语式话题成分处于述题之外，句法上呈现悬垂状态，因此可将之称为"悬垂话题"。这样，典型的 A 型话题可分为左置话题、话题化话题和悬垂话题。

汉语悬垂话题结构中，话题与述题中的成分关系比较松散。悬垂话题成分与基本句子成分分离，处于"游离"状态。吕叔湘、朱德熙（1979）将这样的成分称为"游离成分"。这只是形式上如此，就"游离"的话题成分与述题之间的语义关系而言，它们之间具有"关涉"关系。

Ⅲ. 悬垂话题。

一个成分 X_i 是悬垂话题，当且仅当 X_i 带语用［＋a］特征，且(a) X_i 在句法上有独立构型，(b) X_i 在句子的其余部分中找不到语义上与之同标的代词性成分或空位，(c) X_i 与句子的其余部分中的 Y_j 之间具有语义上的关涉关系。

此类话题结构的基本构式为：$\begin{bmatrix} _{CP} & \begin{bmatrix} _{TopP} \cdots & X_i \cdots & Y_j \cdots \end{bmatrix} \end{bmatrix}$（$X_i$ 与 Y_j 之间具有语义上的关涉关系）

汉语悬垂话题结构中的话题与述题之间的关涉关系较为复杂，难以按照统一标准做出分类。本书采用陈平（Chen 1996）的分类方案，根据话题和述题中的某个成分的语用关系，将汉语悬垂话题[①]分为三类：事例话题（instance topic）、范围话题（range topic）和框架话题（frame topic）。

第一种悬垂话题是 X、Y 为事例关系的情况，这类话题为事例话题。

Ⅰ. 事例话题。

一个成分 X_i 是事例话题，当且仅当成分 X_i 带语用［＋a］特征，且(a) X_i 与它所在句子其余部分中的代词成分 Y_j 具有相关关系，(b)

---

① 陈平（Chen 1996）将汉语句法话题分为话题化话题、左置话题和"汉语式"话题。如前所述，本书主张将这里的"汉语式"话题称为"悬垂话题"。

X_i 在语义上为 Y_j 的一个事例。

此类话题结构的基本构式为：$[_{CP} \ [_{TopP} \cdots \ X_i \cdots \ Y_j \cdots]]$（$X_i$ 与 Y_j 语义上具有相关关系，X_i 为 Y_j 的一个事例)

(30) a. ［这些事情］$_i$，［你们不要放在心上］$_j$。

　　b. ［这本书］$_i$，［他写得太匆忙］$_j$。

这里通过补充可能的述题进行测试：

(31) a. ［这些事情］，你们不要放在心上，（我们可以解决）。

　　b. ［这本书］，他写得太匆忙，（但销售情况好）。

(31a) 中的先行语 X "这些事情" 实际上指 "这些事情的处理"，其语用照应语 Y 实际上为 "这件事情处理的方式之一——你们不要放在心上"。(b) 中先行语 "这本书" 实际上指 "这本书的情况"，述题中包含的照应语为 "这本书的情况之一——他写得太匆忙"。因此 (30) 中的 X_i、Y_j 为上下义关系。

(32) 对于这件事，我知道他不怎么关心 t_i。

第二种为 X 包括 Y，表示范围关系的情况。这类话题被称为 "范围话题"。

Ⅱ. 范围话题。

　　一个成分 X_i 是范围话题，当且仅当成分 X_i 带语用 ［+a］ 特征，且（a）X_i 与它所在句子其余部分中的代词成分 Y_j 具有相关关系，（b）X_i 从语义上包含 Y_j。

此类话题结构的基本构式为：$[_{CP} \ [_{TopP} \cdots \ X_i \cdots \ Y_j \cdots]]$（$X_i$ 与 Y_j 为相关关系，X_i 从语义上包含 Y_j)

(33) a. ［水果］$_i$，我最爱吃 ［香蕉］$_j$。

　　b. ［物价］$_i$，［纽约］$_j$ 最贵。

　　c. ［身体］$_i$，［老李］$_j$ 最好。

通过问答方式对此类话题的测试如下：

(34) a. Q：水果，你最爱吃什么？

　　　　A：水果，我最爱吃香蕉。

　　b. Q：物价，哪里最贵？

　　　　A：物价，纽约最贵。

　　c. Q：身体，谁最好？

　　　　A：身体，老李最好。

根据Ⅱ的界定，这里的"水果""物价""身体"均解读为话题，由于X限定了Y的范围，因此这样的话题就是范围话题。

第三种X与Y为框架关系，此类话题为框架话题。

Ⅲ．框架话题。

一个成分X_i是框架话题，当且仅当成分X_i带语用［＋a］特征，且（a）X_i与它所在句子其余部分中的代词成分Y_j具有相关关系，（b）X_i在语义上为Y_j的框架。

此类话题结构的基本构式为：$[_{CP} [_{TopP} \cdots X_i \cdots Y_j \cdots]]$（X与Y为相关关系，X从语义上包含Y，X和Y为框架关系。）

(35) a. ［北京］$_i$，［名胜古迹］$_j$多。

　　　b. ［这种西瓜］$_i$，［籽儿］$_j$大。

　　　c. ［那位乡（绅）］$_i$，我忘了［名字］$_j$了。

　　　d. ［这次考试］$_i$小李错了［三道题］$_j$。

如果X表达已知信息，那么如果利用问答形式对（35）进行话题测试，情况如下：

(36) a. Q：［北京］风景怎样呢？

　　　　　A：［北京（啊）］，名胜古迹多，（自然风光少）。

　　　b. Q：［这种西瓜］怎样？

　　　　　A：［这种西瓜（啊）］，籽儿大，（皮儿薄）。

　　　c. Q：［那位乡绅］你还记得吗？

　　　　　A：［那位乡绅（啊）］，我忘了名字了，（但记得模样）。

　　　d. Q：［这次考试］小李怎么样？

　　　　　A：［这次考试（啊）］，小李错了三道题，（得了90分）。

这里的先行语与照应语均为修饰与被修饰或限定与被限定关系，分别是"北京的名胜古迹（/自然风光）""这种西瓜的籽儿（/皮儿）""那位乡绅的名字/模样""这次考试的三道题（/分数）"。因此，对已知信息的问答测试得出X与Y也是上下义的包含关系，这符合X为框架话题的条件。

如果我们将X视为新信息，那么就要用Wh-问句进行测试。

(37) a. Q：哪里名胜古迹多？北京、上海还是广州？

　　　　　A：［北京］名胜古迹多。

　　　b. Q：什么籽儿大？

　　　　　A：［这种西瓜］籽儿大。

c. Q：谁的名字，你忘了？

　　A：［那位乡绅］，我忘了名字，

d. Q：哪次考试小李错了三道题？

　　A：［这次考试］小李错了三道题。

这里的旧信息是疑问句中已经出现的内容，分别为"名胜古迹""籽儿""名字""考试"，新信息为"北京""这种西瓜""那位乡绅""这次考试"。而这些表达新信息的短语本应该充当先行语（在照应语之前），如果这样，先行语与照应语的关系为被包含和包含的关系，如"名胜古迹"包括"北京、上海、广州的名胜古迹"，这违反了框架话题条件。综合以上分析，（36）中句首成分 X 才是话题成分。

4.2.2.2　B 型话题

已有话题生成研究，特别是句法制图研究中，大多认为话题在句法投射上占据 TP 之外或之内的话题位置。这样的话题不是常常所说的语义-语用（semantico-pragmatic）意义上的话语话题（topic of discourse）（Paul 2014：195），而是仅指在句法上有独立结构地位的话题。为何独立出现的话题就可以使用 TopP，而与主语等其他成分重合的话题就无法采用 TopP 标记投射？这就需要对本书所言的 B 型话题进行探讨。B 型话题的基本特点是没有句法上的独立构型。

（38）a. 张三的父亲死了。

　　b.

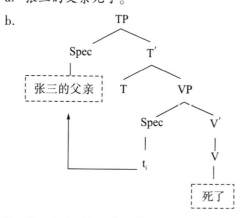

在（38）中，（a）属于典型的 B 型话题。从句法来看，DP"张三的父亲"在 V"死"之前，且为"死"的施事，是典型的动词前主语。根据"主语在 vP 内"假设（Radford 2009：244），所有的主语源自［Spec, VP］位置。由于［EPP］特征和格核查的需要，DP"张三的父亲"提升至

[Spec，IP] 获得主格并充当主语。

但是，该 DP 实际上具有双重身份，除了充当句子的主语，还可能为话题。采用问答方式对"张三的父亲"的话题属性进行测试，情况如下：

(39) Q：张三的父亲怎么了？

A：张三的父亲死了。

"张三的父亲"为定指，可以理解为说话双方已知的信息，因此是语用上的话题。但是该话题并没有对句法产生任何影响，如果以树形图表达，它只可能寄生在主语上，如（40b）所示。如果话题和主语可以是同一个成分，那么它们在句法上的投射位置也就不能相同，因为句法投射应该遵循"一个特征一个中心语"原则（Pollock 1989）。

(40) a. [_Topic/Sub_ 张三的父亲] 死了。

b.

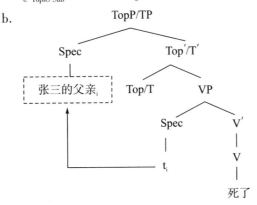

对于话题位置，为何会产生两种截然不同的解读？其原因在于这两种解读不是在同一个界定范围内进行的。有句法构型的话题有专门的句法位置，即 [Spec，TopP] 位置。（40）的"话题"完全是在语用层面进行的，在句子层面并没有它的位置，至少在表层上是如此，因为作为"主语"的话题首先身份是"死"的主语，也就是说，"张三的父亲"已经在 [Spec，IP]位置，这是表达语法关系的域（Wiltschko 2014：23）。

概言之，句法话题和语用话题是属于不同层面的概念，但从语用层面来看话题概念的同时，又往往直接将之置于句法层面来考察。这是（40）中话题和主语位置冲突的根源。但是，如果将话题视为与 Wh-算子相似的算子，那么话题成分也可能像疑问短语那样经历逻辑层面的隐性移位（Huang 1982a）。如果这样，（40a）的生成可能经历了（41）的推导过程：

（41）

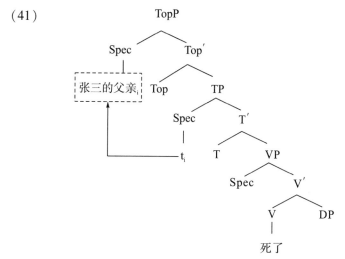

这样，（40）虽然在表层句法上没有一个显性的话题投射位置，但是在逻辑层面，高于主语的位置可能存在一个隐性的话题位置，主语"张三的父亲"进行了隐性的话题化移位。

但是，这种分析存在两个方面的问题：一方面，该话题句实际上是话语话题，它并没有采用任何显性的话题标记策略以凸显其话题特征；另一方面，从狭义句法来看，该句的句法结构的生成与语用无关，对"张三的父亲"是话题成分的解读纯粹是在话语语境中解读的结果，也就是说这种解读独立于句法运算过程之外，纯属语用部门。从推导的语言经济原则上看，即便是从主语移位至话题位置，这也额外增加了句法运算的负担。另外，乔姆斯基（Chomsky 1977）将话题视为与 Wh－疑问词性质类似的算子。那么，用疑问词代替（40）中的话题成分，就可以得到（42b）：

（42）a. 谁死了？

b.

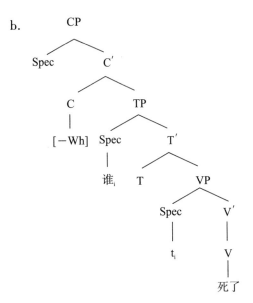

由于汉语中的疑问词带［－Wh］特征，因此疑问词并不移位，"谁"是"死"的主语，那么"谁"在［Spec，TP］位置。由此推测，（40a）中的"张三的父亲"并未发生显性移位，而是在［Spec，TP］位置上，为谓语动词"死"的主语。概言之，"张三的父亲"是话题，在句法上与主语重合，没有专门的句法位置。

按照生成语法，句法投射位置有论元位置（argument position）和非论元位置。前者最终出现在题元位置（theta-position），后者出现在附加语位置。主语位置和宾语位置属于前者，话题位置属于后者。句法上，主语必定有其句法位置，位居句法投射的［Spec，TP］位置。话题在 CP 或 vP 语段中的［Spec，TopP］位置，但这个位置可能出现，也可能不出现（Rizzi 1997）。从这个意义上说，主语和话题是两个不同的概念。刘丹青（2016a）就指出，汉语主语和话题虽然交叉很多，但仍是汉语中两个各自独立的句法库藏成分。因此，有理由认为主语和话题在句法位置和信息表达上都有差异，应该将它们视为两个不同的句法成分。当然，这是针对 A 型话题而言的。

本书对 B 型话题允准条件界定如下：

B 型话题

一个成分 X_i 是 B 型话题成分，当且仅当 X_i 带［＋a］特征，且 X_i 在句法上与它所在句子中的某个语法成分 Y_i 完全重合。

基本构式：$\left[_{CP} \left[_{TP} \ldots\ Y_i \ (_{TopP} X_i) \ldots \right] \right]$

（43）张三的父亲死了。

该句中，将先行语"张三的父亲"提取出来，句子的其余部分为"（pro）死了"，这里"张三的父亲＝pro"，因此"张三的父亲"为该句的无标记话题。另外，"张三"也是定指的，似乎有话题属性。但是，如果将"张三"提取作为先行语，它与句子的主语"张三的父亲"并不重合，此时"张三"充当无标记话题并不成立。

下面综合运用 A、B 型话题允准条件判断一个句子包含两个话题的情况。

（44）老王，三个女儿，最小的学历最高。

首先提取"老王"为先行语，句子其余部分为"三个女儿，最小的学历最高"，"（父亲）老王"和照应语"女儿"是上下义关系，符合 A 话题允准条件Ⅲ，因此"老王"属于 A 型话题的悬垂话题。接下来看"老王，三个女儿"与句子其余部分"最小的学历最高"之间的关系，前者充当先行语，在后者中可以找到照应语"最小的（女儿）"，先行语与照应语同样是上下义关系，符合 A 型话题允准条件Ⅲ，"（老王）三个女儿"同样属于 A 型话题中的悬垂话题。再看"最小的（女儿）"作为先行语，句子其余部分为"学历最高"，其中"学历"为照应语，先行语"最小的（女儿）"与照应语"学历"为包含与被包含的关系，符合 B 话题允准条件，"最小的"属于 B 型话题①。最后，"学历"与"（pro）最多"中的"pro"等同，按照无标记话题解读条件，"学历"被解读为无标记句法话题。

综上所述，汉语话题分为 A 型话题和 B 型话题两大类。这种分析的好处是，可以避免使用"话题/主语"这样的表达，因为这容易将话题和主语混淆起来，从而也避免了已有研究有关话题和主语之辨面临的难题。"话题/主语"这样的说法颇为常见，尤其在语义－语用方法的研究中（这时的"topic"经常被当作"旧信息"的同义词）。这里的句法话题同样也是一个语义－语用概念，只是与语义－语用的话题概念不同的是，"话题"必然是个语用概念，所以句法话题成为话题的前提为它也是语用话题。与其他话题不同的是，它有自己的句法投射位置。这样，1.1 中的（1－8）（A₁）中用下划线标记的部分属于 A 型话题，（9－12）（A₁）中下划线部分属于 B

---

① 对"最小的学历最高"这类结构应该分析为主谓谓语句还是话题句尚有争议，详见 6.1.2。

型话题。无论是有句法投射位置的话题，还是无句法投射位置的话题，都离不开句法这个载体。因此，如果立足句法，话题同样可以分为有句法投射位置的话题和无句法投射位置的话题，对应 A 型话题和 B 型话题。对这两种话题的生成机制的讨论具体见第 5、6 章的分析。

4.3　汉语话题与 ［＋a］特征

4.3.1　汉语话题作为语用照应语

无论是 A 型话题还是 B 型话题，都具有同样的语用属性。话题具有多种语用属性，可用 ［＋definiteness］ ［＋aboutness］ ［＋givenness］ ［＋referent］ 等特征来概括 （如 Halliday 1967；Chafe 1976；Reinhart 1981，2006；Vallduví 1990）。这些特征实际上都是根据话题与话语语境的关系得出的，也就是说，话题照应了前文中已有内容，具有照应性，因此可以用特征 ［＋a］ 概括前面所言话题的语用特征。

根据洛佩斯 （López 2010：54），话语照应语 （Discourse-Anaphor） 的定义为：一个话题照应语必须寻找一个先行语。

既然话题成分传递已知信息，那么它就必须为有定或表示有定的类指成分。汉语中的宾语前置一般都不允许无定的非特指短语 （黄正德等 2009：193），这是由于这样的宾语不符合话题的属性，因此也就不允许其前置而被话题化。

洛佩斯 （López 2009） 将 ［＋a］ 界定为从前文语境中寻找先行语的成分，认为话题和焦点①是可能带有 ［＋/－a］ 特征和 ［＋/－c］ 特征的表达，其中话题一定携带 ［＋a］ 特征，焦点一定携带 ［＋c］ 特征。被异位的成分 （包括话题的异位） 是强照应语。作为强照应语，必须满足以下三个性质：

第一，它必须有一个先行语；

第二，先行语相对照应语是局域性的；

---

① 虽然洛佩斯不采用话题、焦点之类的术语，但他所说的左置或右置成分实际上大体对应于话题和焦点。

第三，先行语与照应语在语用结构上具有不对称性。

话题成分作为强照应语，不仅具有以上性质，还另有其他特点：

第四，话题的交际动力很弱，承担的语境新信息分量最轻。

本书认为，话题作为强照应语，实际上就是语用照应语，因为它的先行语需借助前文话语语境来判断。这样，从语用上看，话题与前文具有照应关系，因此充当话题的成分具有语用照应性［＋a］特征。

（45）Q：伦敦怎样？

A：伦敦啊，物价很高！

这里的"伦敦"承接上文中的"伦敦"，因而具有照应性，Q中的"伦敦"为语用先行语，A中的"伦敦"（即话题）为照应语。

话题在承接上文中起着照应语的作用，其对应的先行语在前文中已经出现。话题在话语中一定被回指（周国光、潘玉雯 2008：51）。那么，如何将话题的先行语与话题所在句子建立联系？这就需要回到 3.2.3 提出的"语用话题算子"（简称话题算子）假设。话题的先行语作为一个语用算子作用于句法，寻找一个携带［＋a］特征的目标 X_i，并实现语用上的匹配。话题算子携带 TOP 话题属性和语义无解特征，标记为"TOP［＿］"，被选为目标的成分携带［＋a］特征值和未被赋值的特征属性，标记为"u［＋a］"。这样，话题的先行语和话题以话题算子和话题成分之间进行 PM 的关系建立联系。PM 操作表示如（46）所示：

（46）

$$S_{Top}:\quad [_{CP}\quad X_i \quad [_{TP}...Y_{j\ VP}...]]$$

$$Op:\quad Op \quad var_i$$

$$PM:\quad TOP[\_\_] \quad \text{u-}[+a]$$

$$[+a] \quad TOP$$

具有 TOP 属性的话题算子寻找到一个具有［＋a］特征值的目标 X_i，X_i赋予话题算子携带的特征值［＋a］，话题算子授予 var_i TOP 特征属性。双方实现语用上的匹配。

4.3.2 汉语话题作为先行语

上节讨论了话题与话语前文之间的关系，接下来分析话题和述题之间的联系。单从句子层面来看，一个话题结构由话题和述题构成。话题和述题的关系，也就是信息的起点和信息的延伸关系。从这个意义上说，话题总是与述题中的某个成分相关。话题本身充当的是先行语，述题中与之相关的成分则为照应语，但这里所言的照应语并不等同于 PPT 中约束理论所言的严格意义上的照应语，而是一个与话题存在某种语义关涉关系的成分。

同样以（45）为例，（A）中的"伦敦"与"物价"建立了某种联系，在语义上前者和后者是领属关系，此时，前者是后者的先行语，后者是前者的照应语。

将话题视为语用照应语和将话题视为先行语，两者的差异表现在将话题视为目标还是参照点上：话题作为照应语，承接上文，此时是目标，前文的先行语则是参照点；话题作为已知信息或信息的起点，此时是参照点，述题是关于话题的内容，此时是目标。话题身兼照应语和先行语双重身份。

话题性质可以统一用［＋a］特征概括。也就是说，如果一个成分与句中其余部分中的某个成分有语用上的照应关系，那么该成分就是话题。需要注意的是，这里的照应具有比较宽泛的意义，先行语可以与照应语通过语用上的意义解读，建立等同或者关涉关系。

汉语话题 X_i 作为先行语 Y_j，与照应语之间的关系有三种。

第一，X_i、Y_j 完全对应，且 X_i 为语迹。例如：吴先生$_i$，我认识 t_i。

第二，X_i、Y_j 完全对应，且 Y_j 为复指代词。例如：吴先生$_i$，我认识他$_i$。

第三，X_i、Y_j 不完全对应，且 X_i 与 Y_j 为关涉关系。例如：水果$_i$，我喜欢苹果$_j$。

如果将话题成分 X_i 为变项$_1$，标记为 var_1，述题内的照应语 Y_j 为变项$_2$，标记为 var_2，var_1 和 var_2 具有语义上的关涉关系，如（47）所示。

（47）　　　　　S_{Top}：　　　$[_{CP}\ [\ \ X_i\ [_{TP}\ \cdots\ Y_j\ \cdots\ ]]$

$$var_1 \qquad\qquad var_2$$

$$[+a] \qquad\qquad [+a]$$

$$\big\lfloor\qquad\qquad\big\rfloor$$

$$SM$$

由此观之，话题具有双重身份：它是一个语用照应语，带［＋a］特征，前文有一个语用先行语与之照应；它也是一个先行语，在话题-述题关系上，它是述题中某个成分的先行语。话题与话语语用、话题结构之间的关系概括如表 4.1 所示。

表 4.1 话题与话语语用、话题结构之间的关系

话语（Discourse）	话题结构（S$_{Top}$）	
	话题（Topic）	述题（Comment）
先行语 （Antecedent）	照应语/先行语 （Anaphor/Antecedent）	照应语 （Anaphor）

话题的双重身份源自话题在语篇中的承上启下功能。话题本身作为照应语，就有"承上"的作用；话题充当先行语，具有"启下"的作用。需要特别指出的是，由一个全新的信息开始，此时话题是信息的起点，自然就谈不上前文有没有先行语来照应话题的问题。话题只起着引出下文的作用，因此只有一个身份：述题中某个成分的先行语。

4.4　本章小结

区分汉语话题和主语是汉语话题生成研究的重要前提之一。本书认为，要区分这两个概念，必须立足语言模块观，分清楚哪些是句法问题，哪些是（句法内）句法－语用接口问题，哪些是（话语）语用问题。汉语主语和话题在三个层面上均属于不同的概念：语用上，话题本质上是一个语用概念，但主语本身不是，之所以说"主语可能是话题"，是因为这里的"主语"是句法上的主语，在具体话语语用环境下成了话题。语义上，主语一定与谓语动词存在论元关系，话题则可能与主动词有论元关系，也可能没有直接关系。句法上，主语源于［Spec，VP/vP］位置，最终投射位置为［Spec，TP］，因此，主语只可能出现在这两个论元位置；而汉语话题则是选择性地出现在句法中，可能有专门的位置，也可能依托其他成分而存在。本书根据语用话题是否在句法上有构型将汉语话题分为 A 型话题和 B 型话题。这种分析能较好地厘清并应对已有研究关于"主语"和"话题"的争议。另外，话题既是语用照应语，又是述题内某个关涉成分的先行语。因此，话题具有双重身份，这种身份在话题结构的生成机制中起着重要作用。

5　汉语 A 型话题结构的
句法－语用接口

前面几章围绕话题和语法结构、话题与主语的关系以及话题的相关属性展开了一般性讨论，本章开始进入对汉语话题生成的具体分析。已有研究认为，汉语话题的生成有两种情况：充当话题的成分要么是由述题中的某个位置移位而来，要么直接在话题位置合并而来。前者为移位生成，后者为基础生成。但是，对某类话题的具体生成方式，已有研究得出的结论往往相差甚远。本章针对既往研究中的争议和可能存在的不足，尝试基于"OT－语段"模式对汉语话题的生成机制做出解释，主要讨论两类问题。

（1）汉语 A 型话题是基础生成还是移位生成？其句法操作和接口操作呈现什么特点？

（2）话题的表征须为与意旨系统接口的语用部门所识别，述题主要与概念系统相关。概念－意旨系统是怎样互动产生出既包括语用功能成分又包括词汇成分的话题结构 S_{Top} 的？

由于客观上不太可能对汉语话题进行毫无遗漏的全面分类研究，因此，本书拟根据常见的汉语话题句法表层分布特点，仅选取典型 A 型话题为对象，具体包括左置话题、话题化话题和悬垂话题，其中悬垂话题又包括框架话题、范围话题和事例话题，对这些话题的句法推导和句法－语用接口机制做出统一分析。

5.1　左置话题

左置话题结构，又叫作左置异位句（Left dislocation）（Gundel 1985），是指在一个话题结构中，被左置的话题成分在该句的其余部分（述题部分）

中总有一个复指代词与之互指的语言现象。第 4 章已经对左置话题的允准条件做出界定，重复如下：

当成分 X_i 带语用［＋a］特征，且 X_i 与它所在句子其余部分中的代词性成分 Y_i 复指，则该成分为左置话题。

左置话题结构基本构式为：$[_{CP} [_{TopP} \ldots X_i \ldots RP_i/YP_i \ldots]]$

例如：

（1）a. 这个教授$_i$，我曾经听过他$_i$的学术报告。

　　b. 炉子里的火$_i$，我让它$_i$自己灭了。

　　c. 我儿子$_i$，那小子$_i$说以后上学（他）$_i$再也不敢迟到了。

左置话题结构最大的特点是述题中存在一个"复指"话题成分的代词或等同复指功能的复指成分。这样的复指成分有时可有可无，有时又必须出现。如何解释复指成分这种复杂的句法表现是左置话题生成研究中的一大难题。

5.1.1　左置话题的生成争议

在包含复指代词的句法结构中，复指代词的先行语究竟是移位还是基础生成而来有跨语言上的争议。在瑞典语的 Wh－移位中，Wh－短语的原位处存在一个 RP 与之建立约束关系（Asudeh & Dalrymple 2006：1029）。

（2）Vilken elev　　trodde　　Maria　　att　　han　　fuskade?

　　which student　thought　M.　　that　he　　cheated

　　'Which student did Maria think cheated?'

从表面上看，这里的 Wh－移位似乎留下了一个空位，但同时增加了一个复指代词。这种现象导致将复指代词视为显性语迹，是句法推导过程中的无奈之举（last resort）。这种分析应用到左置话题的生成研究中，就是持移位生成的观点。波克斯（Boeckx 2003）则提出了另一种移位分析方式，认为复指代词是一个中心语得到拼读的结果，该中心语的补语移位，成为该复指代词的先行语，但复指代词并不遵守标准的移位限制，也不具有 Wh－语迹的其他特征。因此，他们并不支持"移位产生的约束关系"（the binding-as-movement）的观点。这种分析将复指成分和其先行语视为一个成分，先行语进行了移位，留下了复指代词。阿苏德（Asudeh 2004）基于语义组合提出了复指理论，指出复指代词就是普通的代词，自然语言具有资源敏感性（resource sensitive），语义组合成分不能被重新使用或者被抛弃，是按照资源逻辑方式、句法－语义接口和语义组合推导而来的。因此，复指代词是一般的、从词汇上插入的代词，受 Wh－短语的约束，并不是作为无奈之举的语法手段，也不是显性语迹，或是移位的结果。

而对汉语左置话题的生成，同样有两种典型看法：基础生成和移位生成。

一种是直接采用乔姆斯基（Chomsky 1977：91）的基础生成嫁接分析法。这里的英语左置语题结构以（3）为例。

(3) a. Bill, I really hate him.

　　b. John, he really loves Mary.

在（3a）中，"Bill"与述题中的"him"必须同指，也就是说"him"是"Bill"的复指代词，"Bill"才是该句的话题。同样，在（3b）中，"John"必须与"he"同指，"John"才能成为该句的话题。

从句法和语义上看，这样的话题在述题中没有语义空位或句法空位与之对应，而是依靠复指代词实现照应关系。从其生成来看，左置话题不大可能是移位而来，而是基础生成在句首位置。乔姆斯基（Chomsky 1977）[1] 就将左置话题成分分析为基础生成、嫁接在 S 左边的附加语。（3）的推导如下：

(4) a. $[_{S''} [_{TOP} Bill_i] [_{S'} [_{COMP}] [_{S} I\ really\ hate\ him_i]]]$

　　b. $[_{S''} [_{TOP} John_i] [_{S'} [_{COMP}] [_{S} he_i\ really\ loves\ Mary]]]$

按照乔姆斯基的分析，左置话题是基础生成的，并没有发生移位。这种观点得到了大多数人的赞同。汉语中也有对应的左置话题句。

(5) a. 吴先生$_i$，小王给了他$_i$两本书。

　　b. 炉子里的火$_i$，我让它自己$_i$灭了。

　　c. 这种人$_i$，我想不会太亏待自己$_i$的。

　　d. 小丽$_i$，她$_i$又欺骗我了。

　　e. 曹禺$_i$，我喜欢他$_i$的剧本。

如果采用乔姆斯基的基础生成嫁接分析法，（5）中的左置成分就是句子 S 的附加语（S 后来被改称为 IP），是基础生成的。

(6) a. $[_{S''} [_{TOP} 吴先生_i] [_{S'} [_{COMP}] [_{S} 小王给了他_i 两本书]]]$

　　b. $[_{S''} [_{TOP} 炉子里的火_i] [_{S'} [_{COMP}] [_{S} 我让 [它自己]_i 灭了]]]$

　　c. $[_{S''} [_{TOP} 这种人_i] 我想不会太亏待自己_i 的]$

---

① 这里的 TOP 指话题短语中心语 topic；COMP 指标句词短语中心语 complementizer。

    d. $\left[\,_{S''}\left[\,_{TOP}\text{小丽}_i\right]\text{她}_i\text{又欺骗我了}\right]$

    e. $\left[\,_{S''}\left[\,_{TOP}\text{曹禺}_i\right]\text{我喜欢他}_i\text{的剧本}\right]$

由此，左置话题结构用短语规则概括如下：

(7) S″→TOP S′

虽然将左置话题分析为基础生成的话题合乎我们的语感，但这种分析也可能存在两点不足。

第一，将话题成分视为嫁接在 S′ 上的附加语，这并不能很好地区分话题和主语的语法地位，因为汉语中主语有时也充当话题，至少具有显著的话题属性。对有独立句法构型的话题，话题可以充当功能中心语，从而有自己独立的句法地位（Rizzi 1997）。这一观点后来也得到了乔姆斯基（Chomsky 2008：151）本人的认可，他在最简方案时期也倾向于支持里齐（Rizzi 1997，2004）的分裂 CP 假设。该假设将话题视为一个独立的功能中心语，是 CP 分裂出来的一部分，位于 CP 语段左缘。这与 PPT 时期的嫁接分析法并不相同。在 PPT 时期，话题成分仅仅作为附加语嫁接到其他中心语上，而在 MP 下，话题是独立的功能中心语。

第二，虽然这里与话题成分（我们在推导前将之称为语用先行语）同标的代词（语用照应语）"他$_i$" 和 "它$_i$" 遵循管辖与约束理论中的约束原则 B（Haegeman 1994：229）"一个代词在它的辖域内必须是自由的"，但约束理论并不能解释为何左置话题中的复指代词必须与左缘成分同标。例如，(6a) 和 (6b) 中的代词须与 "吴先生" 和 "炉子里的火" 的同标，否则句子不合法。

概言之，乔姆斯基（Chomsky 1977）的嫁接分析法在汉语这种话题和主语交错出现的语言中并不能较好地区分主语和话题在结构上的差异；基础生成说虽然解释了话题成分推导的由来，但难以解释其产生的动因，尤其难以解释话题为何必须与后面的复指代词同标。

另一种观点认为左置话题是移位生成的（Zaenen et al. 1981；Koopman 1983；Engdahl 1985；Radford 1988；Asudeh 2011）。对汉语左置话题，持移位生成观点的有方立和纪凌云（1999）、许阳（2012）等。他们认为左置话题中复指代词只是有拼读形式的语迹，是话题成分移位留下来的。

(8) a. 张三$_k$我喜欢他$_k$。

    b. $\left[\,_{CP}\left[\,_{C'}\left[\,_{TopP}\text{张三}_k\left[\,_{TP}\text{我}_j\left[\,_{T'}\left[\,_{vP}t_j\left[\,_{v}\emptyset+\text{喜欢}_i\left[\,_{VP}t_K/\text{他}_k\right]\right]\right]\right]\right]\right]\right]\right]$

这种分析较好地表明了话题与代词之间的复指关系，但是难以解释为何移位后的语迹有时需要保留语音形式，有时又不需要。另外，按照包含条件，句法形态应该在运算时已经出现，不能在推导中添加新的词项或特征，这意味着"他"必须在句法合并操作时已经存在。而且，按照乔姆斯基（Chomsky 1993）的拷贝理论（copy theory），语迹是被移位的成分留下的语音形式，并没有显性形态。因而，该分析需要对保留形态的语迹另做解释。

还有一种观点来自波克斯（Boeckx 2003）和奥恩等（Aoun et al. 2001）。他们主张将复指代词和先行语视为一个整体，为同位关系；先行语移位，RP 留在原位。如果将此观点用于汉语左置话题结构的分析，那么 (8a) 的生成过程如下：

(9) $[_{CP} [_{C'} [_{TopP} 张三_k [_{TP} 我_j [_{T'} [_{vP} t_j [_{v} Ø + 喜欢_i [_{VP} t_i (t 他)_k]]]]]]]]$

按照这种分析，"张三"是从与"他"同位的动词宾语位置通过话题化移位而来的，即：

(10) 我喜欢张三_k（他_k）。

→张三_k我喜欢他_k。

虽然汉语中的 NP 常常可以与复指代词同现，构成同位语，但是，这种移位分析仅仅限定在 NP 与复指代词同时在主语或宾语位置的情况。当复指代词表示领属关系时，移位就无法进行。如：

(11) a. 张三我喜欢他的表演。

b. * $[_{CP} [_{C'} [_{TopP} 张三_k [_{TP} 我_j [_{T'} [_{vP} t_j [_{v'} 喜欢_i + v [_{VP} (t 他)_k 的表演]]]]]]]]$

在该句中，"张三"和"他的表演"并不是同位关系，而是和"他"构成同位复指关系。根据复杂名词短语移位限制——NP 短语的修饰成分不能从 NP 中移出，"张三"的移位违反了这一限制，因此不合法。这样看来，移位分析并不能解释像（11a）这样的话题结构。此外，这种移位分析还面临着以下问题：为何复指代词在逻辑层面为隐性，而在语音层面却可见。生成语法的一般要求是：逻辑层面为隐性的对象，表层语音层面也就为隐性。

综上所述，对左置话题的生成，无论是移位生成还是基础生成，其解释均存在自身的困难：基础生成分析难以解释为何复指代词必须与话题同指才能保证它们所在句子的合法性；移位生成分析难以解释语迹为何以显性代词成分出现在句法表征之中。

5.1.2　汉语复指代词

如前所述，关于汉语左置话题成分究竟是移位生成还是基础生成，似乎难以达成共识。要解决以上问题，首先需要了解复指代词的基本属性。下面分析汉语复指代词的相关属性并对之进行测试。

5.1.2.1　汉语复指代词的属性

在已有左置含代词的话题表达研究中，只要出现了与话题成分所指对象相同的代词，都被视为复指代词；如果产生了移位，它就相当于一个 Wh－成分移位留下的语迹，因而具有语迹的属性。事实上，复指代词的基本属性应该来自其对应的一般代词的属性，只有当它具有复指的功能时才成为"复指"代词。因此，有必要对复指代词、一般的代词与语迹做出区分。

句法上，复指代词与 Wh－语迹属性相似，但也有不同之处：就形态而言，复指代词以具体的形态出现在句子中，Wh－语迹却没有显性形态；在语义上，复指代词与其先行语构成非论元依存关系，这似乎又具有与变项相似的作用。因此，很难确定复指代词的出现是语义要求还是句法要求；而在汉语话题结构中，复指代词的出现还与语用相关。奥恩等（Aoun et al. 2001：372）以黎巴嫩阿拉伯语（Lebanese Arabic）为考察对象，指出存在两种复指代词：一种是通过移位与它的非论元先行语（A′-antecedent，即左置话题）建立关系，从而表现出重构效应的复指代词，叫作伪复指代词（apparent resumptives）；另一种是通过一种类似约束的过程，与其非论元先行语建立联系，并无重构效应的复指结构，如带孤岛的限定性关系从句和非限定性关系从句中的复指代词，叫作真复指代词（true/real RP）。这两类复指代词存在跨语言差异。

Ⅰ．伪复指。

$QP_i \ldots$ ［DP　QP_i　［DP　strong　pronoun/epithet　phrase］］

Ⅱ．真复指。

$QP_i \ldots$ ［DP　strong　pronoun/epithet　phrase］$_i$

奥恩等的观点可概括如表 5.1 所示。

表 5.1　伪复指代词和真复指代词（Aoun et al. 2001）

	重构效应	孤岛效应	生成方式
伪复指代词	有	无	移位生成
真复指代词	无	有	基础生成

由于语言间的参数差异，奥恩等的观点是否适应于汉语左置话题还需通过汉语左置话题的相关句法测试进行验证。在测试之前，本书对一般代词与复指代词 RP 进行区分。虽然汉语中这两种代词无形态上的区别，但它们的基本属性并不相同：一般代词起着代替名词性成分的作用，具有名词的句法和语义功能，在逻辑语义层面起作用；RP 不仅具有代词的功能，而且具有建立语义、语用关联的作用。

怎样界定 RP？塞尔斯（Sells 1984：16）在原则与参数理论下对 RP 的界定如下：

RP 是受算子约束的代词。

显然，塞尔斯定义中的算子就是建立语义关联的算子。如果这样，那么该定义下的 RP 仅包括具有重构效应的复指代词，也就是奥恩等（Aoun et al. 2001）定义下的伪复指代词，而不包含真复指代词。因此，对约束 RP 的算子的界定不能仅限定在语义范围之内。RP 使用的动因来自语用，但有可能与保持句法、语义完整性有关。因此，本书将话题视为一个语用算子，对左置话题表达中的复指代词的界定是：

RP 是受话题算子约束的代词。

左置含代词的表达中，与话题成分同标的代词并不一定都是复指代词，只有离话题成分最近的、与话题成分同标的代词才是真正的 RP，它们是通过语用照应实现匹配的。

（12）a. 小王给了吴先生两本书。

　　　b. 吴先生$_i$，小王给了他$_i$两本书。

　　　c. *吴先生，小王$_j$给了他$_j$两本书。

在（12）中，（b）中的"他"必须与话题成分"吴先生"同标，该句才合法；（c）即便有一个先行语与代词同标，但还是违反了约束条件 B（代词在辖域内不受约束）。这表明这里的代词首先是句法和语义上要求的一般代词，（b）中的代词与话题照应时，该代词才多了一种功能——复指功能。这里的复指是在符合句法和语义要求之后承担的一种语用功能。

具有复指功能的不仅仅是代词，还可以是带感情色彩的 NP 成分。

（13）a. 我儿子$_i$啊，那小子$_i$说他$_i$再也不敢上学迟到了。

　　　b. 我儿子$_i$啊！那小子$_i$说 *我儿子$_i$/他$_i$再也不敢上学迟到了。

（14）a. 小王$_i$啊，那小子$_i$的妈妈都被他$_i$气疯了。

　　　b. 小王$_i$啊，那小子$_i$的妈妈被那小子$_i$气疯了。

c.　*小王_i啊，那小子_j的妈妈被小王_i气疯了。

d.　*那小子_j的妈妈，小王_i啊，被他_i气疯了。

与（12）不同的是，（13）和（14）中的代词只与靠近它的成分同指，并不与最前面的话题成分直接建立同指关系。这表明，这里的"他"不是复指代词，而是句法和语义上要求的一般代词，只有与话题成分距离最近的代词才可能与话题建立复指关系。话题成分与述题中的代词的依赖关系并不能在管辖和约束理论下得到解释（方立、纪凌云 1999：71）。话题与复指它的代词建立的复指关系并不是来自句法，而是来自语用。

因此，按照本书的分析，一个话题对应的 RP 可能具有两种身份：一方面，该代词在句法范围内具有代词属性，是为了满足句法上的语义要求，这是代词的基本属性；另一方面，该代词与话题成分建立语用上的照应关系，使其具有"复指"功能。从以上测试可以看出：左置话题句中，述题中可能存在两种代词：一种是句内实现同标的代词，一种是句外实现同标的代词。后者才是复指代词。从句法依存关系看，左置话题算子因携带［＋Top］特征属性，寻找［＋a］特征的目标，与离它最近的与之同标的代词建立语用约束关系①，如果述题中还存在其他与之同标的代词，虽然与话题成分同指，但是只能与述题内的先行语建立依存关系。

（15）　　　　　$[_{CP}[_{TopP}\text{Topic}_i$　　$[_{TP}...\text{Pronoun}_i...$

　　　　　　　　　　话语约束　　　　句法内约束

话题表达中存在两种约束关系的设想还可从代词必须遵守约束理论得到支持。例句（16）引自黄正德等（2009：197）：

（16）a.　张三_i，他_i走了。

b.　*张三_i，他_i不认识 t_i。

根据约束原则 B，代词在管辖范围内不受约束。在上例中，（a）中的"张三"和"他"不是句法内约束关系，而是句法外的话语语用照应关系，不必遵守约束原则，因此合法；b 中的"他_i"与语迹 t_i是句内约束关系，必须遵守约束原则 B，而这里违反了该原则，因此不合法。

本书将话题表达中的话语约束关系概括为"话题约束"假设（Topic-

---

① 需要注意的是，这里的"语用约束"不同于"语用匹配（PM）"，前者仅指两个对象建立同标关系，后者指句法推导中进行语用特征匹配时采用的一种操作手段。

binding Hypothesis）：

> 话题算子与话题成分之间是语用上的约束关系；话题成分与述题中与之对应的空位、RP 或关涉成分之间是句法和语义上的约束关系。

按照本书的"话题约束"假设，（17）和（18）建立的话题与代词、复指代词建立的依存关系如下：

（17）a. 我儿子啊$_i$，那小子$_i$/他$_i$说他$_i$再也不敢上学迟到了。

　　　b. [$_{TopP}$我儿子$_i$啊，[$_{TP1}$那小子$_i$/他$_i$说 [$_{CP}$ [$_{TP2}$他$_i$再也不敢上学迟到了]]]]

　　　　　　　　话语约束　　　　句法内约束

（18）a. 那个小孩$_j$，他$_j$的妈妈不准他$_i$玩手机。

　　　b. [$_{TopP}$那个小孩$_j$，[$_{TP1}$他$_j$的妈妈 [$_{vP}$ [$_{VP}$不准他$_i$玩手机]]]]

　　　　　　　话语约束　　　　句法内约束

既然存在通过句法内建立约束关系（句法约束关系）和句法外建立约束关系（话语约束关系）的两种代词身份，那么对只有一组约束关系的情况，如何识别究竟是出于语义（一般代词）还是语用上（RP）的需要而使用的代词？这就还需考察两种复指代词：真复指代词和伪复指代词。正如前文所述，根据奥恩等（Aoun et al. 2001：372），通过移位与它的先行语建立关系，从而表现出重构效应的 RP 为假 RP；通过类似约束的过程与其先行语建立联系，不表现重构效应的 RP 为真 RP。

按照本书的分析，这里的假 RP 实际上对应于在句法内与先行语实现匹配的代词，其本质不是 RP，而是代词，具有代替名词性成分的功能，它的使用主要是为了满足基本词汇语义完整的要求，即保持词汇语段（vP）的完整性。RP 之所以成为 RP，是因为出现了话题（先行语），如果不出现，则只是一般的代词。因此，它的出现受核心句法规则限制。这也是为何可以采用孤岛效应（island effects）、约束受阻效应（crossover effects）和关系化（relativization）等手段测试它的句法表现的原因。但是，即便如此，它同时在语用上与话题建立了匹配关系，因此，也具备复指代词所承担的功能。但这样的代词其首要功能是满足句法的要求，然后才是语用上的要求。换言之，在生成上，句法先于语用。理由是话题在词汇语段建立之后才进入句法，句法的完整性先于话语的匹配要求。这也是为何此类代词被称为假 RP 的原因。

（19）a. 吴先生$_i$，小王给了他$_i$两本书。

b. [$_{TopP}$吴先生$_i$[$_{TP}$小王给了他$_i$两本书]]

话语约束

（19）中的"他"的出现，本身是为了保持句法、语义的完整性而出现的，与话题建立 PM 关系之后才具有复指功能。这样的复指代词是伪复指代词。因避免孤岛效应而采用的复指代词才是真正的 RP，是完全通过句法外的话语语用建立起来的关系。

5.1.2.2 汉语复指代词的句法测试

汉语话题中的 RP 可出现在两种不同的句法位置：一种是出现在非论元约束位置，此时该 RP 的先行语在非论元位置，是可用空位代替的可变位置，也就是说它所在的位置允许其省略。另一种是出现在复杂 NP 之类的孤岛环境下，它的出现是为了避免违法局域性条件限制，此时它不能省略。

（20）a. 王老师$_i$，学生们都喜欢他$_i$。

b. 王老师$_i$，学生们都喜欢_ $_i$。

（21）a. 小丽，她又欺骗我了。

b. 小丽$_i$，_ $_i$又欺骗我了。

（22）a. 曹禺，我喜欢他的作品。

b. *曹禺$_i$，我喜欢_ $_i$的作品。

（23）a. 那个学生，我们的地理老师对他很不错。

b. *那个学生$_i$，我们的地理老师对_ $_i$很不错。

以上例句中，（20a）和（21a）中的 RP 出现在本可以为空位的地方，属于假 RP；（22a）和（23a）中的 RP 所在位置不能为空，也就是说它必须插入所在位置才能保持句子结构和语义的完整，属于插入性/真 RP。

鉴于汉语 RP 表现的属性差异，在探讨汉语左置话题是基础生成还是移位生成时，需要对携带两种不同的 RP 的左置话题表达区分对待。判断移位与否的有效方式可以看它是否表现出孤岛效应和约束受阻效应，以及是否可以关系化（Ross 1967，Kuno 1976，黄正德等 2009，Paul 2014，Pan 2016）。由于单一的测试方式可能存在不足，这里需要同时采用多种测试手段。

孤岛效应是测试一个成分是否发生移位的有效手段之一。以复杂 NP 岛为例，复杂名词短语形成一个移位岛，Wh - 短语不能从这个岛上移出（温宾利 2002：240）。

(24) a. $[_{CP_1} [_{IP_1}$ Mary made $[_{NP}$ the claim $[_{CP_2}$ that $[_{IP_2}$ John kissed whom$]]]]]$

b. $* [_{CP_1}$ Whom$_i$ did $[_{IP_1}$ Mary make $[_{NP}$the claim $[_{CP_2}$ that $[_{IP_2}$ John kissed t$_i]]]]]]$?

上例中的 whom$_i$移位跨越了一个复制 NP，该句不合法。孤岛种类较多，除了复制 NP 孤岛，还有附加语孤岛、主语孤岛、疑问词孤岛、并列结构孤岛等。移位限制要求在附加语、主语和嵌套 Wh-疑问句中的成分不能移出（参见黄正德等 2009：192），这就是孤岛效应。

另一种测试句子成分是否移位的手段是约束受阻效应。约束受阻效应是指，因 Wh-语迹与不同于它所跨越的代词存在约束关系，从而导致约束受阻的现象。造成这种阻碍的原因是 Wh-移位时不能跨越与之同指的代词而左移。该限制也被称为左移条件（leftness condition）。

(25) a. $*$ Who$_i$ does he$_i$ think $[_{CP}$ t$_i'$ that $[_{IP}$ Mary loves t$_i]]$

b. $*$ Who$_i$ does he$_i$ think $[_{CP}$ t$_i'$ $[_{IP}$ t$_i$ loves Mary$]]$

(25) 中的"who$_i$"移位至 t$_i'$ 位置时继续前移，跨越了与之同指的代词"he$_i$"，这违反了左移条件，因此不合法。约束受阻又分为强约束受阻和弱约束受阻，前者是指既违反约束原则（Wh-语迹相当于隐性的指称语，因而遵循约束原则 C，即指称语不受约束），又违反了左移条件的情况；后者指仅违反左移条件的情况（温宾利 2002）。

(26) a. $*$ Who does$_k$ he$_i$ think t$_i'$ that Mary loves t$_i$?

b. ? $*$ Who$_i$ does$_k$ his$_i$ mother t$_k$ like t$_i$?

(26a) 中 t$_i$受到代词"he"的约束，违反约束原则 C；Wh-移位跨过与之同标的代词，违反左移条件。因此，该句表现出强约束受阻效应。(26b) 中 t$_i$不受"his mother"约束，没有违反约束原则 C，但是"who"移位时跨过了与之同标的代词"his"，这违反了左移条件，因此该句表现出弱约束受阻效应。

如果在 A-bar 语链中出现孤岛效应，这表明这种依赖关系涉及移位；相反，如果 A-bar 语链中不表现出孤岛效应，那就表明这种依赖关系并不涉及移位。同样，如果复指依存关系表现出约束受阻效应，那么这种依存关系是移位推导而来；如果不表现出约束受阻效应，这种依存关系可能不涉及移位（Pan 2016）。一般来说，与复指代词相关的孤岛限制有四种：关系从句孤岛、名词补语孤岛、附加语孤岛和句式主语（sentential subject）孤岛（Aoun et al. 2001，Pan 2016）。本书将前两种归于复杂 NP 孤岛，那么与话题相关的孤岛大致有三种：复杂 NP 孤岛、附加语孤岛和主语从句孤岛。而对于关系化，如果一个成分可以被关系化，说明该成分可能涉及移位，反之则不涉及移位①。接下来我们采用以上策略测试左置话题表现的关系化、孤岛效应和约束受阻效应的结果。

我们首先测试 RP 为论元的汉语左置话题。

Ⅰ．关系化。

（27）a. 王老师$_i$，学生们都喜欢他$_i$。

　　　　→关系化：＊［［学生们都喜欢他$_i$］的王老师$_i$］

　　　b. 小丽，她又欺骗我了。

　　　　→关系化：＊［她又欺骗我了］的小丽

Ⅱ．（强）约束受阻效应及关系化。

（28）a. 那个老人$_i$啊，［他$_i$说［他$_i$为这个工程努力了一辈子］］

　　　　→关系化：＊［他$_i$说［他$_i$为这个工程努力了一辈子］］的那个老人

　　　b. 那个专家$_i$，他$_i$发现他$_i$并没有把握解决这个难题。

　　　　→关系化：＊［他$_i$发现［他$_i$并没有把握解决这个难题］］的那个专家

以上测试表明，当汉语左置话题对应的 RP 为述题谓语动词的论元时，该话题不可以关系化，也并不表现出约束受阻效应。因此，这类话题成分为基础生成。

再看 RP 为述题谓语动词的非论元的左置话题。首先看此类话题表现的孤岛效应及其关系化结果。

Ⅰ．复杂 NP 孤岛。

（29）a. 这个谣言$_i$，我知道［散布它$_i$的］人。

　　　　→关系化：＊［我知道［散布它$_i$的］人］的这个谣言$_i$

　　　b. 那个小孩$_i$，［［他$_i$的爸爸打了他$_i$的］消息］传遍了整个村子。

---

① 关于关系化测试的有效性，语言学界存在争议，本书虽然认同关系化与移位可能相关，但并不认为一个成分能否关系化是判断该成分是否发生移位的充要条件，因此在采用关系化测试的同时，还需借助其他测试手段做出综合判断。

→关系化：＊［［［他ᵢ的爸爸打了他ᵢ的］消息］传遍了整个村子］的那个小孩

c. 曹禺ᵢ，我喜欢他ᵢ的作品。

→关系化：＊［我喜欢［他ᵢ的作品］］的曹禺ᵢ

Ⅱ．附加语孤岛。

（30）那个小孩ᵢ，［因为妈妈抛弃他ᵢ］整个村里的人都很气愤。

→关系化：＊［［因为妈妈抛弃了他ᵢ］整个村里的人都很气愤］的那个小孩

Ⅲ．主语从句孤岛。

（31）（在）英国ᵢ，［小王在那里ᵢ工作］使整个单位的人都很羡慕。

→关系化：＊［［小王在那里ᵢ工作］使整个单位的人都很羡慕］的英国

再看（弱）约束受阻效应及关系化。

（32）那个小女孩ᵢ，她ᵢ的妈妈不准她ᵢ和其他小朋友一起玩耍。

→关系化：＊［她ᵢ的妈妈不准她ᵢ和其他小朋友一起玩耍］的那个小女孩

以上孤岛效应和关系化测试表明，汉语左置话题中，当 RP 为述题谓语动词的非论元时，该话题成分既无孤岛效应和约束受阻效应也不可以关系化。因此，在汉语左置话题中，有孤岛存在时就必须使用复指代词，左置话题结构中复指代词的插入是为了避免违反孤岛条件限制而被使用，这样的左置话题成分同样为基础生成。汉语左置含复指代词话题的句法测试表现概括如表5.2所示。

表5.2　汉语左置话题中的复指代词

	孤岛效应	约束受阻效应	关系化	真/假 RP	生成方式
RP 为论元	／	无	不可以	真 RP	基础生成
RP 为非论元	无	／	不可以	真 RP	基础生成

需要指出的是，对于 RP 为论元的情况，如果将 RP 省略，这类左置话题可以被关系化，（33）-（35）的测试情况如下：

（33）a. 王老师ᵢ，学生们都喜欢他ᵢ。

→关系化：［［学生们都喜欢_ᵢ］的王老师ᵢ］

　　　　　b.　小丽，她又欺骗我了。

　　　　　→关系化：［［＿ᵢ又欺骗我了的］小丽ᵢ］

（34）那个人ᵢ啊，［他ᵢ₁说［他₂要请大家看电影］］

　　　　　→关系化：［他ᵢ₁说［＿ᵢ要请大家看电影］］的那个人

（35）那个小男孩ᵢ，他ᵢ的妈妈不准他ᵢ吃饭。

　　　　　→关系化：？［他ᵢ的妈妈不准＿ᵢ吃饭］的那个小男孩

　　将 RP 省略后，话题成分可以被关系化，是否可以认为这类话题为移位生成呢？本书认为，即便如此，带 RP 和不带 RP 的话题表达仍然存在差异。柳运斗（1991）指出，带上 RP 时，有突出复指部分的内容（即话题成分）的作用；还可以使句子结构清晰。充当复指功能的不一定必然为代词，也可以是其他"称代式提示成分"。异位变序达到强调受事者的目的，称代复指的方法突出被复指的部分，见（36）。

（36）a.　这孩子，我也疼他。

　　　　　b.　这孩子，我也疼。

　　从语用功能来看，带空位的异位话题与带 RP 的左置话题的表达侧重点是不同的，因而不能直接将这两类话题等同起来，认为它们的区别仅是空位和显性语迹的差异。概言之，左置带 RP 的话题结构不是异位带空位话题的同源结构。

　　综合左置带复指话题的孤岛效应和关系化表现，可以确定被左置的汉语话题成分，无论是述题谓语动词的论元 RP 还是非论元 RP，其对应的话题成分都不是移位而来，而是基础生成的。也就是说，按照奥恩等（Aoun et al. 2001）对 RP 的分类，汉语中只有真复指代词，没有伪复指代词。左置话题成分与述题中复指代词建立的非论元依存关系（即便包含一个孤岛）不会违反任何局域性限制。

5.1.3　左置话题的语段推导分析

　　通过对左置带复指成分的话题结构的孤岛效应和约束受阻效应的测试，可以确定的是，汉语中这类话题并不是移位生成的，那么需要进一步解释的是：话题与复指代词是如何建立 A-bar 依存关系的？能否通过语段推导对此做出分析？

　　以典型汉语左置话题（5a）为例，重复如下：

（37）吴先生ᵢ，小王给了他ᵢ两本书。

如果"吴先生"为基础生成，根据语段推导，用括号标记表示其过程如下：

(38) $[_{CP}[_{C'}[_{TopP}吴先生_i[_{Top'}[_{TP}小王_j[_{T'}[_T给了_k[_{vP}t_j[_{v'}[_v t_k\text{-}v[_{VP}他_i[_v t_k[_{QP}两本书]]]]]]]]]]]]]]$

这里的"吴先生"被分析为基础生成的话题。具体如下：QP"两本书"与中心语 V"给"合并，得到 VP"给他两本书"；"他"从词库被提取置于［Spec，VP］，得到 VP"他ₕ给了两本书"，VP 与轻动词 v 合并，动词"给"被具有黏附性的轻动词 v 吸引过去导致移位合并，"小王"基础生成于［Spec，vP］，得到完整的 vP"小王给他两本书"。由于 TP 中心语 T 的［EPP］特征需要，"小王"移至［Spec，TP］实现特征核查；为了核查 T的［＋tense］特征，"给"移位至中心语 T，得到"给了"。这时 TP 范围内的所有的特征都已经核查完毕，各成分的允准条件都得到了满足。但是，由于话语的需要，还存在一个话题位置，所谈的对象本应该是"吴先生"/"他"。从词库直接提取"吴先生"置于［Spec，TopP］位置。

按照语段推导分析，话题成分从词库中直接提取即可，其他步骤也完全按照常规句子的推导方式进行。从表面上看，这些推导完全符合推导限制要求，但唯一不能解释的是话题成分"吴先生"与"他"是如何建立非论元依存关系的。如（39）所示，由于"吴先生"是基础生成，在述题的推导过程中，"吴先生"并没有参与运算，因此也就不同于 Wh－短语之类的算子，Wh－算子充当的变量一开始就参与了句法运算，是经过（隐性或显性）移位后到达最终位置的，且遵循孤岛条件限制和约束受阻限制，因此Wh－算子可以顺利地与它的语迹实现非论元依存关系。左置话题成分与Wh－算子不同，它基础生成的位置就在［Spec，TopP］，但是又必须与述题中的复指代词同标，从而实现非论元依存关系，而不是通过移位机制建立的。概言之，左置话题与复指代词建立的非论元依存机制与 Wh－算子之类的变量与其语迹建立非论元依存关系的机制是不同的。按照语段分析，话题中心语 Top 作为探针，并没有从 vP 语段内寻找合适的目标，而是直接提取"吴先生"作为目标。但如此一来，"他"就无法建立与"吴先生"之间的复指关系。

在（39）中，vP 是典型的及物性 vP，按照乔姆斯基（Chomsky 2001）的语段理论，及物性 vP 是语段，因此这里的 vP 是一个语段。那么，述题

"小王给了他两本书"，即 TP 的推导完成之后，一旦另一个语段 CP 的中心语（Top）与 TP 合并，按照 PIC$_2$，前一个语段的补语，即 VP 必须被移交。这样，处于 VP 内的"他"也就被移交，不再参与下一步的运算。话题成分"吴先生"在 CP 语段中基础生成，却并不能在推导过程中建立复指关系，因为在它出现之前，"他"已经被移交。以上分析表明，仅仅基于语段的单一推导模式难以充分解释汉语左置话题结构的生成，尤其是难以对复指代词建立的复指关系做出合理的解释。

(39)

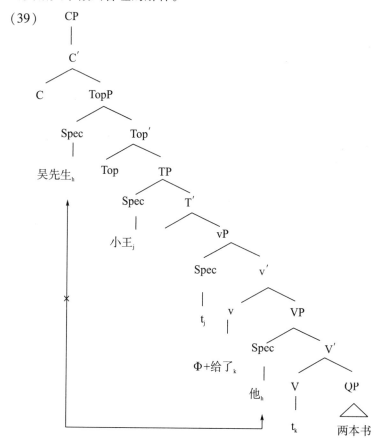

潘俊楠（Pan 2016：125－126）也指出，汉语左置话题实际上避免了违反局域性条件的限制，因为根本不涉及移位。他认为在 MP 中，左置话题与复指代词是通过匹配①操作，而非一致性操作建立非论元依存关系的。这样，匹配的主要功能不是核查相关特征，而只是识别探针与目标可能匹配的

---

① 这里的"匹配"是指最简方案理论下的匹配操作，而不是本书提出的话题算子匹配操作。

特征属性。阻止这类结构无法运用一致性操作的是探针和目标均携带语义无解特征。探针和目标之间无法建立一致性关系，因为目标没有携带适合探针的相同种类的语义有解特征，也就无法对探针的语义无解特征进行赋值和核查。左置话题成分与复指代词之间不是算子－变量关系，话题和述题中的复指代词所携带的特征均为语义无解。

（40）
$$Top_j... \; [_{TP}... \; RP_j... \;]$$

*Agree

√Match

（41）我儿子$_j$啊，［那小子$_j$说［他$_j$再也不敢酒后驾驶了］］。

（Pan 2016：104）

根据匹配分析，上例中的非论元依存关系建立过程如下：

（42）$[_{TopP}$我儿子$_j$啊Top $[_{Tp1}$那小子$_j$说$[_{cP}$C $[_{Tp2}$他$_j$再也不敢酒后驾驶了]]]]

[var]   [var]   [var]

[Φ]   [Φ]   [Φ]

√Match   √Match

按照这种分析，（38）的生成涉及的匹配操作如下：

（43）$[_{TopP}$吴先生$_i$ Top $[_{TP}$小王$_j$给了 他$_i$ 两本书]]

[var]   [var]

[Φ]   [Φ]

*Agree

√Match

根据匹配分析，话题成分与复指代词通过匹配建立非论元依存关系时，探针不一定被解读为算子，目标不必解读为被约束的变量。一旦这种依存关系通过匹配操作建立起来，探针和目标仍然同标。这种分析不同于一致性分析，而是允许将匹配操作视为一种的独立句法操作。复指代词带［var］特征，但该特征是语义无解（即未赋值的）特征。同时，话题也是携带一个语义无解、未被赋值的［var］特征，这就无法实现一致性操作，因此不能构成探针－目标关系（Pan 2016：110）。

为了让匹配操作不受局域性条件限制，必须找到一种方式，保证所有的语段推导都完成之后，仍然可以对整个 A-bar 依存关系采用匹配操作。这样，推导机制必须允许可以对整个建构完好的语段采取匹配操作（Pan

2016：116）。简言之，语段每次推导完成后，并不马上被移交到接口层面，而是继续建构下一个处于更高位置的语段。当所有语段完成之后，也就意味着所有的结构都彻底建立完成，这时才对整个结构采取匹配操作。此时，所有的语段被同时移交到接口部门以供解读，这保证了不会产生孤岛效应。也就是说，通过匹配建立的复指依存关系是在狭义句法层面，所有语段推导完成之后，拼读之前建立的。复指代词现象根本不是接口现象。

这种匹配分析实际上是在纯句法操作内为话题成分和复指代词之间的非论元依存关系的建立做出解释，但可能还存在以下三个方面的问题。

首先，既然左置结构中的复指代词与左置话题成分之间不是算子－变量关系，那么复指代词也就不是像 Wh－词那样的变量。上述话题中心语 Top、标句词 C 和复指代词也就不能像算子和变量那样一步一步建立依存关系。因为复指代词没有像 Wh－短语那样经历移位。

其次，在语段推导中，只有在语义无解特征均被赋值后的成分才能被移交，否则该成分会因为携带语义无解特征而仍然保持活跃。显然，如果 C-Top 和 RP 都带语义无解特征，即使匹配，最后也无法移交，因为根据"充分解释"的要求，被移交的成分所携带的语义无解特征都需要被删除，才能为感知－运动系统和概念－意旨系统的接口层面所识别。如果说语义无解特征是不活跃的，那么既然不活跃，就不会影响各语段的移交，也就没有了最后的一步式移交。匹配分析只要求特征属性上的匹配，但无法解释为何复指代词和话题中心与匹配的语义无解特征可以保持为语义无解，到最后却依然被移交。

最后，可能同样面临生成语法采用"前瞻"方式所面对的困难。即便当话题成分和复指代词均携带语义无解特征时，它们可以通过匹配特征属性建立依存关系，且可以让各语段在完成后无法单独移交，但问题是，根据（38）／（39）的推导，在 vP 语段内，vP 语段与下一个语段中心语合并之前，其中的代词"他"完全可以正常地参与运算。由于此时没有出现话题成分，该代词此时还不能被称为复指代词，但它已经可以成功地被提取至［Spec，VP］，并在语段 vP 完成后被移交，而此时完全不能断定该代词是否携带与后面推导出现的话题中心语所需的未被赋值的语义无解特征。为了保证它与后面的话题成分同指，从而建立 A-bar 依存关系，不得不预设该代词为复指代词，且带来某种语义无解特征，并且无从知道这种语义无解特征究竟是什么特征。这实际上采用了"前瞻"方式，这体现了经典语段理论本身在处理话语功能语类上存在的不足。

5.1.4　OT - 语段分析

　　鉴于单一语段推导存在的以上不足，本书将尝试利用 OT - 语段推导模式对含不同复指代词的汉语话题表达做出解释。按照一般的句子推导步骤，代词原本并不起复指作用，但当左置话题成分出现之后，为了满足某种话语信息需要，左置成分与代词建立依存关系，从而使该代词具有复指属性。而这种依存关系的建立需要以话题算子作用于句法、实现句法 - 语用接口操作为前提。左置话题作为有独立构型的话题，其语用属性从句法上吸收了相关构型。复指代词与话题成分之间的依存关系是在句法 - 语用接口时建立的，而不是在核心句法运算中直接建立的。

5.1.4.1　复指代词为论元的左置话题

　　按照 OT - 语段推导，带有话题等功能语类的句子的生成需要两个基本语段：词汇语段（vP）和功能语段（CP）。话题算子在 vP 语段建立之后进入句法，寻找一个带［＋a］特征的成分作为目标；话题算子赋予目标［TOP］属性，实现两者话题属性上的匹配；目标携带的［＋a］特征满足话题算子的特征值的核查要求，从而实现一致性操作。话题成分可能出现在 vP 语段左缘或左缘之上的 CP 域内的多种位置，但最佳输出项是按照 OT 优选机制过滤产生的。下面我们采用 OT - 语段模式，以（5a）／（44a）的生成为例，分析该句的句法运算和句法 - 语用接口操作过程。

　　如果要生成（44a），首先进行初始提取，得到（44b）中的 LA。不同于经典语段理论的是，LA 不包括功能中心语 Top，也就不含话题特征。

（44）a. 吴先生$_i$，小王给了他$_i$两本书。

　　　b. LA：{吴先生，给，小王，两，本，书，他，v，V，N，C，T}

　　　c. 词汇语段 vP：［$_{vP}$小王给了［吴先生$_i$他$_i$］两本书］

　　　d. TP：［$_{TP}$小王$_j$［$_{vP}$t$_j$给了［吴先生$_i$他$_i$［两本书］］］］

接着进入词汇语段的建构。句法运算基于动词"给"的论元结构建立的词汇语段——vP 语段，具体为（44c）中的 vP。由于一个完整事件一般需要带有时态，因此 vP 与 T 合并，得到（44d）中的 TP。

　　由于功能短语 CP 所需的成分可能来自词汇语段，这必然要求词汇语段在完成操作后，需要接受话题探针的搜索，如果有满足条件的目标（即表明该句有话题成分），探针和目标实现特征值的匹配。（44d）中的话题算子选中目标"吴先生"被提取之后，出现两个变项：var_1 为语用变项，var_2 为语义变项。var_1 与 var_2 通过 [+a] 特征实现匹配。var_2 通过第二次提取操作而来①。那么算子、var_1 和 var_2 的 PM 如（45）所示：

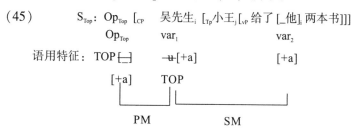

（45）　　　　S_{Top}: Op_{Top} $[_{CP}$　吴先生$_i$ $[_{Tp}$小王$_j$ $[_{vP}$ 给了 [_他]$_i$ 两本书]]]

首先，带 [TOP] 语用特征属性、但未被赋予特征值的话题算子进入句法，寻找一个可以赋予它特征值的目标，NP"吴先生"具有 [+a] 特征，可以满足话题属性的要求，于是其话题属性被激活，与话题算子实现特征属性和特征值上的匹配。vP 语段内的"吴先生他"和 NP 则实现句法内语义上的匹配。按照 OT - 语段推导，一个语用结构的推导必须经历 vP 和 CP 语段的建构，以满足概念系统和意旨系统的要求。因而词汇语段须接受相关的语用算子的检查才能确定是否被移交。对话题结构，如果 vP 语段的补语在话题尚未出现时就已经移交，那么话题和述题难以建立恰当的联系，造成信息上的脱节。

经典语段的 PIC_2 要求，vP 语段必须在与 CP 语段中的中心语合并之后才允许移交，但这里不同的是，如果有语用的介入，则必须满足语用功能短语的需要后才能移交，即语用的介入导致 vP 语段延迟移交。从以上（45）的 PM 过程来看，被话题算子选为目标的 var_1 的话题值（语用值）必须在语段完成之前被改变，否则话题成分无法进入下一步的推导中，这与洛佩斯（2009：19）基于西班牙语和泰罗尼亚语（Catalan）得出的结论一致。

这种分析将 Top 视为语用特征，并且具有话题属性，携带语义无解的特征值，探针寻找的目标则带有 [+a] 特征值，但缺乏特征属性。这样避免

---

① 这里的第二次提取具有选择性。如果不进行第二次提取，生成的句子是"吴先生，小王给了两本书"。根据关系化和孤岛测试，话题"吴先生"为移位生成。但是该句与"吴先生，小王给了他两本书"具有语用上的差异。5.1.2 最后部分已对此进行了分析。

了匹配分析模式中探针和目标均携带语义无解特征，却能实现匹配，最终仍然可以被移交的观点的不足。按照"充分解读"的要求（Chomsky 1995），只有语义无解特征被删除才可能为其他部门所识别。本书的分析可以更好地满足这一要求。

在 vP 语段建立之后，语用算子 Top 出现在 CP 域内的左缘，从词汇语段 vP 内寻找一个可以充当话题的目标。由于语用要突出的对象是表达旧信息的话题成分"吴先生"，而 5.1.2 已指出，NP 无法从 vP 内移出，而是基础生成的话题。Top 算子寻找到目标"吴先生他"，但是受句法限制，NP"吴先生"无法从 vP 内移出，话题成分 NP 在 vP 外通过第二次提取得到，原来位置的 NP 在语用上被省略。这种分析的好处是：一方面保证了话题成分和述题中的"他"建立复指关系，另一方面保证了结构的完好性。

（44a）在话题算子进入句法之后，话题成分"吴先生"可能出现在 CP 域或者是 IP 域，可能出现两个候选项。另外，根据 3.2.4.3 的"语用构型"假设，如果语用要求凸显话题，则这里的 Prominence = Topic。话题成分的最终位置根据句法和句法－语用接口制约条件的 OT 评估机制确定，各候选项违反制约条件的情况如表 5.3 所示。

表 5.3　话题结构（44a）表征输出候选项优选表

Prominence = Topic Topic = 吴先生$_i$ vP = 小王给了他$_i$两本书		LP/SR	PROM	SUBJ	NEW	EPP（CASE）	* MOVE
C_1	☞［$_{CP}$［$_{TopP}$吴先生$_i$，［$_{TP}$小王$_j$［$_{vP}$给了［＿ 他］$_i$两本书]]]]			*			
C_2	［$_{TP}$小王$_j$，［$_{TopP}$吴先生$_i$［$_{vP}$给了［＿ 他］$_i$两本书]]]		*		*		

按照 3.2.4.4 中的汉语话题结构表征输出制约条件等级，这里主要涉及 PROM、SUBJ 和 NEW。C_1 违反制约条件 SUBJ，因为主语"小王"处于 TopP 之下，而按照 SUBJ，它应该处于 TopP 之上；对于候选性 C_2，表达旧信息的 TopP 应该在表达新信息的成分"小王"之前，从而违反 NEW；由于话题性应该高于事件性，TopP 应该处于 TP 之上，因此 C_2 还违反了 PROM。综合以上分析，C_1 为最优输出项。

5.1.4.2　复指代词为非论元的左置话题

含真复指代词话题成分对应的复指代词并非述题谓语动词的内论元或外

论元，而只是论元成分中的某个部分。以（5e）为例，重复为（46a）。

（46）a. 曹禺，我喜欢他的剧本。

b.

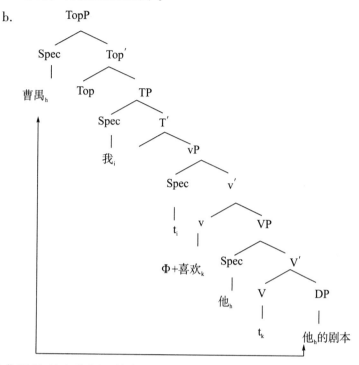

按照经典语段理论分析，该句的推导过程如（46b）所示。同（44a）相似，该分析面临代词被移交，代词无法与话题成分实现语用上的约束关系的难题，而 OT－语段分析可以避免这一问题。

该句涉及的核心句法运算如（47）所示。首先是初始提取，建立词汇语段 vP "我喜欢曹禺他的作品"。同样，不同于经典语段理论的是，提取中不包含 Top。

（47）a. 曹禺$_h$，我喜欢他$_h$的作品。

b. LA：{我，喜欢，曹禺，他，的，作品，V，T，N，D，T，C}

c. vP：[$_{vP}$我喜欢 [曹禺$_h$他$_h$] 的作品]

d. TP：[$_{TP}$我$_i$ [$_{vP}$t$_i$喜欢 [曹禺$_h$他$_h$] 的作品]]

在词汇语段建立之后，语用话题算子作用于句法，选择携带 [＋a] 特征的 NP "曹禺" 为目标，激活其话题属性，使之成为话题。话题算子与目标之间进行话题特征属性的匹配操作和话题特征值 [＋a] 的一致性操作。由于语用要求凸显话题性，因而 TopP 话题性＞TP 事件性，但根据 5.1.2 的分析，该话题成分实际上无法从 vP 语段内移出，因此运算系统通过第二次提取该 NP，vP 内 NP 在语用上被省略。这样，一方面保证了话题与复指代词建立联系，另一方面保证了 vP 的完整性。话题算子与"曹禺"建立了语用上的匹配和一致性关系，然后通过第二次提取 NP，保证了 vP 语段的完整性，且使话题成分与复指代词建立了语用上的约束关系。

（47a）中的 CP 语段内句法–语用的接口操作如下：

(48)

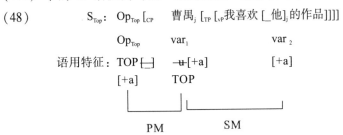

根据话题成分"曹禺"在 vP 语段之外可能出现的位置，话题结构的输出有两个候选项。按照"语用构型"假设，如果语用要求凸显话题，则 Prominence＝Topic。按照汉语话题制约条件等级，该话题结构的表征输出 OT 评估表现如表 5.4 所示。

表 5.4　话题结构（47a）的句法表征输出优选表

	Prominence＝Topic Topic＝曹禺$_j$ vP＝喜欢他$_j$的作品	LP/SR	PROM	SUBJ	NEW	EPP （CASE）	＊MOVE
C$_1$	☞[$_{CP}$[$_{TopP}$曹禺$_j$，[$_{TP}$我$_i$［$_{vP}$ t$_i$ 喜欢［＿他］$_j$的作品]]]]			＊			
C$_2$①	[$_{TP}$我$_i$，[$_{TopP}$曹禺$_j$［$_{vP}$喜欢［＿他］的作品]]]		＊		＊		

由表 5.4 可见，C$_1$ 违反了 SUBJ "主语在非主语成分之前"的制约要求。C$_2$ 违反了 NEW，因为该制约条件要求表达旧信息的话题成分出现在表达新信息的成分之前。更为严重的是，它还违反了 PROM，因为话题性强于事件性，TopP 须在 TP 之上。按照违反制约项的严重程度，C$_1$ 为优选项。

该句的推导过程与非论元 RP 话题结构的推导基本相同。这也说明，真

---

① C$_2$ 还违反了约束理论 Principle B：代词在管辖范围内是自由的。

伪 RP 在句法内的性质并无差异，因为不管是一般代词还是 RP，都具有一般代词的属性，即在句法和语义上的代替作用。两类 RP 的并无句法、语义和语用上的差异。它们的出现首先是句法和语义上的需要，然后是语用上的需要。

5.1.5　本节小结

需要特别指出的是，根据 5.1.2 汉语左置话题测试结果，两类话题结构均为基础生成。而在本书的 OT－语段理论分析中，话题成分基础生成，是为了既保证 vP 语段内成分遵循句法限制，又保证话题成分与复指代词建立联系，vP 内的 NP 由于语用上的重复而被省略。这种分析也避免了违反包含条件和采用前瞻手段。不可否认，通过第二次提取生成话题成分有违语言的“经济性”，但如果将之分析为移位生成的话题，不仅违反了 vP 域内须遵守的句法限制，而且需要采用插入代词的手段保证各变项之间的语用和语义上的匹配关系，这种分析则更加不经济。事实上，较之于其他类别的话题结构的生成，左置话题结构的生成本身是并不那么经济（详见 7.1 的总结）。

汉语左置话题有两种：一种是复指代词为述题谓语动词的论元，一种为述题谓语动词的非论元。两种话题结构的生成方式相似，涉及的句法操作和句法－语用接口操作概括如表 5.5 所示。

表 5.5　汉语左置话题结构生成涉及的基本句法操作和句法－语用接口操作

左置话题	Numer$_1$	Pragmatic Match	Move	Numer$_2$	Pragmatic Ellipsis
RP 为述题谓语动词的论元	√	√		√	(√)
RP 为述题谓语动词的非论元	√	√		√	√

5.2　话题化话题

话题化是汉语中极为典型的话题现象。学界对话题化的界定存在差异，它可以指所有充当话题的情况，也可以仅指带空位的左置话题。本书采用后一种界定，仅包含出现在语段左缘，且该句的其余部分存在一个空位与之同指的话题现象。对话题化话题的界定重复如下：

一个成分 X_i 是话题化话题，当且仅当成分 X_i 带语用 ［＋a］ 特征，且 X_i 与它所在句子的其余部分中的空位 Y_i 同标。

话题化结构的基本构式：$[_{CP}\,[_{TopP}\ldots\ X_i\ldots\ (Y_i)\ldots]]$

按照被话题化成分的句法位置分布，话题化现象可分为两种：一是左置话题化，二是右置话题化。英语和汉语中都有左置话题化现象。（49）引自文旭（2007：127 - 128）。

(49) a. The book I'll give you in a minute.

　　 b. Such a guy, nobody likes.

　　 c. A good wife she is.

(50) a. 烈性酒，小王不喝。

　　 b. 小王，烈性酒不喝。

　　 c. 吃苦，他不怕。　　　　　　　　　　　　　　（老舍 2006：16）

　　 d. 我到处游荡，已经弄不清楚哪些村庄我曾经去过，哪些我没有去过。　　　　　　　　　　　　　　（余华 2010：19）

　　 e. 这锅饭吃个人。

右置话题在英语中不那么常见，但在汉语中却常出现。

(51) a. "没错！"祥子立起来："睡觉去。送给你老人家一包洋火！"他放在桌子上一包火柴，又愣了愣："不用对别人说，骆驼的事！"　　　　　　　　　　　　　　（老舍 2006：36 - 37）

　　 b. 卢建辉："他们都是我的好朋友，同班同学。"[①]。

　　 c. 进来吧，你！

　　 d. 可笑极了，这个人！

　　 e. 太无理取闹了，这个人。

这两类话题化现象中，被话题化的成分所处位置截然相反，一种在主语

---

① 中央电视台，《新闻联播》2010 - 09 - 23，转引自杨小龙、吴义诚（2015：61）。

旁边，一种在句末①。这里主要探讨汉语左置话题化结构的生成机制。

5.2.1　话题化话题生成相关争议

关于汉语话题化话题结构的生成，同样有移位生成和基础生成两种观点。本节首先梳理了已有研究的基本观点和面临的问题，然后对汉语话题化结构的孤岛效应、约束受阻效应和关系化进行测试，认为左置带空位话题可分为两类：如果话题成分在述题中对应的空位处于述题谓词所带的论元位置，该话题成分为移位生成；如果话题成分在述题中对应的空位处于述题的非论元位置，那么该话题为基础生成。

5.2.1.1　移位说

不同于左移位话题，话题化成分在句子的其余部分找不到对应的复指代词与之照应。被话题化的成分在句子其余部分中有一个空位或语迹与之同指。由于英语和汉语中都有着对应的话题化现象，因此，汉语话题化研究的争议多围绕乔姆斯基（Chomsky 1977）以英语为对象的话题化分析方式进行。汉语话题化研究有两种典型观点，一种以黄正德（Huang 1982）为代表，另有李艳惠（Li 1990）、石定栩（Shi 1992）、宁春岩（Ning 1993）、黄正德等（Huang et al. 1996）等。他们支持乔姆斯基（Chomsky 1977）的话题化分析：话题化过程同 Wh－过程，都是算子移位的结果；移位受孤岛条件限制。持另一种观点的是徐烈炯和朗根多恩（Xu & Langendoen 1985）及其支持者如黄居仁（Huang 1992）、蒋自新（Jiang 1990，1992）等。他们认为按照乔姆斯基所说的条件，汉语带空位话题不可能是移位生成的，有些话题化现象很难在句法上给出判断。

乔姆斯基（Chomsky 1977：91）对英语中的话题化的分析如下：

（52）　a.　Bill, she loves.

---

① 右置话题化结构中，话题成分在句子的最右边，述题中包含一个与话题成分同指的空位或复指代词，也可以是一个悬垂话题被右置。从语用功能上看，按照兰布雷希特（Lambrecht 1981）的"anti-topic"观点，右置成分是对已知内容做出的信息确认。汉语中，A 型话题中的三种类型都可能有对应的右置话题结构：①a. 左置话题：这孩子，他太顽皮了。b. 右置话题：他太顽皮了，这孩子！②a. 左置话题化：这孩子，太顽皮了！b. 右置话题化：太顽皮了，这孩子！③a. 左置悬垂话题：那场火，幸亏消防队员来得快。b. 右置悬垂话题：幸亏消防队员来得快，那场火。右置异位结构的生成分析有两种方案：一种是音韵分析（Mithun 1995；Szendröi 2000），另一种分析是将"右边缘"位置解读为焦点（Abe 2017）。鉴于右置现象的复杂性，本书未能对此做出详细分析。

　　b. Bill, I can't stand.

乔姆斯基认为，话题化成分的生成同 Wh－句的生成，这里的 Topic 相当于一个 Wh－疑问算子，叫作话题算子。(52) 的生成如下：

(53) a. $[_{S''}[_{TOPIC}Bill][_{S'}[_{COMP}][_S \text{ she loves } t]]]$

　　　b. $[_{S''}[_{TOPIC}Bill]_{S'}[_{COMP}who][_S \text{ I can't stand } t]]$

　　　$[_{S''}[_{TOPIC}Bill][_{S'}[_{COMP}][_S \text{ I can't stand who}]]]$

分别解读为：

(54) a. Bill she loves

　　　Bill that she loves

　　b. Bill who I can't stand

　　　Bill I can't stand who

这类话题的生成遵循以下基本规则：

(55) S″→ Top S′

　　　S′→ Comp S′

如果 S′由一个 Wh－短语引导，那么该短语的移位受移位限制，原来位置的短语被删除。话题是一个算子，类似于 Wh－算子，能够产生移位。

黄正德（Huang 1982）、黄正德等（2009：208）赞同乔姆斯基的看法，认为汉语话题化也遵循孤岛条件限制，即左分枝条件（Left Branch Condition／LBC）：

NP 的修饰语（modifiers）不能从 NP 移出。

他们认为汉语遵循 LBC 限制。像（56）中的领有名词"张三"从 NP 的修饰语位置移出来会导致该句不合法。

(56) ＊张三$_i$，我看见了 e$_i$ 爸爸。

5.2.1.2　基础生成说

徐烈炯和朗根多恩（Xu & Langendoen 1985：3）对黄正德（Huang 1982）的移位说提出了不同意见，认为汉语话题不是移位的结果，话题成分 X 与述题中的某个空 NP、代词或完整的 NP 成分 Y 同标，且 Y 只在 VP 内，不在大于 VP 的成分之中。

(57) 吴先生（啊），我认识。

他们指出，汉语话题并不受孤岛条件限制，也没有英语中 Wh－之类的标句词，因此汉语话题与英语话题不同，汉语遵循的规则为：

(58) S′→Top S

他们反对移位说，列举的反例是：

(59) a. ＊这本书$_i$，读过＿$_i$的人来了。

　　 b. 这本书$_i$，读过＿$_i$的人不多。

黄正德认为这里的第一句违反了孤岛条件，不合法，但是徐烈炯和朗根多恩认为第二句同样违反了孤岛条件，但是合法。主张"移位说"的人没法对上句的合法性做出解释（徐烈炯、刘丹青 1998：46）。

另一反例是：

(60) a. ＊那个强盗，我想抓到的人得了奖。

　　 b. 那个强盗，我想抓到的人应该得奖。

这里前一句违反了孤岛条件，不合法，但第二句虽然违反了孤岛条件，却仍然合法。

以上争议表明，汉语话题化是移位的结果，必然面临复杂 NP 孤岛条件限制的挑战。显然，如果话题化成分是基础生成的，那我们将难以对这类话题表达中述题内存在的语义空缺这一事实做出合理的解释。因此，两种分析均可能存在一定的不足。接下来探讨汉语话题化话题的属性，并在 OT – 语段模式下分析它们的推导过程。

5.2.2　话题化语题的属性

一个句子成分是否可以被关系化是测试该成分是否为移位生成的有效手段之一。关系分句受孤岛条件限制，说明它是移位生成的（温宾利 2002：244）[①]。对话题成分是否移位，也需要通过该策略进行测试。汉语话题化对应的空位可能是述题中的多种成分。因此，需要分情况对此进行测试。

Ⅰ. 空位为述题中谓语动词的宾语。

(61) a. 外面的谣言$_i$他不大往心里听＿$_i$。

　　→［他不大往心里听的外面］的谣言

　　→他不大往心里听外面的谣言。

　　 b. 可是，谣言$_i$，他不信＿$_i$。

────────────

① 另外，黄正德等（2009：203）指出，如果一个结构呈现重构效应，那么一定发生了移位。但是，有些话题可以关系化，但是不可重构（详见 5.3.1）。为了让测试更为可靠，本书认为话题成分同时具有关系化和同构效应时才为移位生成。这里根据话题化话题的定义可知，被话题化的成分可以还原至空位处，具有重构效应。

→ [他不信] 的谣言

c. 吃苦ᵢ，他不怕_ᵢ。

→ [他不怕] 的吃苦

d. 这个月的工钱ᵢ，你留着_ᵢ收拾车吧！

→你留着收拾车的这个月的工钱

e. 交情ᵢ嘛，没人耻笑_ᵢ！

→没人耻笑的交情

Ⅱ. 空位为述题谓语的主语。

（62）a. 他ᵢ呀，_ᵢ成绩不好，还怨老师没教好。

→ [成绩不好，还怨老师没教好] 的他

b. 他ᵢ吧，_ᵢ从小就爱看小说。

→ [从小就爱看小说] 的他

c. 这孩子ᵢ啊，_ᵢ竟然认不出他妈妈。

→ [竟然认不出他的妈妈] 的这孩子

d. 他ᵢ呢，_ᵢ一天到晚就爱玩游戏。

→ [一天到晚就爱玩游戏] 的他

Ⅲ. 空位为述题中非论元成分。

（63）a. 这本书ᵢ，读过_ᵢ的人很多。

→* [读过的人很多] 的这本书

b. 那个强盗ᵢ，我想抓到_ᵢ的人应该得奖。

→* [我想抓到的_ᵢ人应该得奖] 的那个强盗

c. 这幅作品ᵢ，懂_ᵢ的人不多。

→* [懂_ᵢ的人不多] 的这幅作品ᵢ

d. *那个小孩ᵢ，因为妈妈抛弃_ᵢ整个村里的人都很气愤。

→* [因为妈妈抛弃_ᵢ整个村里的人都很气愤] 的那个小孩ᵢ

e. * （在）英国ᵢ，[小王_ᵢ工作] 使整个单位的人都很诧异。

→* [[小王_ᵢ工作] 使整个单位的人都很诧异] 的英国ᵢ

以上测试表明，当空位为述题中谓语动词的主语或宾语时，话题成分可以被关系化，话题成分为移位生成。但当空位不是述题谓语动词的论元，而是其他成分时，话题成分不能被关系化，此时话题化成分没有经历移位（见表5.6）。

表5.6　汉语话题化话题句法测试情况

空位充当的角色	关系化	移位还是基础生成
空位为述题谓语动词的论元	可以	移位生成
空位为述题中非论元成分	不可以	基础生成（空位为语用上的省略）

另外，话题化成分的移位必须遵循被移位成分是整个短语的限制条件，否则违反"成分结构限制"（Constituent Structure Constraint）（Radford 2009：204）。该限制要求：只有最大投射可以占据标志语或补语位置。

（64）a.　赵先生喜欢［上次老板提到的张小姐］$_i$。

　　　b.　［上次老板提到的张小姐］$_i$，赵先生喜欢＿$_i$。

　　　c.　［上次老板提到的张小姐］$_i$，赵先生喜欢她$_i$。

　　　d.　* ［张小姐］$_i$，赵先生喜欢上次老板提到的＿$_i$。

　　　e.　* ［张小姐］$_i$，赵先生喜欢［上次老板提到的［＿ 她$_i$］］。

　　　f.　* ［上次老板提到的＿$_i$］，赵先生喜欢［张小姐］$_i$。

从以上测试可以看出，被话题化的短语成分必须作为一个整体进行移位，而不能将其修饰语保留在原位，否则即便添加复指代词也无法弥补，如（64）中的（d）（e）（f）。

（65）a.　我非常喜欢［张三这个学生］。

　　　b.　［张三这个学生］$_i$，我非常喜欢＿$_i$。

　　　c.　* ［这个学生］$_i$，我非常喜欢张三＿$_i$。

　　　d.　* ［张三］$_i$，我非常喜欢＿$_i$这个学生。

　　　e.　［张三］$_i$，我非常喜欢他$_i$这个学生。

（66）a.　我喜欢［曹禺的书］。

　　　b.　［曹禺的书］$_i$，我喜欢＿$_i$。

　　　c.　*曹禺$_i$，我喜欢＿$_i$的书。

　　　d.　书$_i$，我喜欢曹禺的＿$_i$。

（65）中的测试表明，即便构成同位关系的两个名词短语直接相邻，也只能作为整体被话题化，而不能单独被话题化。这也说明话题化话题是移位生成的，不过这里的空位在述题中充当的是谓语动词的论元。需要注意的是，虽然（66d）中的"书"被话题化是可以接受的，但是该句的话题化并不是移位生成的。因为这里的"书"不等于"曹禺的书"，前者与后者是包含关系，因此是范围话题。

综上所述，汉语带空位左置话题化成分一般情况下只可能为述题谓语动词的论元（外论元或内论元，即语法上的主语和宾语），非论元空位情况则极为罕见。对前者，此类话题成分可以被关系化，且移位成分必须为最大投射，呈现孤岛效应，因此是移位生成的；对带非论元空位的话题化现象，此类话题成分为基础生成。

5.2.3　OT－语段分析

通过句法测试可知，汉语话题化对应的空位为述题谓语的内论元或外论元时，话题成分是从该空位移位至句首的。这与前述"移位"说得出的结论相同。另外，尚有空位出现在非论元位置的话题化表达，但此种情形较为少见，这类话题是基础生成的。本书将前者称为论元话题化，后者称为非论元话题化。尽管通过句法测试可以判断它们的生成方式，但利用语段理论对这两类话题句子的生成进行具体推导分析时，发现其解释力存在不足。这里以"Topic$_i$＋S(ubject)＋V＋t$_i$"构式为例，通过OT－语段推导模式对这两类话题化现象进行分析。

5.2.3.1　论元话题化

首先讨论论元话题化现象。以（57）为例，重复如下：

（67）吴先生（啊），我认识。

该句中的DP"吴先生"是谓语动词"认识"的内论元，根据前文的句法测试，它是从动词内论元位置移位而来的。

（68）

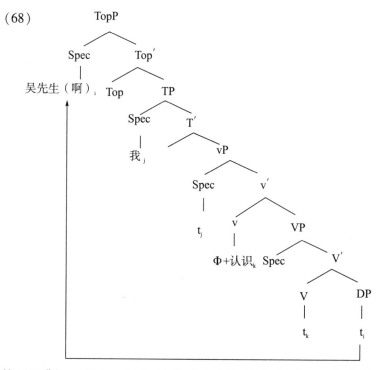

按照经典语段推导，这里的"吴先生"因中心语 Top 携带的［EPP］特征核查要求，移位至［Spec, TopP］。根据 PIC$_1$，及物性 vP 语段在建构完成之后，补语被移交，显然这里的移位违反了 PIC$_1$。但按照 PIC$_2$，被话题探针选为目标的内论元"吴先生"在补语被移交之前移至［Spec, TopP］。因此（68）的推导似乎符合局域性限制要求。但是，即便如此，基于 PIC$_2$ 的语段分析仍然存在问题。在这个推导过程中，TP 与 Top 合并后，外论元"我"同样可以作为目标被探针瞄准而为话题中心语的语义无解话题特征赋值。如果"我"被探针选为目标，生成的句子则如下：

(69)

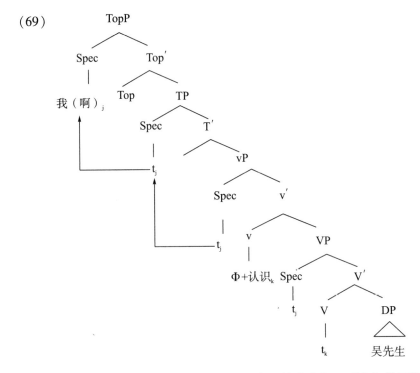

这样，推导而来的合法句子是"我啊，认识吴先生"，而该句并不同于 (67)。

事实上，汉语中，从主语移位过来的话题表达是典型的话题化现象之一，以下例句引自石毓智（2001：88）。

(70) a. 他吧，从小就爱看小说。

　　 b. 这孩子啊，竟然认不出他妈妈。

　　 c. 我呢，一天到晚就爱看书。

　　 d. 他爸爸嘛，从早到晚都不沾家。

回头看（67）的推导，同一个语段内，探针可能搜寻到两个合适的目标。按照 MLC 限制，探针理应选择最近的"我"为目标，选择距离更远的目标"吴先生"。即便新近的 MP 理论认为 vP 语段内的外论元和内论元位置对探针来说距离相等，但仍然难以解释为何仅选择其中之一作为目标。造成这种选择的动因并非来自句法，而是来自语用。这种情况可以在 OT－语段模式下得到解释。

根据 OT－语段模式，（67）涉及的核心句法操作如下：

(71) a. 吴先生$_i$，我认识 t$_i$。

    b.　LA：{吴先生，我，认识，v，V，N，C，T}

    c.　词汇语段 vP：[$_{vP}$我认识吴先生]

    d.　TP：[$_{TP}$ t$_i$ [$_{vP}$我认识吴先生$_i$]]

首先进行初始提取，被提取的词汇和特征如（71b）所示，这里的提取不包含携带话题特征的话题中心语 Top。接着进入词汇语段的建构。V"认识"与 DP"吴先生"合并，得到 VP"认识吴先生"，轻动词 v 与 VP 合并，V 被具有黏附性的 v 吸引，移位至 v，得到动词短语复合体 vP"Ø＋认识"。vP 与外论元 PRON"我"合并，得到完整的（71c）中的 vP 语段"我认识吴先生"。T 与 vP 合并，"我"因得到 T 授予的主格而移位至[Spec，TP]，同时 T 的[EPP]特征得到核查，从而生成（71d）中的 TP。

词汇语段建构完成之后，进入语用特征匹配操作：

（72）　　　　　　S$_{Top}$: Op$_{Top}$　　[$_{CP}$ 吴先生$_i$ [$_{TP}$我$_j$[$_{vP}$ t$_j$ 认识 t$_i$]]

　　　　　　　　　　Op$_{Top}$　　　　var$_1$　　　　　　　var$_2$

语用特征：TOP[－]　　⊣[+a]　　　　　　　[+a]

　　　　　　[+a]　　　　　TOP

　　　　　　|_____|　　|_____|

　　　　　　　PM　　　　　　　SM

来自语用的话题算子作用于有定 DP 成分"吴先生"，激活其携带的[＋a]属性，话题算子与 DP 实现 PM。按照 OT－语段分析，"吴先生"被话题化是语用选择的结果。同理，话题算子也可以选择外论元"我"为话题，那么此时产生移位的是"我"，而非"吴先生"。如果语用要求话题为"吴先生"，根据句法测试结果，它为移位生成，因而此时话题性高于事件性。话题成分在 vP 之外可能的位置有两种，也就存在两种可能的话题结构表征输出项。（71a）的句法－语用接口 OT 优选评估情况如表5.7 所示：

表 5.7　话题结构（71a）的句法表征输出优选表

	Prominence = Topic Topic = 吴先生$_j$ vP = 我$_i$认识 t$_j$	LP/SR	PROM	SUBJ	NEW	EPP (CASE)	*MOVE
C$_1$	☞[$_{CP}$ [$_{TopP}$吴先生$_j$, [$_{TP}$我$_i$ [$_{vP}$ t$_i$认识 t$_j$]]]]			*			*
C$_2$	[$_{TP}$我$_i$, [$_{TopP}$吴先生$_j$ [$_{vP}$ t$_i$认识 t$_j$]]]]		*		*		*

按照汉语话题表征输出制约条件，C$_1$、C$_2$均违反了 *MOVE，因为该制约条件要求宾语不能前置。C$_1$违反了 SUBJ，即主语在前的条件限制；C$_2$违反了 NEW 和 PROM，前者要求表达旧信息的成分在表达信息的成分之前，而这里的话题并未出现在前面的位置；由于话题性高于事件性，话题成分应该位于 TP 之外，而在 C$_2$中它处于低于 TP 的位置。综合以上情况，C$_1$为优选输出项。

另外，汉语中有一种较为复杂的话题化结构：同时有两个充当述题谓词动词的内论元和外论元的成分被话题化。例如：

(73) 小张$_i$，这件事$_j$，我认为＿$_i$办不了＿$_j$。

(74) * [$_{TopP}$小张$_j$ [$_{Top'}$ [$_{TopP}$这件事$_i$ [$_{TP_2}$我 [$_{T'}$ [$_{vP}$Ø＋认为$_p$ [$_{V'}$ t$_p$ [$_{CP}$ [$_{C'}$[$_{TP_1}$ t$_j$ [$_{T'}$ [$_{vP}$ t$_j$ [$_{v'}$ Ø＋办不了 [$_{VP}$ [$_{V'}$ t$_h$ [$_{DP}$ t$_i$]]]]]]]]]]]]]]]]]

按照经典语段理论，如（74）所示，当 CP 与高位中心语 V 合并时，整个 TP$_1$已经被移交。那么，是否可以假设在 CP 之下出现了 TopP 的投射？如果这样，（74）的投射为（75）。

(75) * [$_{TopP}$小张$_j$ [$_{Top'}$ [$_{TopP}$这件事$_i$ [$_{TP}$我 [$_{T'}$ [$_{vP}$Ø＋认为$_p$ [$_{V'}$ t$_p$ [$_{CP}$ [$_{C'}$ [$_{TopP}$ t$_j$ [$_{Top'}$ [$_{TopP}$ [$_{Top'}$ t$_i$ [$_{TP}$t$_j$ [$_{T'}$ [$_{vP}$ t$_j$ [$_{v'}$ Ø＋办不了 [$_{VP}$ [$_{V'}$ t$_h$ [$_{DP}$ t$_i$]]]]]]]]]]]]]]]]]]]]]

但是，即便如此，仍然存在两个问题：一是为何 TopP 选择性地先出现在 CP 之下，然后之后出现在 CP 之上？从语言经济性原则考虑，没有选择两次的必要。二是即便为了避免话题化成分在第一个 vP 语段内被移交，它们仍然避免不了在 CP 与高位中心语 v 合并时被移交。综合以上分析，（73）的生成仍然难以在纯句法推导内得到解释。

接下来在 OT – 语段内对（73）进行分析。首先是基本句法操作，包括提取和词汇语段的建立。同样，不同于经典语段理论，这里的提取不包含 Top。词汇语段的建立过程与经典理论相同：vP$_1$ 和 vP$_2$ 的建立都经历了外合并和内合并操作。

(76) a. 小张$_j$，这件事$_i$，我认为 _ $_j$ 办不了 _ $_i$。

　　　 b. 提取$_1$：{我，认为，小张，办，不，了，这，件，事，v，V，N，C，T}

　　　 c. 词汇语段 vP$_1$：[$_{vP}$ 小张办不了这件事]

　　　　　　　 vP$_2$：[$_{vP}$ 我认为 [$_{vP}$ 小张办不了这件事]]

词汇语段建立之后，话题算子作用于句法，进行 PM 操作。语用算子在词汇语段建立后进入句法，选择带有 [+a] 特征的 DP "小张" 和 "这件事" 作为目标，通过实现话题属性匹配，使之成为话题成分。如果语用要求 "小张" 和 "这件事" 同时为话题，且 Top$_2$ "小张" 话题性高于 Top$_1$ "这件事"，根据句法测试结果，它们属于论元话题化，因而均为移位生成，表明此时话题性高于事件性。两个 DP 均从词汇语段 vP 内移出，话题成分与对应语迹实现句法内的匹配。这样，句法和语用顺利实现接口。

(77)　　　　S$_{top}$：Op$_{Top}$　[$_{CP}$[小张$_j$]　[这件事$_i$]$_{TP}$我认为[$_{vP1}$ t$_j$ 办不了 t$_i$]]]

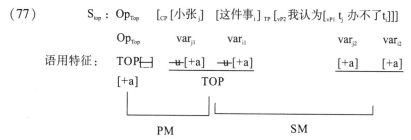

两个被移出的话题成分在 vP$_1$ 之上一共可能出现的位置有四种，因而话题结构的句法表征有四种可能的输出项。这样，（73）／（76a）涉及的句法 – 语用接口优选评估如表 5.8 所示（＊＊表示两次违反）：

表 5.8　话题结构（73）/（76a）句法表征优选表

Prominence = Topic₁ & Topic₂ Topic₁ = 小张ⱼ Topic₂ = 这件事ᵢ vP = tⱼ办不了 tᵢ		LP/SR	PROM	SUBJ	NEW	EPP（CASE）	*MOVE
C_1	[TP [TopP 小张ⱼ [vP tⱼ办不了 [NP/TopP这件事ᵢ]]]		**		**		
C_2	[CP [TopP这件事ᵢ，[TP小张ⱼ [vP tⱼ办不了 tᵢ]]]]		*	*	*		*
C_3	☞[CP [TopP小张ⱼ，[TopP这件事ᵢ [TP [vP tⱼ办不了 tᵢ]]]]]			*			*
C_4	[CP [TopP这件事ᵢ，[TP [TopP小张ⱼ，[vP tⱼ办不了 tᵢ]]]]]		*	*	*		**

由于这里涉及宾语话题化，因此须将制约条件 EPP（CASE）和 *MOVE考虑在内。表 5.8 显示，C_1违反 NEW 和 PROM 两次，原因是 Topic₁和 Topic₂均未遵循这两个制约项；C_2违反 *MOVE、NEW、SUBJ 和 PROM，C_3违反 *MOVE 和 SUBJ，C_4违反 *MOVE 两次，违反 NEW、SUBJ 和 PROM 一次。因此 C_3为最优输出项。

综合以上分析，述题谓词论元话题化所需的基本操作包括初始提取、匹配和移位。由于特定话语环境下语用信息凸显要求，语用要求可以压制句法要求而呈现优选效应。而基于 OT－语段的分析能够结合句法和语用限制，对此类汉语话题化现象的移位动因给出较为合理的解释。

5.2.3.2　非论元话题化

另一类值得重视的话题现象是非述题谓词论元的话题化现象。正如 5.2.1 所述，黄正德（Huang 1982）及其支持者的论证难以有力地支持"汉语话题是移位生成的，并遵循孤岛条件限制"，而徐烈炯和朗根多恩（Xu & Langendoen 1985）所列举的反例也并不足以否定汉语话题化话题是移位生成的。本书认为，OT－语段推导模式可以较合理地解释此类话题化结构的生成过程。

这里将第一组反例（59）重复如下：

（78）a.　*这本书ᵢ，读过＿ᵢ的人来了。

　　　b.　这本书ᵢ，读过＿ᵢ的人不多。

（78）的特点是，话题成分对应的空位不是述题谓语动词的论元。因此，这里的话题化属于非论元话题化。对于（78a）为何不合法，须从动词"来"的属性出发进行解释。像"来""去"之类的谓语动词为非宾格动词。按照布尔齐奥（Burzio 1986）定律，非宾格动词在逻辑层面并没有外论元，表层上的外论元实际上是深层逻辑层面上的内论元。而该句的谓语由系表结构充当，深层主语与表层主语没有差异。因此，（78）的深层逻辑结构为：

（79）a.　*［$_{TP}$［$_{vP}$［$_{VP}$ 来了读过［$_{NP}$ 这本书］的人]]]

　　　b.　［$_{TP}$［$_{vP}$［$_{VP}$ 读过［$_{NP}$ 这本书］的人不多]]]

由此看出，（a）中并没有深层逻辑主语，（b）中有深层逻辑主语。如果要从（79a）推导出（78a），且须将"读过［这本书］的人"提升到非宾格动词前，具体过程如下：

（80）

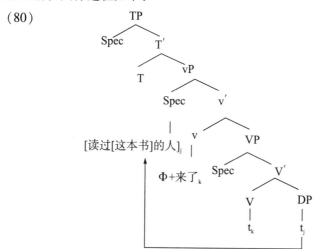

从语段米看，"读过这本书的人"的基础生成位置为 V 的补语位置。由于这里的 vP 是不及物 vP，不是一个完整的语段，非语段性 vP 可以继续参与运算。vP 与表示时态的中心语 T 合并后，探针 T 搜寻到以未获格赋值的内论元 DP 为目标，两者形成一致性关系，进而完成 T 的人称与数的取值和论元 DP "读过这本书的人"的主格取值。因 T 的［EPP］特征核查需要，DP 移位至［Spec，IP］。又由于话题特征核查的需要，继续移位至［Spec，TopP］，生成"读过这本书的人来了"。但是，话题化的成分必须来自述题中，而非话题本身，被话题化后的成分中的次成分不能再次被话题化。因此，"这本书"从话题成分中移出，再次经历话题化的操作是不合法的，因为这违反了"成分结构限制"（Constituent Structure Constraint）（Radford 2009：204），即：只有最大投射可以占据标志语或补语位置。这里的"这本书"不是最大投射，因此移位不合法。另外，根据格罗曼（Grohmann 2003）的"反局域性条件"（移位不能在同一个域内进行），这里的"域"包括 CP、IP 和 vP 域。"这本书"从 CP 域内的话题短语"读过这本书的人"中移出，违反了这一限制条件。

因此，按照经典语段理论，（79a）不合法。

接下来分析（78b）的推导过程：

（81）a. 这本书_j，读过［t_j］的人不多。

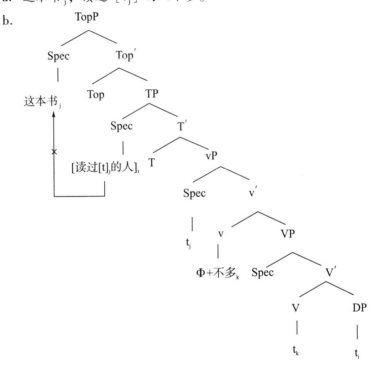

b.

在（81）中，"读过这本书的人"的原位为［Spec，vP］，是 v 的外论元。vP 与表示时态的中心语 T 合并后，探针 T 搜寻到未获格赋值的内论元 DP 为目标，两者形成一致关系，进而完成 T 的人称与数量取值和论元 DP 的主格取值。该过程与（80）中对应的步骤相同。不同的是，这里的 DP 是隐性系表结构中系动词的逻辑主语，因此完全可以占据［Spec，TP］位置并保留在此位。当 TopP 与 TP 合并时，语段 vP 的补语被移交，只剩下"读过这本书的人"继续参与 CP 语段中的运算。与（80）相同，该短语中的

"这本书"从"读过这本书的人"中移出，违反了"成分结构限制"，从而导致该句不合法。但事实上，该句却为合法的表达。这表明，经典语段理论难以解释该句的合法性。

下面按照 OT - 语段方案来对上述例句进行分析。首先是基本句法操作，运算系统进行初始提取，建立 vP 语段。与经典生成语法理论不同的是，这里的提取的词汇和特征中不包含话题中心语 Top。不过，vP 的建立过程与经典理论相同。

（82）a. 这本书$_j$，读过 ＿$_j$ 的人不多。

b. LA：{读过，这，本，书，的，人，不，多，v，V，N，C，T}

c. 词汇语段 vP：[$_{vP}$ 读过这本书的人不多]

d. TP：[$_{TP}$ t$_i$ [$_{vP}$ [读过这本书的人]$_i$ 不多]]

词汇语段 vP 建立之后，话题算子作用于句法，选择携带 [+ a] 特征的 DP "这本书"为目标，激活其话题属性。但被选为话题的成分由于孤岛限制，无法从 vP 内移除，因此只能通过第二次提取的方式，将之置于 vP 之外的某个位置。vP 内原有的"这本书"因语义上重复，在语用中被省略。这样，（82a）涉及的具体语用特征匹配操作如下：

（83）   S$_{top}$: Op$_{Top}$ [$_{CP}$ [这本书$_i$ [$_{TP}$ [$_{vP}$ 读过＿的人]不多]]

              Op$_{Top}$ var$_1$ var$_2$

语用特征： TOP[ ]   ~~u~~[+a]   [+a]

              [+a]   TOP

                    |_____| |_____|

                         PM   SM

这里的"这本书"与来自语用的带"TOP [ ]"特征的话题算子进行特征属性和特征值的匹配。"这本书"为有定，因此具有"u [+ a]"特征，被话题探针选为目标之后，被授予 TOP 特征属性，并给探针赋予 [+ a] 特征值，从而实现话题算子与话题成分之间的匹配操作。"这本书"虽然是基础生成，但在述题中可以找到对应的成分"这本书"，由于语用上的重复而被省略。var$_1$ 和 var$_2$ 在句内实现语义上的约束。

CP 语段边缘是句法与语用接口之处，这里的移位须遵循句法和语用限制。按照话题允准条件，这里的 DP "这本书"和 DP "读过这本书的人"均可能充当话题。从语用上看，当凸显的已知信息是"这本书"时，"这本书"充当话题；当凸显的已知信息是"读过这本书的人"时，"读过这本书的人"充当话题。如果语用选择"这本书"为话题，该 DP 的对应空位为述题谓语动词的非论元成分，根据句法测试结果，为基础生成，有其独立构型，因而 CP 域内句法与语用限制优选竞争表现为：

（84）TopP 话题显著性≫TP 事件性

此时，被话题化的成分优先满足语用显著性要求而不受句法限制。TopP"这本书"究竟处于 CP 域内的何处，这是按照句法和句法-语用接口竞争制约等级通过 OT 优选的结果。具体表现如表 5.9 所示：

表 5.9　话题结构（82a）的句法表征输出优选表

	Prominence = Topic Topic = 这本书$_j$	LP/SR	PROM	SUBJ	NEW	EPP （CASE）	＊MOVE
C$_1$	☞[$_{CP}$ [$_{TopP}$这本书$_j$，[$_{TP}$ [读过＿$_j$的人]$_i$ [vP t$_i$不多]]]]			＊			
C$_2$	[$_{TP}$ [读过 [$_{TopP}$这本书]$_j$ 的人]$_i$ [vP [t$_i$不多]]]	＊	＊		＊		

从上表可见，C$_1$违反了制约条件 SUBJ，即"主语应该在前"的限制；C$_2$违反了三个制约条件：NEW 要求旧信息在新信息前面，而这里的 Topic 在［Spec，TP］之内，并未脱离述题；PROM 要求显著成分在前，但显然，这里的 Top 在 TP 之内，TP 具有事件性，而语用要求凸显的是话题性；LP 要求约束语在线性顺序上先于被约束语；话题具有照应性，是述题中与之对应的成分（这里是空位）的先行语，在这个意义上，C$_2$中 Topic 既是先行语又是照应语，因此它违反了 LP。综合以上情况，C$_1$为优选输出项。

接下来分析第二组反例，即（60），这里重复如下：

（85）a. ＊那个强盗$_i$，我想抓到＿4$_i$的人得了奖。

　　　b. 那个强盗$_i$，我想抓到＿4$_i$的人应该得奖。

这是一组复合句，较之于（78），它们更为复杂。这里前一句因违反了孤岛条件而不合法，但第二句虽然违反了孤岛条件，却仍然合法，这说明话题并不受孤岛条件限制（Xu & Langendoen 1985：3）。首先假设（85）具有孤岛效应，那么它是移位生成。将话题成分还原后如下：

（86）a. ＊我想抓到［那个强盗］的人得了奖。

b. 我想抓到［那个强盗］的人应该得奖。

根据经典语段理论，这里的 DP "那个强盗" 从［Spec，TP］移出违反了 "成分结构限制" 条件，从而导致该句不合法，但（85b）却是可以使用的表达。本书认为，（85a）的不合法与孤岛条件无关，因为正如（86a）所示，DP "那个强盗" 处于原位的时候本身就不合法。不合法的原因是主句谓语动词 "想" 后应该接表示将来的事件或情况，而从句是已发生的事件，前后搭配不匹配。

而对于（85b），话题成分移位之前是合法的句子，如（86b）所示。这样，接下来只需要解释为何（85b）的生成机制。如果该句的话题成分为移位生成，那么具体情况用树形图表示如（87）：

(87) [$_{TopP}$那个强盗$_j$[$_{Top'}$ [$_{TP}$我$_p$[$_{T'}$ [$_{vP}$t$_p$[$_{v'}$ Ø+想$_k$[$_{vP}$[$_{v'}$ t$_k$[$_{CP}$[$_{C'}$ [$_{TopP}$t$_j$[$_{Top'}$ [$_{TP}$抓到[t$_j$]的

人]$_j$[$_{T'}$ [$_{vP}$[$_{v'}$ Ø+应该$_h$[$_{vP}$[$_{v'}$ t$_h$[$_{VP}$得奖]]]]]]]]]]]]]]]]]

按照经典语段理论，首先，V "应该" 与 VP "得奖" 合并得到 VP，VP 与表示 "使役" 的中心语轻动词 v 合并；轻动词吸引动词 "应该" 移位，构成复杂动词形式 "Ø+应该"；vP 与表示时态的中心语 T 合并，探针 T 搜寻到尚未获格赋值的内论元 DP 为目标，两者形成一致性关系，进而完成 T 的人称与数取值和论元 DP "抓到那个强盗的人" 的主格取值；TP 与话题中心语 Top 合并，Top 充当探针搜寻到目标 NP "那个强盗"，Top 的语义无解特征得到赋值，NP 移位至 TP 之上的［Spec，TopP］。但问题是，按照句法推导规则，这里的 NP 移位违法了孤岛限制条件，使 "那个强盗" 无法从［Spec，TP］移出。经典语段理论无法解释（85b）的推导由来。

接下来根据 OT－语段方案对此进行分析。5.2.2 已论证话题化话题结构中，空位为述题谓语动词的非论元成分时，按照关系化等句法测试结果，该话题为基础生成。

先看该句生成所涉及的基本句法操作。首先是提取，充当话题的成分出现在初始提取中，但话题中心语不是通过提取而来的。然后进入词汇语段的建构，该步骤与经典语段理论下的操作相同。

(88) a. ［那个强盗］$_i$我想抓到＿$_i$的人应该得奖。

b. LA：{那个，强盗，我，想，抓到，的，人，应该，得，奖，

v，V，N，C，T}

c. 词汇语段 vP$_1$：[$_{vP_1}$我想抓到那个强盗的人应该得奖]

词汇语段 vP_2：$\left[_{vP_2}我想\left[_{CP}\left[_{TP}\left[抓到那个强盗的人\right]_j\left[_{vP_1}\right.\right.\right.\right.$
$t_j应该得奖\left]\right]\right]\right]$

d. TP：$\left[_{TP}我_p\left[_{vP_2}t_p想\left[_{CP}\left[_{TP}t_p\left[抓到那个强盗的人\right]_j\left[_{vP_1}\right.\right.\right.\right.\right.$
$t_j应该得奖\left]\right]\right]\right]\right]$

词汇语段 vP 建构完成之后，来自语用的话题算子 Top 作用于句法，选择携带 [＋a] 特征的成分"那个强盗"为目标。但是，由于句法条件限制，该话题成分无法从词汇语段移出，只能通过第二次提取实现。该成分被赋予话题属性，算子携带的语义无解特征得到核查，双方顺利实现匹配。词汇语段内的"那个强盗"与话题成分相同，在语用上为了避免重复而被省略，以空位形式存在。

话题算子与述题中的相关成分建立语用上的匹配关系如（89）所示，其中空位为语用上的省略。

（89）S_{top}：　　　$Op_{Top}[_{CP}$ 那个强盗$_i$ $[_{CP}[_{TP}$我想$]][_{CP}[_{TP}[_{vP}$抓到＿的人应该得奖$]]]]]]$

　　　　　　　Op_{Top}　　　var_1　　　　　　　　　　var_2

语用特征：　TOP⊟　　ͱ[＋a]　　　　　　　　　[＋a]

　　　　　　[＋a]　　　TOP

　　　　　　　└──┘　└────┘

　　　　　　　　PM　　　　SM

既然话题算子作用于句法之后，可以寻找到一个合适的目标，为何需要在 vP 外通过第二次提取这种不经济的方式实现目标呢？这是句法和语用限制共同作用的结果：句法上，vP 语段内的成分因不是最大投射，无法从其所在的短语内移除，也就是说它的移位违反了原则与参数理论下所言的孤岛条件限制；语用上，由于凸显话题性，此时从显著性上看，话题性高于事件性，话题成分须处于表示事件的 TP 之上的位置。如（88c）所示，该句中有两个 vP。在句法投射中，它们分别处于 TP 之内。如果话题性高于所有 TP 的事件性，则话题成分处于高于 TP_2 的位置。（85b）的话题结构表征输出有四个候选项，其句法－语用接口优选评估表现如表5.10 所示：

表 5.10　话题结构（85b）的句法表征输出优选表

	Prominence = Topic Topic = 那个强盗$_j$ vP = 抓到那个强盗的人应该得奖	LP/SR	PROM	SUBJ	NEW
C_1	[$_{CP}$ [$_{TP_2}$ 我想 [$_{CP}$ [$_{TP_1}$ [抓到 [$_{TopP}$ 那个强盗]$_j$ 的人]$_i$ [$_{vP}$ t$_i$ 应该得奖]]]]	*	* *		* *
C_2	[$_{CP}$ [$_{TP_2}$ 我想 [$_{CP}$ [$_{TopP}$ 那个强盗$_j$, [$_{TP_1}$ [抓到＿$_j$ 的人] [$_{vP}$ t$_i$ 应该得奖]]]]]		*	*	*
C_3	[$_{CP}$ [抓到 [$_{TopP}$ 那个强盗]$_j$ 的人]$_i$ [$_{CP}$ [$_{TP_2}$ 我想 [$_{TP_1}$ t$_i$ [$_{vP}$ t$_i$ 应该得奖]]]]		* *	*	*
C_4	☞[$_{CP}$ [$_{TopP}$ 那个强盗$_j$, [$_{CP}$ [$_{TP_2}$ 我想 [$_{CP}$ [$_{TP_1}$ [抓到＿$_j$ 的人] [$_{vP}$ t$_i$ 应该得奖]]]]]]				*

从上表可以看出，C_1 违反了 NEW、PROM 和 LR/SR 三个制约条件，其中两次违反 NEW 和 PROM，因为无论在 TP_1 还是 TP_2 中它都未遵循这两项限制。C_2 和 C_3 都违反了三项制约条件，其中 C_3 两次违反 PROM。C_4 仅违反 SUBJ，即主语必须在前的限制。综合上述情况，C_4 为（85b）的最优输出项。

5.2.4　本节小结

本节针对已有汉语话题化生成研究中的典型争议，对汉语话题化结构的句法性质进行了重新测试。测试结果表明，话题化成分的生成有两种情况：当话题成分在述题中的对应空位为述题谓语动词的论元时，此时话题成分为移位生成；当话题成分在述题中的对应空位为述题谓语动词的非论元时，此时话题成分为基础生成。经典语段理论在话题化结构的生成时面临一些困难。本书在 OT－语段模式下对上述两种典型话题化结构的基本句法运算和句法－语用接口进行了分析。这两类话题结构的生成涉及的句法操作概括如表 5.11 所示。

表 5.11　汉语话题化话题结构的生成涉及的句法操作和句法－语用接口操作

话题化话题结构	Numer$_1$	Pragmatic Match	Move	Numer$_2$	Pragmatic Ellipsis
空位为述题谓语动词的论元	√	√	√		
空位为述题谓语动词的非论元	√	√		√	√

从表 5.11 可见，这两种话题结构的生成都经历了初始提取和匹配操作，不同的是，空位为述题谓语动词论元时，话题成分是从词汇语段移位而来的；空位为述题谓语动词的非论元时，话题成分在话题算子与述题空位上的成分（该空位只是语用上的省略）实现话题匹配之后，通过第二次提取实现。两类话题结构的最终表征输出均是按照"LP&SR ≫ PROM ≫ SUBJ ≫ NEW ≫ EPP（case）≫ *MOVE"的制约等级通过 OT 评估机制做出的最优选择。

5.3　悬垂话题

5.3.1　悬垂话题生成相关争议

悬垂话题结构（Chen 1996），又叫汉语式话题结构（Chafe 1976：50）。霍凯特（Hockett）、赵元任等将之称为"双主语结构"（周士宏 2016：158）。黄正德等（2009：196）将之称为"无空位"话题结构。为了从句法结构特点上区分话题化和左置话题结构，本书取"悬垂话题"的说法。悬垂话题的特点是话题与述题中的成分关系比较松散，话题无法在述题中找到对应的空位或 RP 成分，包括范围话题、事例话题和框架话题。

已有研究对悬垂话题的生成方式大致也持两种观点：基础生成和移位生成。主张基础生成的学者认为这类话题相对于其他移位生成的话题而言是基础生成的（黄正德等 2009）。主张移位生成的学者则不仅认为此类话题是移位生成的，而且认为其他话题也是移位生成的，持类这种该观点的有汤普森（Thompson 1973）、石定栩（Shi 1992）、袁毓林（1996）等。他们采用增补还原的方式进行论证。例如：

（90）水果，我最喜欢香蕉。

汤普森（Thompson 1973）认为该句中的"水果"是从述题中移位而来的，其深层结构为：

（91）水果，我最喜欢水果香蕉。

但是，这种增补还原方式并不符合人们的语感，（91）实际上是一个不合法的句子。

石定栩（Shi 1992）同样采用增补述题中的成分的方式进行论证，从而支持移位生成分析。例如：

（92）a. 那场火，幸亏消防队来得快。

b. 那场火$_i$，幸亏消防队来得快，（所以_$_i$才没有造成损失）。

将（92a）中的话题成分还原至述题中，可以补充"所以_才没有造成损失"这样的内容。由于补充的内容包含了话题成分，因此判断"水果""那场火"之类的话题是从述题中移出来的。但显然，这样的还原具有较大的随意性，缺少明确的依据。

另一种观点认为汉语悬垂话题是基础生成的。黄正德等（2009：196）就指出，虽然汉语中带空位的话题可能为移位生成，因为有孤岛效应，话题成分也可以被关系化，但对汉语中具有相关关系的话题（即本书的"悬垂话题"）则不可以关系化，因而此类话题是基础生成的。例如：

（93）a. 那场火，幸亏消防队来得快。

→ * ［［幸亏消防队来得快］的那场火］

b. 水果，我最喜欢香蕉。

→ * ［［我最喜欢香蕉］的水果］

虽然悬垂话题为"基础生成"的观点得到了大多数人的支持，即便如此，已有研究也仅限于得出结论，而没有对悬垂话题出现在 CP 域内的动因以及话题与述题的相关关系做出进一步的解释。本书将检视经典语段理论在解释此类话题生成时面临的困难，并按照 OT - 语段模式对此类话题的生成进行推导分析。

5.3.1.1 事例话题

按照 4.2.2 的汉语话题分类方式，汉语悬垂话题按照语用可分为三种，其中话题为述题所关涉的一个事例时，就是事例话题。对事例话题的解读重复如下：

一个成分 X_i 是事例话题，当且仅当成分 X_i 带语用 ［+a］ 特征，且（a） X_i 与它所在句子其余部分中的代词成分 Y_j 具有相关关系，（b） X_i 在语义上为 Y_j 的一个事例。

事例话题属于悬垂话题中的一种，"事例"只是表示一种语用上的话题和述题关系。从结构上看，话题在述题中找不到与之照应的复指代词或者语义空缺这类现象在汉语中非常常见。如（94），例句（93c，93d）引自熊仲儒（2012：638）。

(94) a. ［这些事情］你们不要放在心上。

　　b. ［这本书］他写得太匆忙。

　　c. ［水］，张三浇了花。

　　d. ［花］，张三浇了水。

汉语事例话题虽然在述题中找不到与之对应的空位或复指代词，但仍然可以被关系化。

(95) a. ［这些事情］你们不要放在心上。

　　→［你们不要放在心上］的［这些事情］

　　b. ［这本书］他写得太匆忙。

　　→［他写得太匆忙］的［这本书］

　　c. ［水］，张三浇了花。

　　→［张三浇了花］的［水］

　　d. ［花］，张三浇了水。

　　→［张三浇了水］的［花］

从关系化结构来看，事例话题一般可以被关系化，由此推断此类话题为移位生成。但是，如果确实发生了移位，话题成分应当可以通过重构效应进行还原，从而在述题中找到话题成分的原位。

(96) a. ［这些事情］你们不要放在心上。

　　→？你们不要放［这些事情］在心上。

　　b. ［这本书］他写得太匆忙。

　　→＊他写得［这本书］太匆忙。

　　c. 张三浇了花。

　　→＊［张三浇［水］了花］。

　　d. ［花］，张三浇了水。

　　→？张三浇［水］了的［花］

从（96）的重构测试可以看出，事例话题无法还原至述题。这意味着在述题中找不到话题的初始位置。事实上，单一的关系化测试结果不能作为判断移位与否的依据。重构效应直接与移位相关，它是一种较为可靠的测试手段。如果一个结构呈现重构效应，那么一定发生了移位（黄正德等 2009：203）。但汉语事例话题无重构效应，据此判断，此类话题是基础生成的。

5.3.1.2　范围话题

本书 4.2.2 已对汉语范围话题做出界定，这里重复如下：

一个成分 X_i 是范围话题，当且仅当成分 X_i 带语用 ［＋a］特征，且（a）X_i 与它所在句子其余部分中的代词成分 Y_j 具有相关关系，（b）X_i 从语义上包含 Y_j。

范围话题与述题中的某个成分具有语义上的包含关系。例如：

（97）a. 物价，纽约最贵。

b. 身体，老李最好。

c. 水果，我喜欢苹果。

关于范围话题究竟是移位生成的还是基础生成的，首先可以进行关系化测试。

（98）a. 物价，纽约最贵。

→ ＊［纽约最贵］的物价

b. 身体，老李最好。

→ ＊［老李最好］的身体

c. 水果，我喜欢苹果

→ ＊［我喜欢苹果］的水果

以上测试表明，与实例话题不同，汉语范围话题并不能被关系化。接下来进行重构测试：

（99）a. 物价，纽约最贵。

→＊纽约最贵［物价］。

b. 身体，老李最好。

→＊老李最好［身体］。

c. 水果，我喜欢苹果

→＊我喜欢苹果［水果］。

（99）表明，实例话题也无重构效应。

综合以上测试结果，可以判断汉语范围话题并没有经历移位，而是基础生成的。

5.3.1.3 框架话题

这里重复本书 4.2.2 对框架话题的界定：

一个成分 X_i 是框架话题，当且仅当成分 X_i 带语用 ［＋a］特征，且（a）X_i 与它所在句子其余部分中的代词成分 Y_j 具有相关关系，（b）X_i 在语义上为 Y_j 的框架。

对于汉语框架话题是否发生移位，可以通过关系化测试做出初步判断。

（100）a. 北京，名胜古迹多。

　　　　→［名胜古迹多］的北京

　　　　b. 这种西瓜，籽儿大。

　　　　→［籽儿大］的这种西瓜

　　　　c. ［那位乡绅］ᵢ，我忘了［名字］ⱼ了。

　　　　→［我忘了名字了］的［那位乡绅］

　　　　d. ［这次考试］ᵢ小李错了［三道题］ⱼ。

　　　　→［小李错了三道题］的［这次考试］

以上测试表明，框架话题可以被关系化。接下来对以上例句进行重构效应测试：

（101）a. 北京，名胜古迹多。

　　　　→［北京］名胜古迹多。

　　　　b. 这种西瓜，籽儿大。

　　　　→［这种西瓜］籽儿大。

　　　　c. ［那位乡绅］ᵢ，我忘了［名字］ⱼ了。

　　　　→＊我忘了［那位乡绅］名字了。

　　　　d. ［这次考试］ᵢ小李错了［三道题］ⱼ。

　　　　→小李［这次考试］错了［三道题］。

从（101）中的测试来看，（a）（b）（d）中的话题无重构效应，由此可以推测它们并未发生移位。需要注意的是，（a）和（b）具有特殊性。这样重构后的句子必须解读为主谓谓语结构，否则就不合法，如（102）所示。

（102）a. ［$_{TP_2}$［北京］［$_{TP_1}$名胜古迹多］］。

　　　　b. ［$_{TP_2}$［这种西瓜］［$_{TP_1}$籽儿大］］。

但是，如果将话题成分视为述题的主语，而述题本身已有主语，分别为"名胜古迹"和"籽儿"。也就是说，将重构后的结构理解为主谓谓语结构，并不是真正的重构；话题成分的重构须将话题成分还原至述题之内，而此时得到的结构并不合法：

（103）a. ＊［$_{TP}$［［$_{DP}$北京］［$_{DP}$名胜古迹］］多］。

　　　　b. ＊［$_{TP}$［［$_{DP}$这种西瓜］［$_{DP}$籽儿］］大］。

这里的两个句子的主语分别为"北京名胜古迹"和"这种西瓜籽儿"[1]，（101a，b）中话题重构后的句子结构解读应该为（102），而非（103）。

综合以上测试，（101a，b）具有重构效应，前提是重构后的结构被解读为主谓谓语结构。另外，（101d）虽然似乎表现出重构效应，但由于话题成分"这次考试"重构后充当的是状语，而状语在句法投射中属于附加语，它不发生句法驱动下的移位，因此该效应测试对其来说无效。由此看来，框架话题可能为移位生成的话题，也可能为基础生成的话题。如果是移位生成的，则是话题化话题，而不是真正的悬垂话题，可称为假悬垂话题；如果是基础生成的，则称为真悬垂话题[2]。

5.3.1.4　小结

本节对三种汉语悬垂话题的可能生成方式进行了测试。测试结果表明事例话题和范围话题为基础生成的话题，框架话题为移位生成的话题，是从主语位置向 CP 域内的话题位置的移位。如果为移位生成的话题，这类话题是假悬垂话题；只有基础生成的话题才为真悬垂话题（表5.12）。

表5.12　汉语悬垂话题句法测试结果

汉语悬垂话题	关系化	重构效应		生成方式	真假悬垂
事例话题	可以	无		基础生成	真悬垂
范围话题	不可以	无		基础生成	真悬垂
框架话题	可以	重构后为主谓谓语句	有	移位生成	假悬垂
		重构后为非主谓谓语句	无	基础生成	真悬垂

5.3.2　悬垂话题的语段解释

5.3.2.1　经典语段理论解释的不足

经典语段理论在解释汉语悬垂话题时，同样面临着在分析左置话题和话

---

[1]　需要注意的是，这里的"（这种）西瓜"和"籽儿"是并列的两个成分，而非"西瓜籽儿"。

[2]　陈平（Chen 1996：400）将"他身体很好"也视为框架话题。按照本书的分析，如果框架话题重构后为主谓谓语结构，那么就只能被视为主谓谓语句，而不是话题结构。"他"虽然可能具有话题属性，被解读为话题，但属于本书所言的 B 型话题，并不属于 A 型话题中的悬垂话题。这种差异表明，按照话题和述题中某个成分的语用关系划分的三类悬垂话题界限并不明晰，可能存在"假悬垂"的情况。

题化的生成时遇到的类似问题。以事例话题（98c）为例，这里重复如下：

（104）水果，我喜欢苹果。

按照经典语段理论下的基础生成分析，该句的句法投射如下：

（105）

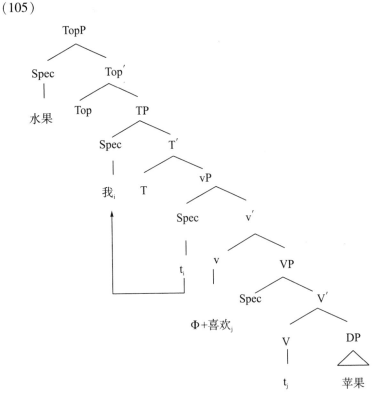

DP"水果"为基础生成的话题。按照 PIC，这里的句法操作没有违反局域性条件。但是，经典语段分析面临两个问题：一是如果话题基础生成于［Spec，TopP］，但由于 vP"我喜欢苹果"是一个完整的语段，按照 PIC，语段建构完成之后就被移交，话题成分"水果"难以与述题中的 NP"苹果"建立语义上的"关涉"关系；二是在 vP 语段建构之后，vP 域内的"我"和"苹果"都可能满足话题中心语携带的［EPP］特征要求而移位，无须基础生成话题，至少从句法上难以解释为何不通过移位而是通过再次提取新对象的方式满足话题的［EPP］特征要求。乔姆斯基（Chomsky 2016）指出，内部合并更为简单，因为较之于外部合并，它在运算时涉及的空间小得多。而且，内部合并以最简单的形式满足最小运算这一首要原则——产生的结构往往适合语义解释。如果这样，（105）中最经济的运算方式是将距离探针 Top 最近的目标"我"移位至［Spec，TopP］，然而事实并非如此。

这表明，该句的话题成分的生成并不是句法内的要求，而是语用要求。已有语境确定该句的话题为"水果"，不是"我"或"苹果"，尽管后两者均为有定成分，可能被话题算子选为目标而成为话题。

5.3.2.2 OT – 语段解释

如前所述，经典语段理论在解释悬垂话题生成时存在不足。这里采用 OT – 语段进行分析。从 5.3.1 的句法测试结果可知，汉语悬垂话题有真悬垂话题和假悬垂话题之分，前者为基础生成，后者为移位生成。

对真悬垂话题，这里选取范围话题（98c）为例，探讨此类话题在 OT – 语段下的句法运算和句法 – 语用接口机制。

首先句法进行初始提取。不同于经典生成语法理论，这里提取的词项和相关特征不包含 Top，如（106b）。

（106） a. ［水果］，我喜欢苹果。

　　　　b. LA：{水果，我，喜欢，苹果，v，V，N，C，T}

　　　　c. 词汇语段 vP：［$_{vP}$我喜欢苹果］

　　　　d. TP：［$_{TP}$我$_i$［$_{vP}$t$_i$喜欢苹果］］

初始提取完成之后，运算系统建构词汇语段 vP。这里的步骤与经典语段理论相同。V 与 DP$_1$"苹果"合并，得到 VP"喜欢苹果"；VP 与轻动词 v 合并，具有黏附性的 v 将 V 吸引至其位置，得到动词复合体"Ø + 喜欢苹果"；vP 与 PRON"我"合并，得到完整的语段词汇 vP"我 Ø + 喜欢苹果"。PRON 满足 T 所需的语义无解的特征核查要求，并从 T 处获取格，PRON 移位至［Sepc，TP］，得到 TP。接着进入句法 – 语用接口操作。话题算子作用于句法，选择一个与 DP"苹果"有相关关系的成分为话题。由于 vP 内的成分无法满足这一要求，只能通过第二次提取，选择 DP$_2$"水果"为话题成分。DP$_1$ 和 DP$_2$ 均具有［+a］特征，两者实现 SM；话题算子 Top 激活 DP$_2$ 的话题属性，DP$_2$ 满足 Top 所需的语义无解特征核查要求，两者实现 PM。

（107）　　S$_{Top}$：　　　Op$_{Top}$　　［$_{CP}$ 水果$_j$ ［$_{TP}$我$_i$ ［$_{vP}$ t$_i$ 喜欢苹果］］］

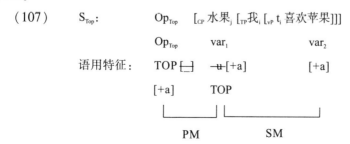

由于语用要求凸显话题，此时话题性高于事件性。这样，DP$_2$处于 vP 之上。DP$_2$可能出现的位置有两种，因而该话题结构的表征输出候选项有两个，由 OT 评估机制选择最优选择。具体 OT 评估表现如表 5.13 所示：

表 5.13　话题结构（106a）的句法表征优选表

	Prominence = Topic Topic = 水果$_j$ vP = 我$_i$喜欢苹果$_j$	LP/SR	PROM	SUBJ	NEW
C$_1$	☞ [$_{CP}$ [$_{TopP}$ 水果$_j$, [$_{TP}$ 我$_i$ [$_{vP}$ t$_i$ 喜欢苹果$_j$]]]]			*	
C$_2$	[$_{TP}$ 我$_i$, [$_{TopP}$ 水果 [$_{vP}$ t$_i$ 喜欢苹果]]]		*		*

从上表可知，C$_1$违反了 SUBJ，即主语应该在非主语之前的制约条件。C$_2$违反了 NEW 和 PROM。NEW 要求［－New］成分应该先于［＋New］成分，而这里表达［－New］的话题成分位于主语之后。PROM 要求［＋Prominent］成分应该在［－Prominent］成分之前，但这里被凸显的 TopP 却位于具有事件性的 TP 之下。综合以上制约条件违反情况，C$_2$为优选输出项。

接下来以（100a）为例，在 OT－语段下分析假悬垂话题的生成机制。

（108）　a.　［北京］，名胜古迹多。

　　　　b.　LA：{北京，名胜古迹，多，v，V，N，C，T}

　　　　c.　词汇语段 vP：[$_{vP}$ 北京名胜古迹多]

首先是词汇和特征的提取，不同于经典生成理论，这里的词项不包括 Top。接下来进入词汇语段的建构，其方式与经典语段理论下的 vP 建构相同。这里的 vP 是通过两次外合并和一次内合并之后得来的。词汇语段形成之后，来自语用的话题算子作用于句法，选择携带［＋a］特征的"北京"为话题成分，两者实现语用特征匹配。

（109）　　　　S$_{Top}$：　　Op$_{Top}$　　　　　［北京$_i$ [$_{TP}$ t$_i$ [$_{vP}$ t$_i$ 名胜古迹多]]]

　　　　　　　　　　　　Op$_{Top}$　　　var$_1$　　　　　var$_2$

　　语用特征：　　TOP ├─┤　　ᵤ [+a]　　　 [+a]

　　　　　　　　　 [+a]　　　TOP

　　　　　　　　　　 └───┘ └───┘

　　　　　　　　　　 PM　　　　　　SM

如果语用要求凸显话题性，则话题成分在 vP 外可能出现的位置有三种，按照 OT 优选评估结果选择最优输出项，具体情况如表 5.14 所示。从该表可见，C_1 违反了 SUBJ，C_2 违反了 EPP（CASE）、NEW、SUBJ 和 PROM，C_3 违反了 NEW、SUBJ 和 PROM。综合各候选项违反制约项的情况，C_1 为最优输出项。

表 5.14　话题结构（109a）的句法表征输出优选表

	Prominence = Topic Topic = 北京$_i$ vP = 北京名胜古迹多	LP/SR	PROM	SUBJ	NEW	EPP（CASE）	* MOVE
C_1	☞[$_{CP}$ [$_{TopP}$ 北京$_i$，[$_{TP}$ t$_i$ [$_{vP}$ t$_i$ 名胜古迹多]]]]			*			
C_2	[$_{TP\,Subj}$ [$_{TopP}$ 北京$_i$ [$_{vP}$ t$_i$ 名胜古迹多]]]		*	*	*	*	
C_3	[$_{TP}$ [$_{TopP}$ 北京 [$_{vP}$ t$_i$ 名胜古迹多]]]		*	*	*		

5.3.3　本节小结

综合以上分析，基于陈平（Chen 1996）的汉语悬垂话题分类方案难以将悬垂话题与话题化现象彻底区分开来。因此，在具体分析时，我们还需借助相关句法测试手段进行测试。本章测试的结果表明，悬垂话题有真悬垂和假悬垂之分，假悬垂话题的生成机制实际上与空位为述题谓语动词论元的话题化话题相同。

5.4　本章小结

本章讨论了汉语 A 型话题结构的推导和接口操作，具体包括左置话题、话题化话题和悬垂话题。汉语 A 型话题可能是基础生成，也可能是移位生成，话题对应的述题部分属于词汇语段，话题成分可能来自词汇语段的成分，也可能为通过第二次提取的基础生成的成分。

由于汉语话题表现复杂，本书通过关系化、重构效应、孤岛效应、约束受阻效应以及其他手段，对 A 型话题中三种话题的生成方式分别进行了测试。我们发现汉语左置话题无论其在述题中的复指代词是述题谓语动词的论元或是非论元，它们都是基础生成的。话题算子进入 CP 语段，与通过第二次提取得到带［＋a］特征但无特征属性的对象实现匹配，从而使该对象成为话题成分。汉语话题化结构分为两种情况：话题对应的空位为述题谓语动词的论元时，话题为移位生成；对应空位为非论元时，话题为基础生成，此时空位为语用上的省略。同样，话题在词汇语段建构完成之后进入 CP 语段。话题算子寻找一个可以给予其话题特征赋值的目标。按照语段操作的局域性限制，当 vP 容许目标移位时，该成分从 vP 语段移至 CP 语段，其可以选择的最终位置可能在 TP 之上也可能在 TP 之下（但在 vP 之上）。第三类为悬垂话题，通过句法测试表明，此类话题有真悬垂话题和假悬垂话题之分。前者为基础生成，按照 OT－语段分析，它是通过第二次提取得来；后者为移位生成，其生成方式与空位为述题谓语动词论元的话题化话题的生成方式相同。

汉语 A 型话题结构的生成涉及的基本句法操作概括如表 5.15 所示：

表 5.15　汉语 A 型话题结构的生成涉及的基本句法操作和句法－语用接口操作

类型	次类		Numer$_1$	PM	Move	Numer$_2$	Pragmatic Ellipsis
汉语A型话题	左置话题	RP 为论元	√	√		√	（√）
		RP 为非论元	√	√		√	√
	话题化话题	空位为论元	√	√	√		
		空位为非论元	√	√		√	√
	悬垂话题	真悬垂	√	√		√	
		假悬垂	√	√	√		

在基于 OT－语段模式的分析中，词汇语段的建立与经典语段模式一致。区别在于 CP 域内的操作：OT－语段分析将话题视为一个来自语用的带话题属性和语义无解特征的算子，在词汇语段建构完毕（但未移交）时进入句法，可能从词汇语段寻找目标，也可能通过第二次提取寻找目标。由于话题成分在 CP 域内的结构位置可能有多种选择，话题结构句法表征的最终输出通过 OT 优选确定，这符合"语言设计是完美的"理念，优选竞争输出的是相对最优的候选项，最能满足与意旨系统接口的要求。S$_{Top}$ 的推导以 S（核心为词汇语段）为基础，其表征是通过 OT 评估机制选择的最优输出项。

6 汉语 B 型话题结构的句法－语用接口

前一章的主要研究对象是汉语 A 型话题结构，本章转向探讨汉语 B 型话题结构的生成和句法－语用接口。由于 B 型话题无独立构型，在已有句法生成研究中没有 A 型话题那样受到关注。本章尝试基于 OT－语段模式对汉语 B 型话题的生成机制做出解释，主要讨论以下两方面问题。

第一，B 型话题有何特性？汉语 B 型话题有哪些种类？它与主语、状语是何种关系？

第二，汉语 B 型话题涉及的核心句法运算和句法－语用接口机制是怎样的？

本章分析 B 型话题的跨语言共性以及汉语 B 型话题的基本属性。6.1 重点考察汉语主语话题的生成和接口机制，包括一般性主语话题和主谓谓语句主语话题。考虑到汉语非宾格动词前 NP_1（包括领有名词和方位名词两种情况）在表层似乎占据主语位置，因而专门针对此类结构的动词前的 NP_1 和句首方位名词的性质进行了分析，指出它们实际上是 A 型话题，而非 B 型话题。6.2 探讨汉语状语话题，尤其是状语和话题之间的关系以及它们所在句子的句法投射位置的异同，另外还讨论了介词性话题标记的本质，指出带介词标记的话题在句法上实际上属于附加语，因而是 B 型话题。6.3 讨论了汉语时空话题，主要集中在时空话题的界定、分类以及隐性时空话题结构的句法－语用接口机制等问题上。

汉语 B 型话题是指无独立构型的话题，它依托于句子中的某个成分而存在，因而在句法上不具有独立性。前文 4.2.2.2 已对汉语 B 型话题做出界定，这里重复如下：

一个成分 X_i 是 B 型话题成分，当且仅当 X_i 带 ［＋a］ 特征，且 X_i 在句法上与它所在句子中的某个语法成分 Y_i 完全重合。

话题有时可能不具有专门的句法构型，这一性质并不为汉语所独有，而是具有跨语言的广泛性。特拉斯克（Trask 1996）认为，主语就是不带标记的话题。那么，此时话题在句法上就依赖主语而存在。巴特和金（Butt & King 1996）以乌尔都语（Urdu）和土耳其语（Turkish）为例，指出标志语位置是句法功能位置，其中［Spec，IP］位置是话题位置，［Spec，VP］是焦点位置。虽然本书不认同［Spec，IP］为专门的话题位置，但是该位置上的成分确实有可能被解读为话题。另外，德语中的话题完全有可能没有独立的构型，例如下面的例句引自范泽洛（Fanselow 2006：6）：

(1) Was gibt's   Neues   über   das   Stadtschloss?
'Any news   about   the   city   castle?'
Laut Bürgermeister Jacobs wird man *dieses furchtbare Gebäude*
according to mayor Jacobs will one this horrible building
nächstes   Jahr   endlich   abreissen.
next   year   at last   tear down
'According to mayor Jacobs, one will finally tear down this ugly building next year.'

该句中的"dieses furchtbare Gebäude"虽然是话题，但却无独立投射位置。

汉语中的 B 型话题很多，话题可能依赖主语和状语存在。此外，另有一种时空话题则依赖整个句子和话语语境才能做出判断，这时它所在的整句充当了述题。虽然 B 型话题同 A 型话题一样，具有跨语言上的普遍性，但当前生成语法下的话题研究多关注的是 A 型话题的生成机制，这大概是由于其具有独立构型，方便应用生成语法的形式分析手段进行研究。最简方案下的话题生成研究多赞同里齐（Rizzi 1997）等将话题视为一般形式特征的分析方法，但没有对无独立构型的话题（和焦点）进行说明（Erteschik-Shir 2007：63）。

在汉语话题生成研究中，既往研究同样鲜有人将此类话题的生成机制归入句法生成范围之内。既然话题是个语用概念，那么，不可否认的是，无独立构型的话题被解读为话题时，其作为话题的范畴属性与有独立构型的话题两者并无二致。就汉语而言，B 型话题的生成机制是怎样的？造成 A 型话题和 B 型话题句法构型差异的原因是什么？两类话题的句法表征呈现何种分布特点？汉语中，B 型话题可依附的句法成分大致包括主语和状语，另有不依赖句子中某个特定成分且没有独立构型的话题——时空话题。汉语中的宾语作为话题成分大都会发生移位，因而多成了 A 型话题。

考虑到无独立构型的话题难以进行系统的形式化表征，本书将以典型例句分析的形式对无句法构型的话题生成进行探讨，包括主语话题、状语话题和时空话题。这其中的主语话题又分为一般性主语话题、主谓谓语句的主语为话题，以及其他几种特殊性主语话题和状语话题等情况。

6.1　主语话题

6.1.1　一般性主语话题

6.1.1.1　主语的话题属性

一般性主语话题是为了区分主谓谓语句的主语作为话题的情况而采用的表述，实际上就是主谓句的主语为话题的情况。

主语和话题可能彼此独立，也可能合二为一。例如：

（2）Q：他下午干什么了？

　　　A：他打了球，洗了澡。

（3）Q：约翰是谁？

　　　A：约翰谁不知道咯！

（4）他必须稳稳当当的快到城里，因为他身上没有一个钱，没有一点干粮，不能再多耗时间。想到这里，他想骑上骆驼，省些力气可以多挨一会儿饥饿。可是不敢去骑，即使很稳当，也得先教骆驼跪下，他才能上去；时间是值钱的，不能再麻烦。况且，他要是上了那么高，便更不容易看清脚底下，骆驼若是摔倒，他也得陪着。　　　　　　　　　　　　　　　　　　　（老舍 2006：21）

从以上例句可以看出，各句中的主语都起着话题所具有的承上启下功能，因此，这里的主语也是话题。事实上，在汉语中，大多数主语具有话题属性。因而，典型的主语是话题（沈家煊 1999：219）。话题和主语重合还与它们通常所处的句法位置相关。话题因有着传递已知/旧信息的功能，多处在句首位置；主语多在动词前，同样常处于句首位置。当主语凸显旧信息，此时话题和主语重合（Mallinson & Blake 1981：107－108）。这时的话题实际上是从高于句子的层面来谈论的话题概念，因而在句子层面与基本语法概念重合。

主语多为话题，这也具有跨语言上的共性。例如，英语中的大多数主语具有话题的属性。以下例句引自韦尔默朗（Vermeulen 2013：139）：

(5) A：—Tell me about John.

　　B：—Well，*John* is a student from Canada.

以下例句引自施瓦布和温克勒（Schwabe and Winkler 2007：2）：

(6) A：—What did John bring to the party?

　　B₁：—*He* brought PAELLA to the party.

　　B₂：—*John* brought PAELLA to the party.

主语有时是话题，这可以采用句法测试得以验证。一般来说，话题可以采用"是不是"或者添加表示话题的提顿词"呢""啊"等进行测试。例如：

(7) a. 李四打了王五。

　　→李四是不是打了王五?

　　b. 李四被打了。

　　→李四是不是被打了。

(8) a. 这部电影呢我们昨天看过了。

　　b. 这部电影我们呢昨天看过了。

(7) 中的"李四"可以通过含"是不是"的问句测试，(8) 的主语后面可以带上提顿词"啊"。这些测试结果都表明，某些成分确实在作为主语的同时也充当话题。

但是，如果一个成分为主语的同时也是话题，这与句法投射上话题与主语分别处于不同位置的观点冲突。以 (7a) 为例，用 X - 阶标图式表示的句法投射如下：

（9）

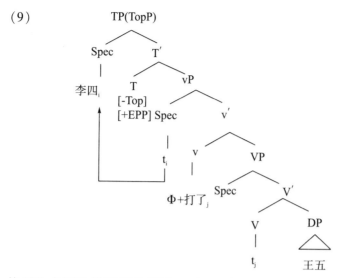

按照生成语法的特征分析法，（9）中"TP/TopP"表示 TP 同时也是 TopP，这违反了"一个特征必须对应一个投射"这一限制要求（Pollock 1989）。显然，特征分析法无法将 B 型话题的生成与 A 型话题的生成统一起来。

6.1.1.2　一般性主语话题结构的生成

本书认为，不管是 A 型话题还是 B 型话题，两者都具有语用属性，且都与句法相关，因而有必要对它们做出统一解释。B 型话题的句法生成与上一章的讨论没有太大差异，但话题作为语用驱动因素，则有其特点。仍然以（7a）为例，在 OT－语段模式对其作为话题结构出现的生成机制进行解释。

首先是初始提取操作和词汇语段 vP 的建构。

（10）a. 李四打了王五。

　　　b. LA：{李四，打，了，王五，v，V，N，T，C}

　　　c. 词汇语段 vP：[$_{vP}$李四打了王五]

　　　d. TP：[$_{TP}$李四$_i$[$_{vP}$t$_i$打了王五]]

句法部门首先提取相关词项和特征，按照概念系统的要求建立词汇语段 vP "李四打了王五"。词汇语段建构完成之后，需要进行 CP 语段的建构。此时话题算子进入句法，寻找携带［＋a］特征的目标充当话题成分，而词汇语段中的"李四"具有［＋a］特征，且该特征具有语义无解属性，带［TOP］特征属性的话题算子可以满足这一要求，双方实现匹配，话题算子的语义无解特征被赋值，目标携带的语义无解特征属性也得以确定，句法－

语用接口操作顺利完成。该话题表达 S_{Top} 的建构操作如下：

(11)　　　　S_{top}:　　　　　Op_{Top} [$_{CP}$[$_{TP}$李四,[$_{vP}$ t_i打了王五]]]

　　　　　　　　　　　　Op_{Top}　　　var

　　语用特征：TOP$\boxminus$　　　$\textbf{u}$-[+a]

　　　　　　　　　[+a]　　　TOP

　　　　　　　　　　　　　PM

按照"语用构型"假设，当 TP 的事件性强于话题显著性时，语用要求凸显事件性。此时，TopP 有两种位置可以选择，一种是保留在主语位置，另一种是高于 TP 的位置。(10a) OT-语段下的句法表征输出优选评估表现如表 6.1 所示：

表 6.1　话题结构（10a）的句法表征输出优选表

	Prominence = TP Topic = 李四	LP/SR	PROM	SUBJ	NEW	EPP (CASE)	* MOVE
C_1	☞[$_{CP}$ [$_{TP}$ [$_{TopP}$ 李四,] [$_{vP}$ t_i打了王五]]]			*	*		
C_2	[$_{CP}$ [$_{TopP}$李四,,　　[$_{TP}$ t_i [vP t_i打了王五]]]]		*	*			

从上表可以见，C_1 违反了 NEW 和 SUBJ。NEW 要求 [-New] 成分应该先于 [+New] 成分，从基础生成可以判断 C_1 中的事件性高于话题性，TopP 应当处于述题（整个 TP）之前的位置；SUBJ 要求主语在非主语之前，这里的主语与话题重合。C_2 违反了 SUBJ 和 PROM，这两项在制约等级上均高于 NEW，C_2 有着明显的劣势。因此，C_1 为优选项。

综上所述，当主语为话题时，这种话题结构在句法上虽然没有独立的构型，但其生成机制与 A 型话题相同，都包括核心句法操作和句法-语用接口操作，而且话题结构的最终表征输出是按照 OT 优选机制择优选择的结果。主语话题通过话题算子与主语成分之间的语用匹配实现，但该话题并没有产生特定的移位。此时，由于 TP 事件性高于话题性，该成分仍然保持其充当主语的原型功能，话题是其次要功能。

6.1.2 主谓谓语句的主语作为话题

6.1.2.1 主谓谓语结构与话题结构

主谓谓语句是汉语常见句式之一。对这种句式，有人认为其主语就是话题。如下例所示：

（12）a. 大象鼻子长。

b. 这部电影历史背景很特殊。

赵元任（1981：46）将主谓谓语句称为整句（S－P/主－谓）作为谓语的句子。此类结构的大主语和小主语的关系可紧可松。

（13）a. ［$_{NP_1}$这个人］［$_{NP_2}$耳朵］软。

b. ［$_{NP_1}$十个梨］［$_{NP_2}$五个］烂了。

赵元任认为汉语的主－谓结构对应于话题－述题结构。按照该观点，主谓谓语句的主语也可以分析为话题。事实上，李和汤普森（Li & Thompson 1976）也主张将主谓谓语句的主语分析为话题。

（14）［$_{NP_1}$那种豆子］［$_{NP_2}$一斤］三十块钱。

在该句中，"那种豆子"是话题，"一斤"是主语。但是，石定栩（1998）提出不同意见，认为（14）这样的句子就是简单的主谓结构，NP$_1$应该是主语。

本书认为，如果将话题分为 A 型和 B 型，以上分析都行得通。从句法结构上看，该句是一个主谓谓语句，其中 NP$_1$ 是句子的主语，NP$_2$ 是谓语句的主语，NP$_1$ 同时也是话题，起着承上启下的语用功能。那么，（13）（14）如果标记为话题结构，则表示如下：

（15）a. ［$_{NP_1/Topic}$这个人］［$_{NP_2}$耳朵］软。

b. ［$_{NP_1/Topic}$十个梨］［$_{NP_2}$五个］烂了。

c. ［$_{NP_1/Topic}$那种豆子］［$_{NP_2}$一斤］三十块钱。

如果主谓谓语句主语是话题，可参见 5.3.1.2 的论述，此类话题可以分析为悬垂话题，如第 5 章的（100），这里重复如下：

（16）a. ［$_{Topic/NP_1}$北京］，［［$_{NP_2}$名胜古迹］多。

b. ［$_{Topic/NP_1}$这种西瓜］，［$_{NP_2}$籽儿］大。

按照第 5 章的分析，这里的 NP$_1$ 被分析为移位生成的 A 型话题，具体可归于悬垂话题。这是否意味着本书的观点前后矛盾？

首先，从表层句法上看，悬垂话题后可以添加提顿词或逗号来标记话题，而主谓谓语句的主语不可以。

(17) a.　＊［$_{NP_1//Subj/Topic}$ 这个人］啊，［$_{NP_2}$ 耳朵］软。

　　　b.　＊［$_{NP_1/Subj/Topic}$ 十个梨］啊，［$_{NP_2}$ 五个］烂了。

　　　c.　＊［$_{NP_1/Subj/Topic}$ 那种豆子］啊，［$_{NP_2}$ 一斤］三十块钱。

在（17）中，如果NP$_1$是主语，其后添加提顿词和逗号后，都不再是主语，而是话题成分。5.3.1.3 已有论证，此类话题被重构后可解读为主谓谓语结构的主语（即 NP$_1$）时，NP$_1$是从主谓谓语句的主语位置移位而来的话题，其生成方式与空位为述题谓语动词论元的话题化话题相同。这里不再赘述。

主语和话题是分离的还是重合的，这同样是事件显著性和话题显著性竞争的结果：当突出事件性时，话题依附句子中的某个成分存在，如（18）和（19）；当突出话题性时，基础生成在话题位置，如（20）和（21）。

(18)　［$_{IP\ Subj/Topic}$ 大象 ［$_{IP}$Spec 鼻子长］］

(19)　［$_{IP\ Subj/Topic}$ 这棵树 ［$_{IP}$Spec 叶子大］］

(20)　［$_{Sp}$ ［$_{Topic}$ 大象 ［$_{IP}$Spec 鼻子长］］］

(21)　［$_{Sp}$ ［$_{Topic}$ 这棵树 ［$_{IP}$Spec 叶子大］］］

(22) a.

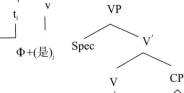

b.

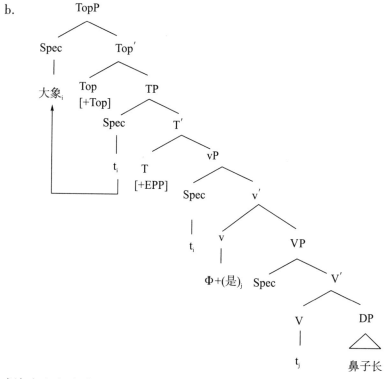

　　或许有人主张将"大象鼻子"视为一个 DP 短语，充当句子的主语或话题。这种分析有其合理性，因为在表示不可让渡领属关系的 DP 中，修饰语和被修饰语之间的结构助词"的"可以省略，也可以保留。例如，表示"大象"和"鼻子"之间的领属关系时，我们可以说"大象鼻子"，也可以说"大象的鼻子"（详见6.1.3.3）。因此，"大象"和"鼻子"这类成分究竟是独立的关系还是领属与被领属的关系，仅从句子层面难以判断。对可让渡领属关系短语，从句法上来判断就比较简单了。例如，"这棵树"和"叶子"之间必须有结构助词"的"，即"这颗树叶子"是不合法的，"这颗树的叶子"才是可接受的表达。对（19），"这棵树叶子"在句法上并不是领属结构，只是在语义上"这棵树"和"叶子"之间是领属关系。

　　还有一个问题就是，是否可以将主谓谓语句中谓语句的主语分析为话题？本书认为不可以，因为它并不符合话题允准条件之一［＋a］特征，凡是该特征的成分，都应该为定指或特指。例如，（18）中的"大象"具有［＋generic］特征，（19）中的"这棵树"具有［＋definite］特征，均符合话题允准条件，但是，"鼻子"和"叶子"是非定指，不具有话题属性。

6.1.2.2 主谓谓语的主语话题结构

接下来以（12a）／（23a）为例，探讨主谓谓语句的主语话题的生成过程。首先是提取和词汇语段 vP 的建构。这些过程与经典语段理论的推导相同。

（23）a. 大象鼻子长。

b. LA：|大象，鼻子，长，v，V，N，T，C|

c. 词汇语段 vP：[$_{vP}$ 大象 Ø + （是）① 鼻子长]

词汇语段建立之后，进入句法－语用接口操作。（23a）作为话题结构时涉及的句法－语用接口操作如下：

（24）   CP：   Op$_{Top}$ [$_{TP}$ 大象,[$_{vP}$ t$_i$ 鼻子长]]

    Op$_{Top}$ var

语用特征： TOP └┘   ─u[+a]

    [+a]   TOP

    └————————┘

    PM

在（24）中，携带［TOP］特征属性的话题算子在 vP 语段建构之后进入句法，寻找一个带［+a］特征的目标，"大象"具有［+a］特征，被选中充当话题成分，话题算子和话题成分之间分别实现特征属性和特征值的匹配。根据"语用构型"假设，此时 TP 事件性高于 TopP 显著性。话题成分有两个位置可以选择，因而（23a）作为话题结构，其表征输出有两个候选性。（23a）OT 下的句法表征输出优选评估如表 6.2 所示。从该表可以看出，C_1 违反了 NEW 和 SUBJ，C_2 违反了 SUBJ 和 PROM，C_1 为优选输出项。

表6.2　话题结构（15）的句法表征输出优选表

	Prominence = TP Topic = 大象	LP/SR	PROM	SUBJ	NEW	EPP （CASE）	* MOVE
C_1	☞ [$_{CP}$ [$_{TP}$ [$_{TopP}$ 大象]$_i$ [$_{vP}$ t$_i$ 鼻子长]]]			*	*		
C_2	[$_{CP}$ [$_{TopP}$大象$_i$, [$_{TP}$t$_i$ [$_{vP}$ t$_i$鼻子长]]]]		*	*			

---

① 这里实际上是一个隐性的系动词，对应于汉语里的"是"。

综上所述，主谓谓语句中主语充当话题，实际上是通过话题算子和话题成分之间的 PM 操作实现的，充当话题的成分来自词汇语段中的某个成分，但由于话题显著性弱，该成分仍然保持其原型语法功能。这与前述一般性主语话题在驱动动因上是相同的。

6.1.3 特例一：汉语保留宾语结构的生成

汉语中有一种常见的构式：$[\text{NP}_1 \ldots \text{V}_i \ldots \text{NP}_2]$。该构式中的不及物动词可以是非宾格动词，也可以是非作格动词，这里主要讨论非宾格动词结构。汉语中的讨论最多的是谓语动词为非宾格动词"死"相关的结构，其中多以"张三死了父亲"之类的句子为例，本书亦是如此。"死"是不及物动词，但后面保留了宾语 NP_2，有人将这样的结构称为"汉语保留宾语结构"（潘海华、韩景泉 2008，马志刚 2013，韩景泉、潘海华 2016，等等）。又由于 NP_1"张三"和 NP_2"父亲"之间有领属关系，因此有人又将之称为"领有名词移位结构"（韩景泉 2000，温宾利、陈宗利 2001，孙晋文、伍雅清 2003，杨大然 2008，徐杰 2008，田启林 2016）。鉴于这种结构的领属关系实际上具有不确定性，本书采用"汉语保留宾语结构"的说法。

非宾格动词的唯一论元在底层结构是宾语，其构式可概括如下（胡建华 2008：379）：

（25）非宾格动词的结构：$[_{\text{v}P}\text{v} \ [_{\text{VP}}\text{V NP}]]$

汉语中的动词"死"是典型的非宾格动词。例如：

（26）$[_{\text{NP}_1}$张三$]$死了$[_{\text{NP}_2}$父亲$]$。

上例中的 NP_2"父亲"是动词的唯一内论元，是动词"死"的宾语。但是，汉语非宾格动词存在异常情况，其唯一内论元虽然在深层结构上是宾语，在表层上却可以占据该动词前的主语位置，例如：

（27）张三父亲死了。

非宾格动词"死"的唯一论元"父亲"既可以出现在动词后，又可以出现在动词之前，而按照深层逻辑关系应该处于动词之后。那么，在（26）中，NP_1"张三"处于动词前，它是否为主语？在（27）中，如果 NP_2"父亲"是主语，那么"张三"又充当什么语法成分？"张三"和"父亲"又究竟是何种关系？这样的句子是如何生成的呢？这些都是生成语法学界颇具争议的问题。

对汉语保留宾语结构的生成，目前大概有两类观点：一种观点认为 NP_1 "张三"是移位生成的主语，它作为 EXPERINCER 论元，初始位置在［Spec，VP］，NP_2 则基础生成于［VP，Complement］。NP_1 最终经过话题化移位至句首的［Spec，TopP］。持该观点的大概有徐杰（1999）、韩景泉（2000）、朱行帆（2005）、熊仲儒（2012）、马志刚（2011，2013）等。另一种观点认为 NP_1 "张三"是基础生成的话题，NP_2 "父亲"是非宾格动词"死"的主语，NP_2 通过时态 T 获得主格。持这种观点的大致有潘海华和韩景泉（2005，2008）、庄会彬（2013）、韩景泉和潘海华（2016）等。持这两种观点的学者们虽然对 NP_2 获得主格的方式存在分歧，但都承认 NP_1 是基础生成的话题。那么，NP_1 究竟是主语还是话题？如果是主语/话题，它又是如何生成的？NP_2 作为主语占据非宾格动词之后的位置，它是如何获得主格的？本节将针对这些问题展开讨论。

6.1.3.1 移位说

最早引出"张三死了父亲"这类句子生成问题的是徐杰（1999）。徐杰将 NP_1 分析为主语，认为 NP_1 是从 NP_2 的领属语位置提升至主语位置的，其移位归因于寻求格特征的赋值需要。韩景泉（2000）肯定了徐杰的这一观点，并进一步指出 NP_1 是从［$_{NP_3}$张三父亲］的领有名词位置移位至主语位置，获得主格，然后通过语链将主格传递至其移位留下的语迹，再至整个 NP_3。

不同于前面的分析，潘海华和韩景泉（2005，2008）提出"句末焦点说"，将 NP_1 分析为基础生成的悬垂话题。NP_1 通过述题中的语义变量予以允准，而 NP_2 移位至 TP 的指示语位置接受主格特征核查后，再嫁接到 TP 上生成句末焦点。

马志刚（2011，2013）认为"句末焦点"说存在多个方面的不足：语义变量允准悬垂话题的假设缺乏理据；话题成分和焦点成分的结构位置理应都在 CP 投射内，汉语中的焦点概念并没有语法化，也不无固定的句法结构位置，仍要依赖词汇手段（焦点标记词）来实现；VP 投射内的移位违反逆局部性（Anti-locality）限制；移位生成非法的混合语链，因为移位成分经历论元移位后不能再参与非论元移位（Chomsky 2007）。尽管如此，马志刚（2011）基于语段理论，分析了汉语领属句"猎人死了一只狗"的句法生成过程，得出的结论同样是 NP_1（"猎人"）是话题，处于［Spec，CP］位置，但该话题是从主语位置拷贝过去的。

（28）汉语领主句（话题＋主语）

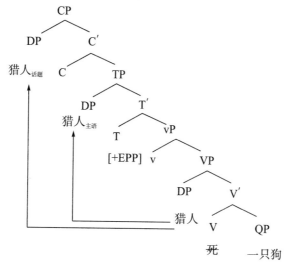

（马志刚 2011：7）

马志刚（2013）进一步指出，在"猎人死了一只狗"中，"一只狗"就是直接合并在动词"死"后的宾语。但是，根据布尔齐奥定律（Burzio 1986），不带外论元的动词无力给其宾语授予宾格。因此，这里无法解释"一只狗"所获得的格的来源。根据"格鉴别式"（Case-filter），当一个 NP 有语音形式而没有格，该 NP 不合法（Haegeman 1994），这里的 QP"一只狗"须获得格。

6.1.3.2 基础生成说

韩景泉和潘海华（2016）继续以"张三死了父亲"为例，在语段推导模式下将 NP_1 分析为基础生成的话题，处于 [Spec, TopP] 位置；NP_2 为保留的原位的主语。他们对 NP_2"父亲"［即（26）中的 DP］的赋格进行了详细阐释，认为 T 作为探针可以直接搜寻到目标 NP_2，NP_2 满足 T 所携带的语义无解的人称和数特征核查要求，T 满足 NP_2 所需要的语义无解的格特征核查要求，NP_2 从 T 处获得主格。但由于句末焦点的作用，NP_2 并不移位至 [Spec, TP]，而是被冻结在句末焦点位置。根据他们的观点，例句的树形图如下：

（29）

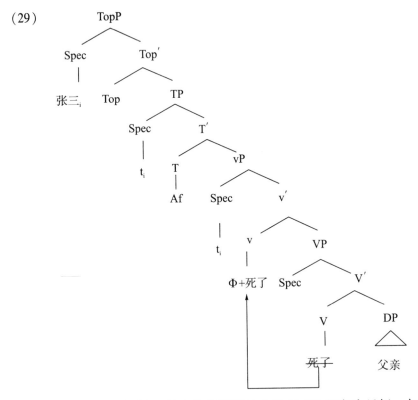

按照他们的分析，探针 T 以未获格赋值的内论元 NP 父亲为目标，与之形成一致关系，进而完成 T 的人称与数量取值以及论元 NP 父亲的主格取值。但是，一般说来，T 是一个含抽象词缀 Af（abstract affix）性质的定式时态中心语。该抽象词缀具有黏附性，会将 T 搜寻到的目标吸引过来而导致对方移位。［Spec，TP］必须得到填充，而功能语类 T 具备的移位性特征［EPP］可触发低位论元移位到该位置（Chomsky 1995；马志刚 2011：5）。但这里的"父亲"虽然是 T 探寻到的目标，却没有发生移位。韩景泉和潘海华也承认内论元可以移位至［Spec，TP］，成为名副其实的主语。如：

（30）张三父亲死了。

在"张三死了父亲"中，内论元"父亲"保留是因为它在句末位置充当了句子的焦点而被锁定在句末自然焦点位置。像（30）中的句末焦点则为"死了"，"父亲"则为主语。因此，移位可改变句子的信息结构（韩景泉、潘海华 2016：51）。

韩景泉和潘海华（2016）认为马志刚的主语和话题拷贝分析并不合理，主语被拷贝至话题，并没有动因，而且无法说明这样的操作是强制性的还是选择性的，也没有具体的句法检测手段。另外，即便被拷贝，主语上的零形式应该为 pro，这就意味着保留宾语结构中的主语位置已经被一个听不到看不见的零形拼读（null spell-out）成分所占据。既然主语位置上已经有了成分，尽管是空语类，理应就不存在其他成分再移位进入该位置的可能了（韩景泉、潘海华 2016：45）。

本书认为，"句末焦点"说和"主语话题拷贝"说均存在问题：何者移位至［Spec，TP］，这直接影响到 NP₁ 作为话题的生成方式。按照"句末焦点说"，动词后 DP 被冻结在句末焦点位置，这无法解释在特征核查之后，［Spec，TP］为何仍然可以为空位。而事实上，按照乔姆斯基提出的最简方案，在特征核查结束后，空位［Spec，TP］必须得到弥补。另外，NP₂ 并不移位，这表明［EPP］特征让位于［FocP］特征，也就是句法规则让位于语用信息规则。如果将这一原则用于所有话题和焦点的生成，那么，本该在［Spec，IP］位置充当主语，但具有话题/焦点属性的成分均可能移位至［Spec，TopP］或［Spec，FocP］。因此，应该有相关的机制对句法规则让位于语用信息规则、句末焦点冻结做出限制和说明。

按照"主语话题拷贝"说，T 和 C 的特征核查将同一个成分（即非宾格动词前 DP₁"张三"）作为目标，使 TP 位置的主语和 TopP 上的标志语为同一个拷贝成分占据，位于高位的话题具有语音形式。这种做法虽然避免了一个成分同时占据两个句法投射位置的情况发生，但无法论证为何主语需要一个拷贝成分，如果是隐性主语，可以直接采用 pro，而无须拷贝。"死"的逻辑主语是"一只狗"，"猎人"只能在话题位置；"杀"的逻辑主语是施事"猎人"。而这里的分析显然未能区分主语和话题。另外，如果 NP₂ 与动词直接合并而来，那么，根据布尔齐奥定律，非宾格动词无法为后面的 NP₂ 授格。因此，NP₂（"父亲"）无法获得格。

另外还有一种来自庄会彬（2013）的"焦点化"分析。庄会彬以"王冕死了父亲"为例，指出"王冕"是基础生成的话题，而不管"父亲"的基础生成位置是［VP，Complement］还是［Spec，VP］，都是因焦点化而移位到了高于 TP 的 FocP 的中心语 Foc 位置。根据其观点，例句的树形图如下：

（31）a.

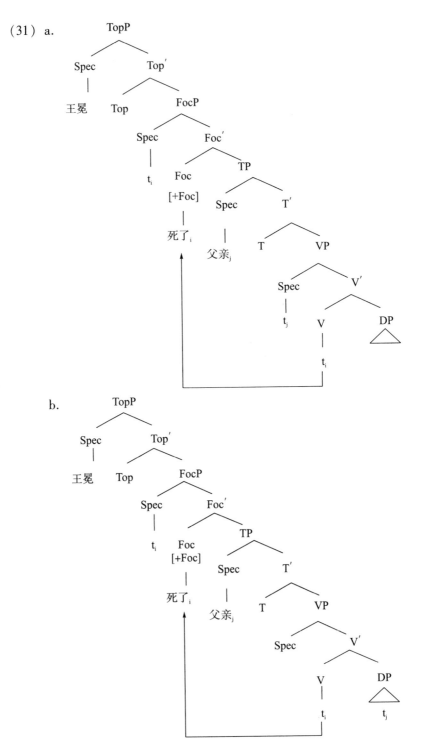

这种分析的好处是：一方面保证了"父亲"获得主格，另一方面也确

保"死了"高于"父亲"所处的位置。但是它也同样存在问题：这种焦点解读似乎并不符合人们的语感。我们不妨用问答形式进行测试：

（32）Q：王冕出了什么事？

　　　　A：王冕死了父亲。

（33）Q：王冕父亲怎么了？

　　　　A：王冕父亲死了。／＊王冕死了父亲

　　根据的测试，如果"王冕"为话题，"王冕死了父亲"中凸显的新信息则是"死了父亲"整个动词短语，而非单个的动词"死了"，如（32A）。如果突出"死了"，那么"王冕父亲"应该为所谈论的话题，提问则是（33Q）。潘海华和韩景泉（2005，2008）、韩景泉和潘海华（2016）将"死了父亲"和"死了"视为自然焦点，被冻结在句末位置，这种分析似乎更符合我们的语言习惯。

　　自然焦点不是一种句法结构成分（徐烈炯、刘丹青 1998：245），因此，焦点冻结恰恰说明了语用信息部门对句法结构的影响。如果承认汉语中有 T，那么就要承认 T 有［EPP］特征，主语得到格，也应该移位至［Spec，TP］，但由于是自然焦点被冻结，就需要进一步解释为何自然焦点可以使本是主语的成分冻结而保留在原位。

6.1.3.3 OT－语段分析

　　以上研究表明，单纯的句法分析在应对与话题、焦点相关的信息结构问题上存在明显的缺陷，一些句法现象无法在句法范围内得到解释。对汉语保留宾语结构，本书支持韩景泉、潘海华（2016）的焦点分析法得出的结论，即：NP_1 为基础生成的话题，NP_2 为虽然获得主格，但被冻结在句法的焦点位置而成为焦点成分的。但对该话题结构的具体生成方式，本书持有不同看法，OT－语段模式能够对焦点冻结导致主语保留在原位的具体动因做出进一步解释。

　　非宾格动词的唯一内论元 NP_2 在深层和表层结构上都是宾语，NP_2 的位置本身不具可选择性，但它又表现出可选择性，如（26）和（27）。例句重复如下：

（34）a. 张三死了父亲。

　　　 b. 张三父亲死了。

本书认为，这里的内论元的可选择性并不是单一的句法驱动的结果，而是与语用信息的驱动相关。接下来在 OT－语段模式下对非宾格动词唯一论元可出现的两种不同位置产生的动因做出解释。

首先讨论（34a）的生成过程。根据 OT－语段模式，句法从词库进行初始提取，选取运算所需的词项和特征，构成词汇矩阵 LA，如（35b）所示。不同于经典语段理论，LA 中不包含 Top。

(35) a. $[_{Topic/NP_1}$张三$]$ 死了 $[_{NP_2}$父亲$]$。

    b. LA：$\{$张三，父亲，死，v，V，N，C，T$\}$

    c. 词汇语段 vP：$[_{vP}Ø+$死父亲$]$

    d. TP：$[_{TP}$父亲$_i$ $[_{vP}$ Ø+死 $t_i]]$

接着进入词汇语段的建构 V 与 NP_2 合并，得到 VP "死父亲"；VP 再与轻动词 v 合并，具有黏附性的 v 将 V 吸附过去，得到动词复合体 vP：$[_{vP}Ø$ +死父亲$]$。一个完整的句子应该至少是一个 TP，因此 vP 须进一步与 T 合并。由于 NP_2 满足 T 的 EPP（CASE）和一致性特征核查要求，T 为 NP_2 赋予主格，NP_2 移位至 $[Spec，TP]$，vP 与 T 合并，得到（35）中的 TP。话题算子在词汇语段建构完成之后进入句法，与 NP_2 建立 PM 关系，如（36）所示。由于语用要求选择一个与之相关的成分作为话题，因而通过第二次提取得到话题成分 NP_2。NP_2 和 NP_1 在句法内建立匹配关系。

(36)   CP： Op_{Top} $[_{NP_1}$张三$_i$ $[_{TP}$ $[_{vP}$ 死了$[_{NP_2}$父亲$_i]]]]$

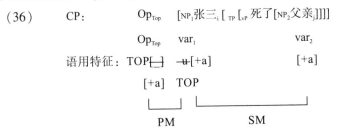

话题成分出现之后，在 vP 之外有多种选择。如果语用要求凸显话题性，此时话题性高于事件性，Prominence＝Topic。另外，根据 6.1.3.2 的话题和焦点测试结果，NP_1 为话题时，vP 或 NP_2 为焦点。这时话题结构的表征输出有四个候选项，最终输出项按照 OT 评估结果而定。（34a）可能的表征输出优选竞争具体表现如表 6.3 所示。从该表可见，C_1 违反了 EPP（CASE）和 SUBJ。EPP（CASE）要求 "EPP（格）：未赋值的格特征吸引它的目标"，NP_2 本应发生移位，而这里并没有。SUBJ 要求主语在非主语成分之前，这里显然不是如此。C_2 违反了 ＊MOVE、NEW 和 SUBJ。＊MOVE 要求不会产生宾语前置到主语前的情况，而这里的 NP_2 进行了移位。NEW 要求

［－New］成分应该先于［＋New］成分，而这里表达［＋New］的焦点为 vP/NP_2，vP 内的 NP_2 不能位于［＋New］成分之外。C_3 和 C_4 均违反 PROM，原因是语用要求凸显话题，TopP 高于 TP，TopP 应该在 TP 之上。由于该限制处于制约等级较高位置，从而导致它们处于劣势。综合以上制约条件违反情况，C_1 为最优输出项。

表 6.3　话题结构（34a）的句法表征输出优选表

	Prominance = Topic Topic = ［$_{NP_1}$张三］ Focus = vP/［$_{NP_2}$父亲］ vP = 死了父亲	LP/SR	PROM	SUBJ	NEW	EPP（CASE）	*MOVE
C_1	☞［$_{CP}$［$_{TopP}$张三［$_{TP}$［$_{vP}$死了［父亲］$_i$］]]]			*		*	
C_2	［$_{CP}$［$_{TopP}$张三［$_{TP}$父亲$_i$［$_{vP}$死了 t_i］]]]			*	*		*
C_3	［$_{CP}$［$_{TP}$［$_{TopP}$张三［$_{vP}$死了［父亲］$_i$］]]]		*	*		*	
C_4	［$_{CP}$［$_{TP}$［父亲$_i$［$_{TopP}$张三［$_{vP}$死了 t_i］]]]]		*		*		*

接下来分析（34b）的句法生成过程。由于涉及的核心句法操作相同，这里仅讨论该句涉及的句法表征输出优选评估情况。根据 6.1.3.2 的测试，该句 NP_1 为话题，FocP 是"死了"。同样，在话题算子进入句法，实现 PM 之后，NP_2 可能出现的位置同样有四种选择，因而该句的句法表征输出有四个候选性，它们的优选竞争情况如表 6.4 所示。从该表可见，C_3 和 C_4 违反了处于高位的制约条件 PROM 而处于劣势。C_1 和 C_2 违反制约项的情况差异表现在 *MOVE 和 EPP（CASE）。C_1 中的 NP_2 因获得主格并核查 T 的特征应该发生移位，而这里并没有；C_2 中的 NP_2 发生了前移，违反了 *MOVE。综合以上各项违反制约条件的表现情况，C_2 为最优输出项。（32b）整个句子的生成在 OT - 语段推导下得到了解释。

表 6.4　话题结构（34b）的句法表征输出优选表

	Prominance = Topic Topic = [$_{NP_1}$ 张三] Focus = 死了 vP = 死了 [$_{NP_2}$ 父亲]	LP/SR	PROM	SUBJ	NEW	EPP （CASE）	*MOVE
C_1	[$_{CP}$ [$_{TopP}$ 张三 [$_{TP}$ [$_{vP}$ 死了 [父亲] $_i$]]]]			*		*	
C_2	☞[$_{CP}$ [$_{TopP}$ 张三 [$_{TP}$ 父亲 $_i$ [$_{vP}$ 死了 t $_i$]]]]			*			*
C_3	[$_{CP}$ [$_{TP}$ [$_{TopP}$ 张三 [$_{vP}$ 死了 [父亲] $_i$]]]]	*		*		*	
C_4	[$_{CP}$ [$_{TP}$ [$_{TP}$ 父亲 $_i$ [$_{TopP}$ 张三 [$_{vP}$ 死了 t $_i$]]]]]	*					*

综上所述，OT 机制可以解释（34）的生成过程，尤其可以解释为何（34a）中的 NP$_2$"父亲"虽然满足了 EPP（CASE）条件，获得主格，却可以仍然保留在原位：因为它充当自然焦点，而焦点限制高于 EPP（CASE）限制，从而使焦点限制处于优先地位。这样，NP$_2$ 继续停留在原位，而此时它的主要身份是自然焦点。按照 OT －语段模式，话题表达的生成首先要遵循句法限制，在基本句法操作完成之后，只有在语段左边缘才有语用限制加入竞争，本书最终可以为韩景泉和潘海华（2016）的"句末焦点"说做出解释。虽然分析的结果都认为 NP$_1$ 是句首基础生成的话题，NP$_2$ 为句末焦点，但是与本书的分析过程存在根本上的差异，本书的分析没有基于单一的语段理论，而是采用 OT －语段模式。以上分析也表明，语用限制会压制句法限制而产生一些不那么合乎语法规则但是更符合语言表达需要的句子结构。

尽管（34）可以在 OT －语段下得到解释，但对于 NP$_1$ 和 NP$_2$ 究竟是领属关系还是非领属关系需要厘清。对比前述"猎人死了一只狗"的例子，本书认为该句与"张三死了父亲"虽然谓语动词相同，但 NP$_1$ 和 NP$_2$ 之间的关系却有差异。

（37）a. [$_{NP_1}$ 张三] 死了 [$_{NP_2}$ 父亲]。

　　　b. [$_{NP_1}$ 张三] [$_{NP_2}$ 父亲] 死了。

（38）a. [$_{NP_1}$ 猎人] 死了 [$_{NP_2}$ 一只狗]。

　　b.　*［NP₁猎人］［［NP₂一只狗］死了。

从语义关系来看，"张三"和"父亲"、"猎人"和"一只狗"是领属关系，但是，这组领属关系却存在本质上的区别。司富珍（2014：43）指出，根据领属者与被领属者之间关系的紧密程度，可以将领属结构分为可让渡的领属和不可让渡的领属两种类型。"猎人"和"一只狗"之间的关系属于前者，"张三"和"父亲"之间的关系属于后者。两种不同领属关系的表达存在结构上的差异。

不可让渡的领属关系：

（39）a.　我儿子/我的儿子

　　　b.　他爷爷/他的父亲

可让渡的领属关系：

（40）a.　*我书/我的书

　　　b.　*小王房子/小王的房子

从以上例句可以看出，表达不可让渡领属关系时，领属者和被领属者之间可以有结构助词"的"，也可以没有，如（39）；表达可让渡领属关系时，领属者和被领属者之间必须有结构助词"的"，如（40）。据此，（37）和（38）中 NP₁ 和 NP₂ 的领属关系表示如下：

（41）a.　张三父亲　　　张三的父亲

　　　b.　*猎人一只狗　猎人的一只狗

从以上可知，（41a）中的 NP₁ 和 NP₂ 之间是不可让渡领属关系，（41b）中的 NP₁ 和 NP₂ 是可让渡领属关系。

这样，对（37）就可能产生两种解读：一种是将领属结构视为一个整体 NP₃ "张三父亲"，NP₁ 修饰 NP₂，具有不可让渡领属关系，NP₂ 通过移位而导致两者分离。另一种则只是语义上的领属关系，结构上 NP₁ 和 NP₂ 分离。这两种解读分别对应（42）和（43）。

（42）a.　［NP₃［NP₁张三］［NP₂父亲］］死了。

　　　b.　*［NP₁张三］死了［NP₂父亲］。

　　　　　（［NP₃［NP₁张三］［NP₂父亲］］）

（43）a.　［NP₁张三］［NP₂父亲］死了。

　　　b.　［NP₁张三］死了［NP₂父亲］。

而对（38）只有一种解读。

（44）a.　*［NP₃［NP₁猎人］的［NP₂一只狗］］死了。

b. * [$_{NP_1}$猎人] 死了 [$_{NP_2}$一只狗]。

([$_{NP_3}$ [$_{NP_1}$猎人] 的 [$_{NP_2}$一只狗]])

(45) a. [$_{NP_1}$猎人] 死了 [$_{NP_2}$一只狗]。

b. [$_{NP_1}$猎人] [$_{NP_2}$一只狗]] 死了。

对比以上三组例句，不难发现，同样是在非宾格动词结构中，具有不可让渡领属关系的 NP_1 和 NP_2 可以构成整体出现在动词前位置，也可以两者分离出现；而具有可让渡领属关系的 NP_1 和 NP_2 则不可能同时出现在动词前位置，且只有 NP_1 猎人可以出现在动词前，NP_2 "一只狗" 必须出现在低于谓语动词位置。由于两句中的 "死" 都是非宾格动词，这样的差异只可能是两句中的 NP_1 与 NP_2 关系不同导致的：前者是不可让渡领属关系，后者是可让渡领属关系。返回到（37），（42）和（43）的表层结构与它完全相同。那么，（37）中的 NP_1 和 NP_2 究竟是句法上的领属关系还是语义上的领属关系，还是两种关系都可能？

从（43）可以看出，当 NP_1 和 NP_2 仅为语义上的领属关系时，句子合法。由此推测（45）也合法。接下来需要分析（42a）的合法性。

在（42a）中，NP_3 作为整体位于动词前做主语，其推导过程如（46b）所示。由于 T 为 NP_3 提供主格，NP_3 核查 T 的 EPP（CASE）和一致性特征，NP_3 移位至 [Spec，TP] 位置。但是，需要注意的是，这里的 NP_1 并不是话题，而是作为领属词修饰 NP_2，处于主语内。如果 NP_1 继续话题化，得到的句子并不合法，因为违反了左分枝条件，即 NP 的修饰语（modifiers）不能从 NP 移出（黄正德等 2009：208）。

(46) a. [$_{NP_3}$ [$_{NP_1}$张三] [$_{NP_2}$父亲]] 死了。

b.

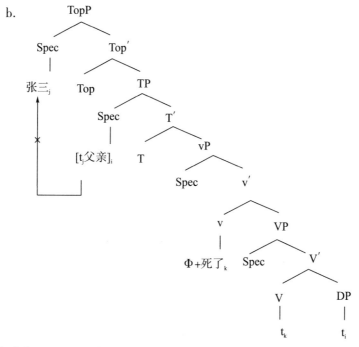

接下来分析（42b）。如果 NP$_1$ 和 NP$_2$ 是领属关系，那么它们作为整体构成 NP$_3$。这样，NP$_1$ 只可能以移位方式到达动词前的位置，无论该位置是主语还是话题位置，这种移位均不合法，同样是因为违反了左分枝条件。

(47) a. * ［NP$_1$张三］死了［NP$_2$父亲］。

　　　（［NP$_3$［NP$_1$张三］［NP$_2$父亲]]）

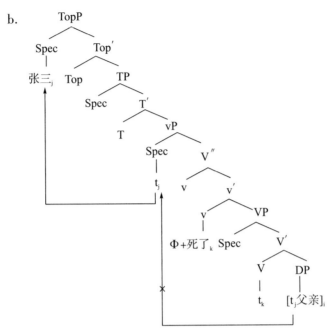

以上分析表明，（47）中的 NP_1 和 NP_2 实际上只是语义上的领属关系，并非真正的领属结构。其中 NP_1 为基础生成的话题成分，该话题结构的生成涉及基本的句法操作包括两次提取和 PM 操作，该话题结构的最终表征输出是按照 "PROM≫SUBJ≫NEW≫EPP（CASE）≫ * MOVE" 制约等级通过 OT 机制优选评估的结果。非宾格结构 ［ NP_1 … V_i … NP_2 ］构式中的 NP_1 虽然看似主语或 B 型主语话题，但实际上 NP_1 作为话题成分，有其独立构型，属于 A 型话题中的悬垂话题，其生成方式与悬垂话题相同。

6.1.4　特例二：处所名词为话题

处所名词，又叫方位名词。对处所名词的语法地位，已有研究大致有三种不同看法：处所名词作主语，处所名词作话题，处所名词作状语。

6.1.4.1　处所名词的相关句法属性

处所名词位于动词之前，看似主语，但实际上不是主语。例如：

（48）a. ［$_{NP_1}$墙上］爬着 ［$_{NP_2}$很多壁虎］。

　　b. ［$_{NP_1}$台上］坐着 ［$_{NP_2}$主席团］。

　　c. ［$_{NP_1}$桥上］走 ［$_{NP_2}$人］。

这类句子谓语动词的外论元处于动词之后，而实际上是它逻辑层面的主语。

（49）a.　[$_{NP_1}$墙上] 爬着 [$_{NP_2}$很多壁虎]。

　　　← [$_{NP_1}$墙上] [$_{NP_2}$很多壁虎] 爬着。

　　　b.　[$_{NP_2}$台上] 坐着 [$_{NP_2}$主席团]。

　　　← [$_{NP_1}$台上] [$_{NP_2}$主席团] 坐着。

　　　c.　[$_{NP_1}$桥上] 走 [$_{NP_2}$人]。

　　　← [$_{NP_1}$桥上] [$_{NP_1}$人] 走。

以上句子有一个共同的特点，即句子谓语动词的逻辑主语 NP$_2$ 都是施事，按照"施事 > 感事 > 工具 > 系事 > 地点 > 对象 > 受事"施事性等级（陈平 1994），施事题元角色处于最高位。因此，NP$_2$ 在深层逻辑层面充当外论元是没有问题的。由此推测，动词前方位名词 NP$_2$ 就可能不是句子的主语。

另外，处所名词通常与地点状语有关，似乎可以将之分析为状语。如果将处所名词（NP$_1$）分析为状语，NP$_2$ 分析为主语，将主语 NP$_2$ 置于句首位置，（49）则变为：

（50）a.　墙上爬着很多壁虎。→ 很多壁虎＊（在）墙上爬着。

　　　b.　台上坐着主席团。　→ 主席团＊（在）台上坐着。

　　　c.　桥上走人。　　　　→ 人＊（在）桥上走。

从以上变换可以看出，如果将动词前处所名词视为词汇选择关系上的地点状语，修饰动词短语，那么必须在相应的方位名词前添加介词，否则句子不合法。但添加介词后的结构包含的成分与原来的结构并不相同，因而不能视为对应的转换结构。由此推测，处所名词与地点状语具有不同的语法属性。

如果处所名词既不是主语，也不是状语，那么它是否可能是话题？

赵元任（1981）虽然将表时间、处所、条件的词语归于主语，但按照他"主语作为话题"的观点，它们也可以是话题。以下例句引自赵元任（1981：41）：

（51）[今儿] 冷。　　　　　　　[今儿] 不去了。

（52）[这儿] 是哪儿?　　　　　[这儿] 不能说话。

（53）[他死了的话] 简直不堪设想了。

　　　[他死了的话]，就不容易解决了。

赵元任指出，以上例句中前后两句括号内的成分都是主语。即便一个句子有主语，表时间、处所、条件的短语仍然是主语。这些例子中的主语虽然表时间、处所和条件的词语，其实都具有话题的性质。以下例句引自赵元任（1981：46）：

（54）今儿天好。

（55）今儿王先生来。

持"主语"说的朱德熙（1999）虽然将时间词和处所词分析为主谓谓语句中的大/小主语，但也承认它们为宽泛意义上的话题。以下例句引自朱德熙（1999：121）：

（56）下午我们开会。　　　　　我们下午开会。

（57）南方这些天正下雨。　　　　这些天南方正下雨。

（56）中的时间名词"下午"和（57）处所名词"南方"在前后两句中分别充当句子中的大主语和小主语。即便将这类名词在句法层面分析为主语，朱德熙（1985：36）认为，如果从最宽泛的意义上去理解主语和话题，将这类词解释为话题并不是很牵强。

胡裕树和范晓（1993：13）主张严格区分主语和话题，主语是句法概念，话题是语用概念，处所名词在句法上是主语，语用上是话题。

（58）［苏州城里］有个玄妙观。

这里的处所名词是语用上的话题，句法上是提示语；"玄妙观"是主语。另外，仅限于不带介词的处所可能充当句法上的主语，带介词的短语一定不是主语。

沈家煊（1999：233）认为，像"台上坐着主席团"中，"台上"是话题，但不是施事，如果要把它定为主语，它只能是不典型的主语；"主席团"是施事，但不是话题。

综合以上分析，处所短语大多被分析为句法上的主语，语用上的话题（此时为本书所言的 B 型话题），但也有人认为是句法上的话题（此时为本书所言的 A 型话题），如沈家煊（1999）。但不管怎样，这类短语在语用上的话题属性得到了普遍认可。那么，按照生成语法视角，这里名词究竟是处于［Spec，TP］位置的主语，还是处于［Spec，TopP］的独立话题成分？下一节将对此展开讨论。

6.1.4.2　处所名词的话题结构

既然处所名词与地点状语不同，而且在它所出现的结果中通常存在一个题元等级更高的成分充当逻辑主语，并且它所在的句子总是为存现句和非宾格动词句。综合这些性质，可将以上处所名词所在的结构视为与 6.1.3 的汉语保留宾语结构类似，均为基础生成的悬垂话题结构。以（48）为例，采用 X－阶标图式表示如下。

（59）a.

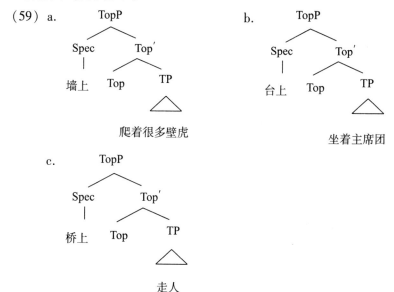

接下来以（59a）为例分析这类话题的生成过程。需要补充的是，当 NP_1 为话题时，vP 或 NP_2 为焦点，这可以通过句法测试得知：

（60）Q：台上坐着什么谁？

　　　A：台上坐着主席团。

（61）Q：台上什么情况？

　　　A：台上坐着主席团。

由于此类话题涉及的基本句法操作与汉语保留宾语结构相同，在此不再赘述。在话题算子与话题成分实现匹配之后，话题成分在 vP 之外可能出现的位置有四种，具体表现如表 6.5 所示：

表 6.5　话题结构（59a）的句法表征输出优选表

	Prominance = Topic Topic = $[_{NP_1}$台上$]$ Focus = vP/ $[_{NP_2}$主席团$]$ vP = 坐着主席团	LP/SR	PROM	SUBJ	NEW	EPP（CASE）	*MOVE
C_1	☞$[_{CP}[_{TopP}$台上$[_{TP}[_{vP}$坐着$[$主席团$]_i]]]$			*		*	
C_2	$[_{CP}[_{TopP}$台上$[_{TP}$主席团$_i$ $[_{vP}$坐着 $t_i]]]]$			*	*		*
C_3	$[_{CP}[_{TP}[_{TopP}$台上$[_{vP}$坐着$[$主席团$]_i]]]]$	*		*		*	
C_4	$[_{CP}[_{TP}$主席团$_i$ $[_{TopP}$台上$[_{vP}$坐着 $t_i]]]]$		*		*		*

从上表可见，C_1违反了 EPP（CASE）和 SUBJ。EPP（CASE）要求获得主格的 NP_2 移位至 [Spec，TP]，而这里没有；SUBJ 要求主语在非主语之前，而这里的主语显然不是。C_2违反三项制约项，具体情况是：C_2中的 t_i进行了移位，违反 *MOVE；vP 为焦点，焦点成分"主席团"却在 vP 之外，违反 NEW；TopP 在主语之前，违反 SUBJ。C_3 和 C_4 均违反了 PROM，原因是语用要求凸显话题，TopP 应该高于 TP。由于该限制处于制约等级较高位置，从而导致它们处于劣势。综合以上制约条件违反情况，C_1为最优输出项。

综上所述，非宾格动词前和存现句句法 NP_1 的处所名词不是主语，也不是状语，而是基础生成的具有独立构型的话题。它所在的结构与汉语保留宾语结构相同，均属于非宾格结构。此时，处所名词充当的话题不属于 B 型话题，而是 A 型话题，确切来说是悬垂话题。但是，需要指出的是，处所名词（及时间名词）还可以出现在其他结构中，这时它的原型功能可能是主语，也可能是状语，但都可以解读为话题，如例（51）－（57），此时它们属于 B 型话题。

6.2　状语话题

前面两节讨论了主语话题以及两种特例。事实上，不仅主语可能是话题，状语也可能是话题。

状语是句子中的修饰性成分，按照 X－阶标理论，它属于附加语。状语不是一个句子的基本成分，一个句子可以有状语也可能没有状语。在句法投射上，附加语可能出现也可能不出现。因此，状语的出现具有选择性，这与话题短语投射也具有选择性非常相似。鉴于此，有人主张将所有的状语都分析为话题，如徐烈炯和朗根多恩（Xu & Langendoen 1985）；也有人主张将可充当话题的状语都分析为附加语，如陈国华和王建国（2010）等。本书认为，虽然状语和话题有紧密关系，但是状语和话题的属性和生成机制不同。

6.2.1 状语与话题的句法投射

状语和话题的关系究竟如何？当状语为话题时，状语和话题各自的句法地位如何？学界对此大致有两种典型看法：一种是将状语话题分析为话题，另一种是将状语话题分析为附加语。

李和汤普森（Li & Thompson 1976）主张将状语分析为话题。例如，（62）中的"今天"是话题，"我"是主语。

（62）今天我买菜。

徐烈炯和朗根多恩（Xu & Langendoen 1985：4）将（63）中的时间副词短语分析为话题成分，位于非论元位置，不受任何约束。

（63）a. 1968 年 8 月 22 日我正好 21 岁。

　　　b. 1968 年 8 月 22 日我那天正好 21 岁。

陈国华和王建国（2010：319）则指出，当话题与附语重叠时，即使该话题表面上没有介词，也应当把它作为附语处理。例如（4）中的"所到之处"就被视为地点状语。例如：

（64）贵宾所到之处受到热烈欢迎。

综合以上观点，可以肯定的是，状语可以充当话题。有关状语话题的句法位置问题可概括为两种观点：状语话题属于 A 型话题，有独立构型；状语话题属于 B 型话题，无独立构型，句法上与附加语重合。以（63a）为例，采用树形图将这两种观点分别表示如下：

（65） a.

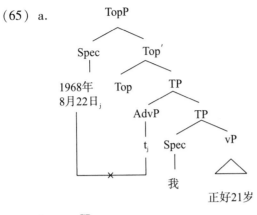

b.

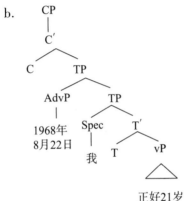

（65a）中的状语话题属于 A 型话题，而状语在句法上本来投射为附加语，那么这里的话题可能从某个附加语位置移位而来，但如前所述，附加语并不发生移位。如果将之分析为基础生成的话题成分，那么就可能导致句法投射上的附加语短语的消失，这又似乎不合理。那么，状语话题究竟属于 A 型话题还是 B 型话题，仍需对其生成机制做进一步考察。

6.2.2　状语类话题的生成

话题和状语是两个不同的概念，如果将它们视为不同的成分且占据不同的句法投射位置，那么状语话题是如何生成的？对于该问题，已有研究同样持有移位生成（Li 2000：3，黄正德等 2009）和基础生成（Paul 2014）两种观点。

6.2.2.1　李艳惠的观点

李艳惠（Li 2000：3）以话题位置的介词短语（PP）为对象，指出介词短语类话题必须是移位的结果，不能是基础生成的。

（66）a. [PP(Topic)对张三]ᵢ，我知道他 tᵢ 不怎么关心。

　　　b. [PP(Topic)从这家银行]ᵢ我知道我们可以 tᵢ 借到很多钱。

　　　c. [PP(Topic)跟这种老师]ᵢ我知道我 tᵢ 一定学不好。

这种分析主要与广义控制规则（Generalized Control Rule，简称 GCR）相关。根据 GCR，空代名词（包括大代号 PRO 和小代号 pro）与最邻近的名词性成分同指，空代名词与在论元或非论元位置上的先行语同指（Huang 1984；黄正德等 2009：201）。空代名词不受邻接条件和孤岛条件等的限制，只需要寻找离它最近的先行语。

（67）张三ᵢ，proᵢ看的书很多。

但萨伊托（Saito 1985）指出，pro 不能够代替 PP，因而一个异位了的 PP 必须是移位的结果，而不与一个基础生成的 pro 同标。也就是说，pro 是代词性的，不能代替 PP。

（68）a. ＊[PP(Topic)对张三]ᵢ，proᵢ我知道他不怎么关心。

　　　b. ＊[PP(Topic)从这家银行]ᵢ，proᵢ我知道我们可以借到很多钱。

　　　c. ＊[PP(Topic)跟这种老师]ᵢ，proᵢ我知道我一定学不好。

鉴于此，李艳惠（Li 2000）认为，句首话题位置的 PP 必须是移位生成的。

6.2.2.2　保罗的观点

针对李艳惠（Li 2000）的移位观，保罗（Paul 2014）提出了质疑。他认为附加语不是从一个基础位置移位获得的，而是在不同可能的位置（句外或句内）基础生成的。被限制在话题位置的 PP 不可能出现在句内位置，例如，"关于"短语就是如此，以下例句引自保罗（Paul 2014：227）：

（69）关于中草药，我知道的很少。

　　　a. [TopP [PP关于中草药]]，[我知道的很少]。

　　　b. ＊[TP我 [PP关于中草药]]，知道的很少。

这意味着 PP 做话题时并不一定是移位生成的。

保罗还指出，不仅汉语中的 PP 类话题是基础生成的，所有附加语充当话题时，都是基础生成的。

首先，地点状语、时间状语、副词充当话题时，位于句首默认话题位置。以下例句引自保罗（Paul 2014：221－222）①：

（70）［$_{TopP}$［$_{PP}$在图书馆］，［$_{TP}$我可以复印］］吗]？

（71）［$_{TopP}$［$_{PostP}$除夕以前］，［$_{TP}$我要回家］］。

（72）［$_{TopP}$［$_{NP}$明天］［$_{TP}$他会走］］。

（73）［$_{TopP}$｛居然/显然/其实｝［他不了解我们的情况］］。

其次，条件从句充当话题时同样占据句首话题位置。以下例句引自保罗
（Paul 2014：203）：

（74）a．［如果我给你钱的话］，你最想做什么？

　　　b．［如果你给我钱的话］，我最想买衣服。

另外，由"……以后"构成的介词后置短语（PostP）充当话题时，也
无法得到移位生成的解释。以下例句引自保罗（Paul 2014：228）：

（75）a．［$_{TopP}$［$_{PostP}$［$_{TP}$他搬家以后］］，［$_{TP}$我就没收到他的信］］。

　　　b．＊［$_{TP}$我［$_{PostP}$［$_{TP}$他搬家以后］，就没收到他的信］］。

（76）a．［$_{TopP}$［$_{PostP}$［$_{TP}$他到中国］以来］，［$_{TP}$我们每天见面］］。

　　　b．＊［$_{TP}$我们［$_{PostP}$［$_{TP}$他到中国］以来］每天见面］。

综合保罗（Paul 2014）的分析，地点状语、时间状语、副词、条件从
句以及 PostP 等充当话题时，均处于默认位置，是基础生成的话题。这种观
点实际就是将句首的状语分析为话题，非句首位置的状语仍然起着修饰某个
句子成分的作用，保留着状语的身份，这时属于附加语。但是，汉语的状语
位置比较自由，保罗本人也指出，NP 和 AdP 附加语除了有话题位置，还有
两种可以出现的位置：主语之后和助词（auxiliary）之后。以下例句引自保
罗（Paul 2014：222－223）：

（77）我［在图书馆］可以［在图书馆］复印吗？

（78）我［除夕以前］要［除夕以前］回家。

（79）他［明天］会［明天］走。

（80）他｛居然/显然/其实｝不了解情况。

这种分析面临的问题是：为何当句首状语充当话题时，就是基础生成的
话题短语 TopP，其作为状语在句法上的附加语地位就消失了，而当状语在
非句首位置、为非话题成分时却仍然为附加语。另外，诸如（75）和（76）
这样的例子，PostP 是否可以分析为话题似乎值得商榷。因为像"他搬家以

---

① 本节所引用的保罗（Paul 2014）例句原文为汉语拼音形式，本书回译成汉语。

后""他到中国以来"这样的句子是否可以分析为话题，需要看是基于何种"话题"定义下进行分析的。按照本书的话题界定，这样的成分并不带［＋a］话题特征，至少它们的原型功能是时间或地点状语，并不是话题成分。

移位生成和基础生成分析都存在问题。对移位生成说，状语在句法投射上分析为附加语，而附加语并不是以循环的方式进入句法结构（Lexbeaux 1988；Stepanov 2001，2007；另参见张孝荣 2017：47）。这就是说，附加语只能直接投射在相应位置，附加语短语不能像中心语、标志语和补语那样进行句法移位操作。而对基础生成说，如果将所有的附加语分析为基础生成的话题可能导致附加语没有其独立的句法地位，最终被话题取代。虽然条件句也是状语成分，属于附加语，但是它们与时间短语、地点短语以及副词在句法上可能能够占据的位置是有差异的。按照汉语的常规语序，条件从句只能放在主句之前，也就是句首位置，而时间状语、地点状语和副词还可能出现在主语之后或是助词（auxiliary）之后的位置。将条件从句分析为句首基础生成的话题没有什么争议，但是将时间状语、地点状语和副词分析为基础生成的话题，似乎不合理，因为它们可能出现的位置有三个，而按照汉语的习惯，就时间、地点提问时，一般不将它们置于句首，而更多地置于句中。如：（77）中"图书馆"是对"复印"的说明，其组合后的常规语序应该为"在图书馆复印"；（78）中"除夕以前"是对"回家"的说明，两者组合后的常规语序为"除夕前回家"；（79）中"明天"是对"走"的说明，组合后的常规语序为"明天走"；（80）中"居然／显然／其实"是修饰"不了解"，组合后为"居然／显然／其实不了解"。这些时间状语、地点状语、副词虽然都起着限制或修饰作用，但不同于复杂 NP 结构中的修饰成分，因此，与"复杂 NP 限制"规则没有关系。

6.2.2.3　OT－语段分析

事实上，状语是否为话题具有灵活性。在句法层面，状语不一定是话题，需要依靠语境而定。状语是否为话题，不仅需要证明其是否能够出现在话题位置上，还要证明其具有话题的某些语义或话语的特点（徐烈炯、刘丹青 1998：68）。按照本书的话题界定，话题成分携带［＋a］特征，与述题中的某个成分或空位之间具有语用上的照应关系。如果状语是话题，那就需要满足这些条件。

　　状语话题如果在句法上有独立的地位，那么应该与附加语分离；如果话题与其他成分重合，那么就没有独立的句法构型，此时可能与附加语重合，句法上应该被称为附加语。状语可以修饰副词、形容词、动词短语，甚至整个句子，但是，这种修饰关系是在词汇范畴的选择性要求内实现的，其推导过程属于核心句法范围。话题成分不同于状语，话题的出现是语用驱动的结果，它的形成是在句法－语用接口层面实现的。因而，语用部门可能选择状语充当话题成分，尤其是时间或地点状语，但状语在成为话题之前是状语，并不是天然携带话题属性，是语用作用激活了它们可能的话题属性而使之成为话题。只有具有［＋a］特征并被话题探针选为目标的状语才可能最终成为话题。因此，并不是所有的状语都是话题。

　　鉴于前述两种分析的不足，本书提出提第三种看法，认为汉语状语话题的基础生成位置在附加语位置，在句法上并无独立构型，这种情况是以 TP 事件性高于话题性为前提，按照由句法和语用限制构成的制约等级限制，经 OT 评估选择的结果。不是所有的状语都可以是话题，状语话题在句法上是附加语，这与状语的原型功能为修饰语是一致的。

　　接下来我们在 OT－语段模式下分析状语话题结构的生成过程，以（63a）为例，重复如下：

（81）［$_{AdvP(Topic)}$1968 年 8 月 22 日］我正好 21 岁。

　　首先，该句涉及的基本句法操作与经典语段建构过程完全相同［见（65b）］，其中的 AdvP 为 TP 的附加语。当其中的状语被话题化后，该句作为话题结构，涉及的句法－语用匹配操作如下：

（82）S_{Top}:　　　　Op$_{Top}$ ［$_{CP}$［$_{C'}$［$_{AdvP(Topic)}$1968年8月22日］［$_{TP}$［$_{vP}$我正好21岁]]]]

　　　　　　　　Op$_{Top}$　　　　　　var

语用特征：TOP［_]　　　　u [+a]

　　　　　　　　　　　PM

　　如果来自语用的话题算子激活其［＋a］属性，而使这里的状语 AdvP 成为话题。由于状语基础生成在附加语位置，此话题机构的输出项作为唯一可能的输出项，并未违反任何句法或语用制约条件，这表明了该输出项能同时完全满足概念系统和意旨系统的接口要求，是最佳选项。该话题成分在句法上仍然保持其原型功能——状语功能，投射位置也保留在原位——附加语位置。这样，状语充当话题时，属于 B 型话题。

6.2.3　介词为话题形态标记

如前所述，介词短语话题作为状语话题的一种，在语法上的原型功能仍然为状语，处于句子 S 的附加语位置，属于 B 型话题。但是，就介词本身而言，有些可以充当话题标记，有些并不可以。作为话题标记的介词构成介词短语而充当话题时，其是否应该处于特定的 TopP 位置而非附加语位置呢？本书的回答为否。

6.2.3.1　介词话题标记的本质

对于介词是否可以充当话题标记，已有研究大致分为两种观点：一种认为某些介词，如"对于/关于"等确实是话题标记；另一种观点认为虽然某些介词可以引出话题，但它不是话题标记，而是介词。

胡裕树和范晓（1993：13）认为，有些介词可以充当话题标记，介词后的名词短语是话题。

（83）a.［这个问题］我还没有研究过。

　　　b.［关于这个问题］我还没有研究过。

（84）a.［津浦路上］他遇到了一个多年不见的朋友。

　　　b.［在津浦路上］他遇到了一个多年不见的朋友。

他们认为，（83a）的"这个问题"、（84a）的"津浦路上"在语用上是话题，句法上是提示语①；"我""他"是主语；话题前可以加上介词标记，如（83b）和（84b）。这实际上是将话题前的介词视为话题标记。

张伯江和方梅（1996：44）、徐烈炯和刘丹青（1998）虽然讨论了汉语中的多种话题标记，但是均未提及介词类话题标记。

虽然像"对于/关于"之类的介词引出的内容多是话题，但它们本身并不是话题标记，而仅具有介词属性，其构成的短语属于附加语。这可以通过句法测试得出。本书第 1 章已经指出，话题和焦点是两个完全不同的概念，如果通过句法测试得出某个话题成分也可能是焦点，那么该成分可能本身既不专属于话题也不专属于焦点。

这里首先采用焦点标记"是"和"连"对含"对于/关于"的介词短语进行测试。例句（85）－（88）引自 BCC 语料库（荀恩东等 2016）。

---

① 胡裕树和范晓（1993：13）将与主语不重合、处在主谓句外层的话题叫作"提示语"。

（85） a. 本书是对于"绿色时尚"这一新思维的全面呼唤。

（《文汇报》2003－01－01）

b. 较高的增发价格，无论是对于一级市场的投资者，还是二级市场的投资者，都是难以接受的。

（《厦门日报》2001－01－15）

（86） a. 报告员全天所报告的几乎全部是关于"东方二号"的消息。

（《厦门日报》1961－08－08）

b. 会议的议程是关于"联盟"基本问题的讨论和联合承办南北俱乐部争霸赛。　　　（《厦门商报》1999－02－23）

（87） a. 连关于国家大事的会议，也总是"内容非常秘密"。

（鲁迅《作文秘诀》）

b. 在这个自称"以支持越南为主要议程"的非法会议的闭幕会议上，连关于越南的决议都没有宣读。

（《厦门日报》1967－02－21）

（88） a. 我连对于我自己的身心都不能负责任的人，我还能说到儿女上来吗？　　　（郭沫若《喀尔美萝姑娘》）

b. 连对于父母兄弟也不能说的话，我已经到了现在，除我哥哥而外哪还有第二人可以诉说的呢？

（郭沫若《郭沫若小说集》）

从以上例句可见，（85）－（88）中的介词短语均可以充当"是"或"连"字后的焦点。这表明，"对于/关于"之类的介词并不一定是话题标记，其基本性质应该是介词，而介词构成的短语是附加语。之所以有些介词被认为是话题标记，这是因为它们本身语义特征带有引出信息结构的作用。这类介词至多可以被认为是一般性的信息标记，但不会是专门的话题标记。

6.2.3.2　带介词话题标记的话题结构的 OT－语段解释

既然带介词话题标记的话题短语实际上是介词短语，而 6.2.2 已经指出，介词短语话题属于状语话题。因此，带介词话题标记的话题结构的生成与状语话题结构的生成相同。尽管如此，仍有必要对这类话题结构的句法表现和其推导过程做进一步说明。

不同于时间、地点状语话题结构，在带介词话题标记的话题结构中，介词后的名词性成分在述题中可能有对应空位，也可能没有。前者可称为带空位有介词标记的话题结构；相应地，后者可称为无空位带介词标记话题结构。

首先看带空位有介词标记的话题结构。

(89) a. 对于［他的犯罪情节和罪行］$_i$，法院用两个"极其"来形容＿ $_i$。

　　 b. 对于［南方人做的面食］$_i$，实在不敢恭维＿ $_i$。

　　 c. 对于［车］$_i$，他不再那么爱惜＿ $_i$了。

　　 d. 他不但敢放胆的[①]跑，对于［什么时候出车］$_i$也不大考虑＿ $_i$。

以上例句中，介词后名词性成分均可以在后面的述题中找到空位。这是否意味着由它充当的话题是移位生成的呢？答案是否定的，这可以通过重构效应测试得知。

(90) a. 对于［他的犯罪情节和罪行］$_i$，法院用两个"极其"来形容＿ $_i$。

　　 →＊法院用两个"极其"来形容对于［他的犯罪情节和罪行］$_i$。

　　 b. 对于［南方人做的面食］$_i$，实在不敢恭维＿ $_i$。

　　 →＊实在不敢恭维对于［南方人做的面食］$_i$

　　 c. 对于［车］$_i$，他不再那么爱惜＿ $_i$了。

　　 →＊他不再那么爱惜对于［车］$_i$了。

　　 d. 他不但敢放胆的跑，对于［什么时候出车］$_i$也不大考虑＿ $_i$。

　　 →＊他不但敢放胆的跑，也不大考虑对于［什么时候出车］$_i$。

从（90）可以看出，由于介词的存在，将介词后名词性成分填充到空位上，句子并不合法。这表明此类话题不是移位生成，而是基础生成的。述题中的空位不能被解释为移位后留下的语迹，而只能归于语用上的省略。

接下来以（89c）为例，在 OT－语段模式下分析此类话题结构的生成过程。

首先进行核心句法操作。整个 TP 的合并操作过程与经典语段理论下的推导一致，如（91b），但此时话题成分尚未能在句法上得到解读。

(91) a. ［对于车］$_i$，他不再那么爱惜了。

[①] 引自《骆驼祥子》（老舍 2006：12）。原文为"的"，现用"地"。

b.

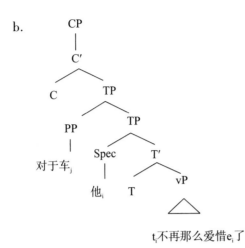

t_i不再那么爱惜e_i了

词汇语段建构完成之后，话题算子作用于句法，搜寻到介词后的名词"车"为目标，该名词具有[+a]特征，带[TOP]特征属性的话题算子可以得到目标的[+a]赋值，算子赋予目标话题属性，双方实现语用上的匹配。"车"与空范畴e则在句法内实现匹配。话题结构（89c）涉及的句法-语用接口操作表现如下：

(92) S_{Top}:　　　　　Op_{Top} $[_{CP} [_{TP}[_{PP}$对于车$_j]$ $_{TP}$ $[_{vP}$他不再那么爱惜e_j了]]]]

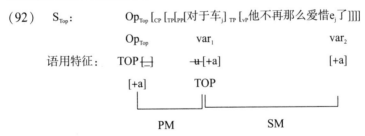

PM操作完成之后，该话题结构的句法表征输出有多种选择，通过OT优选评估确定最优输出项。这里需要特别指出的是，PM操作时，话题算子选择名词"车"为目标实现匹配，但是话题成分在句法上实现映射之后，是整个介词短语还是名词充当话题成分呢？胡裕树和范晓（1993：13）认为介词后的名词成分才是话题成分［详见例（83）和（84）］，而张伯江和方梅（1996：44）将整个介词短语视为话题成分，"啊"为话题成分之后的标记。

(93) $[_{PP}$对于作者]啊，得说得委婉点儿。

本书认为，诸如"对于"之类的话题形态标记，本身是介词，但由于其后带的宾语具有话题属性，从而使整个介词短语具有话题属性。这与MP中对含介词的疑问词短语分析情况类似。由于疑问词句法［Wh］特征，可以将特征从补语扩散（percolate）给介词，也就是说介词从补语处继承

[Wh] 特征（Radford 2009：213）。带介词的话题短语一样，介词后的成分带有 [TOP] 特征属性，使介词也带有该属性。因此，"对于……""关于……"后的名词一旦满足话题允准条件，整个介词短语都带有话题属性，这是通过特征扩散/继承得来的。这样，话题结构为整个 PP 时，PP 是修饰整个句子的状语，基础生成于 TP 的附加语位置。因此，（89c）/（91a）作为话题结构时，其表征输出候选项也仅存在唯一的最优输出项，能同时满足句法与概念系统和意旨系统接口的要求。

再来者有介词标记、不带空位的话题结构。以下两组例句均引自 BCC 语料库（荀恩东等 2016）：

（94）a. 关于战争的，正是因为根本没有正确消息，谣言反倒能立竿见影。

　　　b. 关于 21 世纪开始的准确年份，目前我国尚无明确的规定，国际社会似乎也无统一规定。

（95）a. 对于这个问题，他时而感到豁然开朗，时而又感到困境重重。

　　　b. 对于大多数经济富裕的特区人而言，特困生的情形是难以想象的。

（94）和（95）同样无重构效应，因为在述题中找不到与句首介词后的名词性成分对应的空位。介词后名词性成分也不可以关系化，因此它们是基础生成的，这与带空位有介词标记的话题结构相同，只是后者中的空位为语用上的省略。这样，两者的生成机制也基本相同。这里仅以（95a）为例对不带空位的此类话题结构的句法 - PM 操作进行说明。在词汇语段建构完成之后，话题算子与 PP 建立语用上的匹配关系。介词后的名词短语"这个问题"在句法内与 vP$_1$（var$_2$）和 vP$_2$（var$_3$）建立语义上的相关关系。（95a）的话题结构表征输出优选评估情况与（93）相同。

（96）

综上所述，介词"对于/关于"等由于其本身的语义有着引出话题的作用而导致被视为话题标记。即便它们引出话题，但仍然属于介词范畴，它们

所构成的短语确实是介词短语，在句法上是附加语。"对于/关于"等词本身具有介词属性，但已具有明显的语用标记属性，与语用化相关。语用化（Pragmaticalization）就是"既定语境中的句段或词形的命题意义被改变，以支持某种元交际、话语或互动意义的过程"（Kaltenböck et al. 2016：12－13）。语用化正往传统的语法化方向而行，松散的语用结构与句法结构之间结合得更为紧密了（参见 Evans 2007，Mithun 2008）。汉语典型的相关话题形态标记可能就是语用化的结果。

6.3 时空话题

6.3.1 时空话题的性质

时空话题对应的英文名称是"spatio-temporal topic"或"stage topic"，更多的文献习惯采用后一术语。时空话题是特定时空下所断言（asserted）的内容，它可以分为两类：显性时空话题（explicit stage topics）和隐性时空话题（implicit stage topics）（Lahouse 2007：1）。前者指位于句首表示时间或空间的状语性话题成分，该成分指定某个框架，整个命题围绕该话题性成分展开。这大致对应于本章 6.2 所讨论的时间/地点状语话题。后者指完全由话语语境确定的，在句法上找不到结构痕迹的话题（Gundel 1974，Erteschik-Shir 1997）。鉴于前一节的讨论已经包括显性时空话题，本节所讨论的对象仅限于隐性时空话题。

如果话题是一个句子内容展开的核心轴（Reinhart 1981），那么每个句子都应该有一个话题。当一个句子没有显性话题时，就有一个隐性话题（Erteschik-Shir 1997：10）。例如：

（97）Q：发生什么事情了？

A：我的腿受伤了！

（97A）看似无话题成分，但如果从语用出发，它确实存在一个话题。问题 Q 提到一个过去发生的事件，对应的回答应该是与发生的事件相关的内容。像（97A）这样的句子，就如在报道一个事件，因而被称为"事件报

道句" （event-reporting sentence） 或 "断言句"[①] （thetic sentence）
（Lambrecht 1987）。此时，焦点覆盖整个句子，在句法上就见不到话题，即
便该句的主语也并不是话题（周士宏 2016：119）。

还有一种隐性时空话题，就是描述此时此刻情况的呈现句，例句引自埃
尔特施克 – 希尔（Erteschik-Shir 2007：17）：

（98）a. It's snowing.

　　　b. There is a cat outside the door.

（98）中的两个句子分别描述了会话发生时的天气和场景。

（隐性）时空话题实际上就是在句法上既找不到其独立构型，也找不到
可依附成分的话题。本书将其称之为 "空话题短语"（null TopP）（3.2.4.3
已有提到）。

6.3.2　时空话题结构的句法 – 语用接口

既然隐性时空话题（简称时空话题）在句法上无任何显性地位，这是
否意味着它与句法无关，显然不是。任何一个话题的存在都离不开句法这个
载体，那么此类话题是如何与句法建立联系的呢？这里将以（97A）为例对
该问题进行分析。

（99）我的腿受伤了。

如果上句是对（97Q）的回答，那么它就是一个时空话题。空话题与整
个句子（述题）具有语义上的 ［＋a］ 联系，因为该述题是围绕该空话题展
开的。

下面看（97A）作为时空话题结构的生成过程。首先是基本句法的建
立，该过程与经典语段理论下的合并操作方式完全相同。

（100）词汇语段：［$_{vP}$我的腿$_i$受伤了］

在词汇语段建立之后，来自语用的话题算子作用于句法，寻找到一个空
成分作为目标，该空成分由于与整个句子在句法内有 ［＋a］ 特征的语义匹
配关系，因而其携带 ［＋a］ 特征，可以与话题算子实现语用上的匹配
操作。

该话题结构涉及的句法 – 语用接口匹配操作如下所示：

---

① 该术语目前尚没有统一的译名，已有译名有 "断言句" "一般判断句" "无分判断句" 等多种说
　法。详见周士宏（2016）专著第 121 页的注释 2。

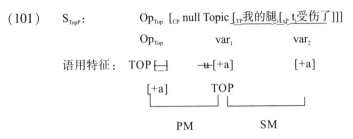

（101）　　S_TopP：　　　　　　Op_Top　[_CP null Topic [_TP 我的腿 [_vP t 受伤了]]]

时空话题在句法上以空的形式出现，此时话题性极弱，事件性极为显著。尤其是，它并没显性句法地位，因此无须通过 OT 机制选择最后的句法表征。

综上所述，时空话题的基本句法生成在核心句法内完成。句法通过提取词项和一般形式特征，建构完整的 vP 语段，然后与 T 合并，得到 TP。话题算子与具有照应性的空话题成分实现语用上的匹配。由于此时述题是一个纯粹的事件报道句或呈现句，TP 事件性极强，话题在该句中没有任何结构上的地位。

6.4　本章小结

本章探讨了汉语 B 型话题的生成机制，包括一般性主语话题、主谓谓语句主语话题、状语话题和时空话题。此外，本章还特别讨论了汉语保留宾语结构中动词前名词以及处所名词充当话题的情况，发现它们实际上属于汉语 A 型话题中的悬垂话题。另外，本书还指出，带介词形态标记的话题短语实际上就是介词短语，是状语成分，在句法投射上属于附加语。

B 型话题的基本句法结构由运算系统完成，话题仅通过 PM 操作实现句法－语用的接口，并不介入核心句法。此时事件性高于话题性，话题成分在句法上依附其他成分存在，或者以空话题短语形式出现（见表 6.6）。

表 6.6　汉语 B 型话题结构的生成涉及的基本句法操作和句法－语用接口操作

Prominence	Numer₁	PM	Move	Numer₂
TP ≫ TopP	√	√	/	/

话题是否有独立句法构型，实际上是由句法被语用吸收的程度决定的。当 TP 事件性高于话题性，突出句子的基本结构，句子各成分保持其原型功

能——语法功能，这时主语成分的主要身份是主语，状语的主要身份是修饰语，话题是它们的次要身份。如果一个话题成分依赖句中某个成分存在，被依赖的成分就具有了双重身份。以充当话题的施事主语为例，该主语在充当主语的同时也充当话题，那么它身兼双职。一个成分有自己最典型的意义，即原型意义；一个句法成分的原型意义既可以来自语义角色，也可以来自话语功能（徐烈炯、刘丹青 1998：206－208）。B 型话题的原型意义均来自属于核心句法范畴的语义角色，在句法－语用接口时才使其具有第二个身份——话题。话题与其他语法成分的区别在于：其他语法成分原型意义上的功能是语法功能，而话题的原型功能是话语赋予的。

7　结　论

7.1　总结

本书基于生成语法的语段理论，并结合 OT 句法，探讨了话题结构中句法和语用如何建立联系、语用如何进入句法的问题，包括宏观上话题与语法架构和微观上汉语话题结构的推导与解读两个方面。这一研究有其生物语言学研究意义。

7.1.1　关于 OT－语段推导模式的理论建构

理论架构上，本书针对经典生成语法理论 Y－模式及几种修正后的 Y－模式在处理话题、焦点之类的信息结构时遇到的理论建构与具体句法分析上的难题，结合既有理论，尝试提出了信息结构的 OT－语段分析模式。该模式秉承了两大设想。

Ⅰ. 设想一：语言的模块性。

本书持句法与语用相对自足、句法－语用通过接口实现联系的语言模块观。根据这一设想，进一步提出了建立句法、语用关联的相关假设。

首先，立足语言模块观，将概念－意旨系统进一步区分为负责语义的概念系统和负责语境及其他的意旨系统，分别对应词汇语段（vP 语段）和功能语段（CP 语段）。一个话题结构至少包括 vP 语段和 CP 语段两部分。

其次，提出了"语用构型"假设，并在此基础上将汉语话题分为 A 型话题和 B 型话题。

A. 如果一个语用成分从句法吸收构型，此时句法一定从语用吸收相关信息的显性特点。

B. 如果一个语用成分未从句法吸收构型，句法只可能从语用吸收信息的隐性特点。

另外，根据话题的句法和语用属性，提出了语用"话题算子"假设和"话题匹配"假设。

"话题算子"假设：

话题是承接前文和引出下文的、具有［＋a］特征的语用算子，在句法推导完成、拼读之前作用于句法。

"话题匹配"假设：

话题算子与话题成分进行句法外，即语用上的匹配；话题成分与述题中的对应空位、语迹或关涉成分进行句法内，即语义上的匹配。

笔者认为，话题不同于一般的形式特征，而是一种语用特征，作用于可能具有话题属性的词汇（短语），该词汇（短语）的话题属性通过携带语用特征的话题算子的作用而激活，从而成为话题算子操作的目标，双方通过特征属性和特征值的 PM 实现关联。一个基本句子的输出必须经历语用的检验才可能合乎话语语用的需要。因而，话题算子是在词汇语段建构完成之后，补语移交之前进入句法的，使句法接受语用的检验。经语用调配后的基本句法结构被添加了显性或隐性语用标记。基本句子 S 添加了话题（显性或隐性）标记之后，才形成了 A 型和 B 型话题结构 S_{TopP}。

Ⅱ．设想二：语言设计的完美性。

语言设计是完美的（Chomsky 2007），而具体语言现象中的不完美性正是语言完美性的具象化表现。任何语言都有其内在的复杂结构，但很明显，语言结构的各个方面在具体运行与发生作用时不可能同时绝对完美。因此，相对不完美的具体语言现象恰恰体现了语言设计整体的完美性。

根据这一设想，一个语言表达 S_p 的产生可能涉及不可违反的和可违反的规则，具体语言使用中常会出现不同规则互相竞合的现象。本书以经典语段理论为基础，结合 OT 句法方案，提出了话题生成的 OT‑语段推导模式。一个话题结构的表征输出可能有多种可供选择的输出项，可选输出项按照 OT 优选机制竞争，最终输出项为最能满足意旨系统要求的表达 S_p。

OT‑语段模式仍然以语段为句法推导的基础，但较之于经典语段理论，它有以下不同之处。经典语段理论下话题结构的推导与 OT‑语段模式下的话题结构推导分别如表 7.1 和 7.2 所示。

表 7.1　经典语段理论下的话题结构推导

句法操作		接口操作	设想	类型
vP 语段		CP 语段		
Numer$_1$	合并	Top 为一般的形式特征，［＋EPP］特征核查，Move/Numer$_2$。	语义表达涉及概念－意旨系统（Chomsky 1995），语言设计是完美的（Chomsky 2007）。	A 型话题

表 7.2　OT－语段方案下的话题结构推导

句法操作		接口操作	设想	类型
vP 语段		CP 语段		
Numer$_1$	合并	携带［TOP］特征属性的语用话题算子作用于句法，与［＋a］成分实现 PM；Move/Numer$_2$；TP 事件性和 TopP 话题性强弱对比决定 TopP 是否有独立构型；OT 优选操作。	概念－意旨系统被进一步区分为 C－S 和 I－S，分别对应 vP 和 CP；语言设计是完美的（Chomsky 2007）；语言表现出的不完美性也是"完美"设计的一种表现。	适应 A 型和 B 型话题

　　经典语段理论下话题结构的生成与一般句子结构的生成并无原则性差别，一个句子在句法层面由词汇语段和功能语段构成，初始提取和合并是核心句法离不开的操作，功能语段内的成分通过特征核查产生的移位实现，或者通过 Numer$_2$ 基础生成。所有的操作严格遵循句法限制条件。话题作为一般形式特征，携带［EPP］特征，通过特征核查，话题成分移位或基础生成于［Spec，TopP］位置。但这种分析将研究仅限于 A 型话题，并且还面临着如何既遵循包含条件，又避免对它们的选择性出现采取前瞻手段，同时还须尊重它们具有语用属性这一事实等难题。

　　OT－语段模式同经典语段模式相似，一个句子同样由词汇语段和功能语段构成，初始提取和合并同样是核心句法推导不可或缺的手段。但不同的是，OT－语段模式认为，并不是所有的移位都是由来自句法内的形式特征驱动的。只有词汇语段（以及功能语段内的规约性功能中心语，如 T 和 C）的建构在严格的句法限制下进行，选择性出现的 Top 并不是以形式特征核查方式参与句法运算，而是作为语用算子作用于句法。话题是否以独立的构型"干扰"或"闯入"句法，这是由语用是否吸收构型和句法从语用吸收相关信息的特点来确定的。当话题成分以独立构型出现时，相对于制图理论和 X - 阶标理论而言，由于该话题的出现不是形式特征驱动的结果，这种现象是"非法"的。但这正好可以解释为何 A 型话题结构的句法表现出"异常"。这种"异常"的话题结构确实更能满足意旨系统的需要，也与语言的"完美设计"这一设想一致。

　　总之，按照 OT - 语段推导模式，话题结构推导过程涉及窄句运算和句法 - （语用）信息映射两个部分，即核心句法操作和句法 - 语用接口操作两部分。句法和语用部门各自"自足"，但话题桥接了句法 - 语用两个部门，句法是话题存在的前提和依托。本书的模式按照先有基本句法处理后有语用信息处理的方式进行，并不违背乔姆斯基的句法自足观。

7.1.2　关于汉语话题结构的核心句法和句法 - 语用接口

　　本书在 OT - 语段模式下对汉语话题结构的基本句法推导和句法 - 语用接口机制进行了全面考察。

　　一个汉语话题结构的建构离不开核心句法操作，包括第一次（分）提取 $Numer_1$ 和合并操作。话题结构的句法 - 语用接口操作包括 PM、移位、第二次（分）提取 $Numer_2$ 和 OT 优选操作[①]。不同类型的汉语话题结构的推导和解读经历的操作存在差异，具体表现如表 7.3 所示：

---

① 必要时在拼读后还需进行语用上的删除操作（即语用上的省略），但该操作实际上不属于句法 - 语用接口部门，而是句法表层结构上语音层面上的删除。涉及语用删除操作的话题包括空位为非论元的话题化话题和左置话题。

表 7.3　汉语话题结构生成涉及的基本句法操作和句法－语用接口操作

类型	显著性	话题类型	状类型	Numer₁	Merge	Pragmatic Match	Move	Numer₂	OT	经济程度	语用省略	是否有独立构型
A 型	TopP 话题性高于 TP 事件性	话题化话题	空位为论元	√	√	√	√		√	2		有
		话题化话题	空位为非论元	√	√	√		√	√	3	√	有
		左置话题	RP 为论元	√	√	√		√	√	3	(√)	有
		左置话题	RP 为非论元	√	√	√		√	√	3	√	有
		悬垂话题	事例、范围话题、部分框架话题	√	√	√		√	√	3		有
		悬垂话题	部分框架话题（可重构为主谓语句）	√	√	√	√		√	2		有
B 型	TP 事件性高于 TopP 话题性	主语话题、状语话题		√	√	√			√	1		无
		时空话题（Null TopP）		√	√	√				1		无
特例一	汉语保留宾语结构动词前宾格 NP（A 型）			√	√	√		√	√	3		有
特例二	存现句系留动词非宾格动词前方位名词（A 型）			√	√	√		√	√	3		有

注：√表示经历的操作；数字 1－3 表示经济程度的高低，其中 1 表示最高，3 表示最低。

研究发现，在汉语中，当 TopP 话题性高于事件性时，TopP 具有独立构型，高于 TP 位置，此类话题包括话题化话题、左置话题和悬垂话题。当 TP 事件性高于 TopP 话题性时，TopP 依附句子中的某个成分存在，可依附的成分为主语或状语；另有时空话题以空话题短语形式存在，其解读完全依靠前文语境。另有两种汉语句子结构上的动词前 NP_1 的语法地位极富争议：汉语保留宾语结构动词前 NP_1 和存现句系动词/非宾格动词前的方位名词 NP_1。本书认为这两种结构中的 NP_1 均为基础生成的话题成分，属于悬垂话题。

不同汉语话题的具体生成方式实际上存在差异。话题的生成方式直接关系到话题结构建构的经济性。从表 7.3 可知，最为经济的是 B 型话题结构，这是因为这类话题结构的句法－语用接口操作仅需要 PM 操作，优选机制虽然起作用，但 TP 事件性的高显著性起着关键性作用。其次，较为经济的是从词汇语段移位而来的 A 型话题，包括空位为论元的话题化话题以及可重构为主谓谓语句的框架话题。这样的话题结构的推导经历了基本句法建构上的 $Numer_1$ 和合并、PM 操作，以及从词汇语段移出的移位操作，OT 机制对话题结构的表征输出起着过滤作用。最后，经济程度最低的是 A 型话题中空位为非论元的话题化话题、左置话题和悬垂话题中的事例话题、范围话题以及部分框架话题等，它们的推导经历了 $Numer_1$、合并、PM、移位和 $Numer_2$ 等[①]。由此看来，话题以独立构型出现，且通过 $Numer_2$ 操作而来的话题结构的生成最不经济，其次是从词汇语段移位而来的话题，最为经济的是 B 型话题，其成分完全依赖核心句法（词汇语段）部门。

这些差异表明，话题性越强，付出的运算代价越大。三种话题结构的不同句法表现说明了语用吸取句法构型程度的不同，也表现了话题显著性的差异。话题显著性程度在句法上的等级由高到低表示如下：

A 型基础生成的话题≫A 型移位生成的话题≫B 型/无独立构型话题

A 型、B 型话题表现出的这些差异还可以从认知语言学的原型理论上得到解释。移位话题和无独立构型话题的原型意义是语义角色，在进入句法－语用接口时才具有话语（话题）功能；基础生成的悬垂话题的原型意义是话题功能，语义角色很弱。这和徐烈炯和刘丹青（1998：210）"话题既可

---

① 乔姆斯基（Chomsky 2016：18）认为内部合并（即移位）比外合并更为简单，因为较之于外部合并，它在运算时涉及的空间小得多。因此，较之基础生成（即第二次分提取）生成的话题结构，通过移位生成的话题结构的推导更具简单性和经济性。

以用到句法成分义，也用到话语成分义"的观点一致。而当语义角色占据原型地位时，整个句子突出的是事件性；当话题角色占据原型地位时，话题的显著性高于事件的显著性。另外，汉语话题成立的先决条件是述题本身成立（Xu & Langendoen 1985）。这说明基本句法运算保证述题的完整，然后才进入句法-语用接口的操作。

话题结构需要按照 OT 下的竞争机制选择最优输出项以最大限度满足意旨系统（语用）的需要。汉语话题结构的表征输出大致受到 LP&SR、PROM、SUBJ、NEW、EPP（CASE）、＊MOVE 等句法限制和语用限制的制约。这些限制构成如下制约等级：

LP & SR≫ PROM ≫ SUBJ ≫ NEW ≫ EPP（CASE）≫ ＊MOVE

本书以 A 型和 B 型话题结构为考察对象，对以上制约等级进行了验证，发现它能够较好地为话题结构的最终生成做出解释。当然，由于采用的语料有限，而汉语话题结构本身类型丰富多样，因此，该制约等级只是初步尝试性研究的结果，在遇到不同情况时，可能需要考虑其他制约条件。

汉语话题结构的核心句法和句法-语用接口表现出的三种不同情况正好验证了本书的三个推断：一是话题结构的建立总是离不开核心句子 S。话题结构的推导均需要经历提取与合并操作，这是核心句法操作。二是来自句法（或通过第二次分提取）的成分只有与话题算子实现 PM 后，它才具有话题属性，从而烙下语用标记。三是话题之类的信息结构的介入会增加句法负担，使语言表现得不那么"完美"；越是不依赖核心句法（词汇语段）的话题，给整个话题结构推导带来的负担越大。该模式遵循先有基本句法建构后有语用信息处理的语言处理方式，仍然与乔姆斯基的句法自足观一致，这种设想也可从已有句法-语用获得研究中的实证证据中得到证明。

7.2　话题结构研究的生物语言学意义

7.2.1　生物语言学范式下的语言研究

"生物语言学"（biolinguistics）这一术语首次出现在米德（Meader）和穆伊斯肯斯（Muyskens）在 1950 年合作出版的题为《生物语言学手册》（*Handbook of Biolinguistics*）的论著中，但当时并未得到人们的重视（Di

Sciullo et al. 2011：1）。伴随着生成语法的诞生与发展，现代生物语言学逐渐进入人们的视野。作为一门新兴的交叉学科，生物语言学有强义（strong sense）和弱义（weak sense）之分（Boeckx & Grohmann 2007：2）。"强义"是指以叉学科方式，从语言学或与语言相关的视角，如演化生物学、基因遗传学、神经学和心理学等视角研究语言。"弱义"则指按照乔姆斯基在《句法结构》中首创的普遍语法研究方案，揭示人类语言的本质。

　　乔姆斯基引领的生成语言学认为，人的大脑中存在一个专司语言的器官（organ），亦即语言官能（faculty of language）。人类天生具有的普遍语法能力以初始状态内化于语言官能之中，语言学研究的主要任务是揭示内化语言的本质特征。这是生物语言学范式下的语言研究，属于弱义生物语言学范畴。2002 年，豪泽等（Hauser et al. 2002）在著名刊物《科学》（*Science*）上发表了题为《语言官能：是什么，拥有它，是如何演化的?》（"The Faculty of Language：What Is It，Who Has It，and How Did It Evolve?"）的论文，将语言官能进一步区分为广义语言官能（faculty of language in a broad sense，FLB）和狭义语言官能（faculty of language in a narrow sense，FLN）。其中，FLB 包括 FLN、感知－运动系统和概念－意旨系统；FLN 仅包含递归机制，是人类语言区别于其他动物交际的独有特征。这一观点被称为语言"唯递归"假说（Recursion-Only Hypothesis）①。

　　将语言官能分为 FLB 和 FLN，语言学研究的具体任务变为去寻找递归运算以及运算系统与概念－意旨系统、感知－运动系统直接的接口的本质。为此，乔姆斯基（Chomsky 2014）提出了"T 假设"（Hypothesis T）：语言的最优化只与概念－意旨接口相关，"外在化"（externalization）是次要现象。在关涉句法－语义的语言核心部分，线性顺序从来不为运算所利用；线性顺序是语言的边缘部分，是感知－运动系统特性的一种反映（reflex）；感知－运动系统在语言出现之前有可能就已经存在（Chomsky 2016）。语义解释依赖层级性，而不是外在形式中的语序。每一门语言提供层级性的结构化表达无限阵列，在两个接口得到解释：一是以供外在化的感知－运动接口，二是以供心智处理的概念－意旨接口——这就是所谓的语言的三个"基本

---

① "唯递归假设"（Recursion-only Hypothesis）是杰肯道夫和品克（Jackendoff & Pinker 2005：212）对豪泽等（Hauser et al. 2002）将语言官能区分为狭义语言官能和广义语言官能的观点的概括，豪泽等并没有直接使用这一术语。

性质"（the Basic Properties）。

语言"唯递归"假说引起了多个领域的广泛讨论，成为当今生物语言学研究热潮中的一个重要议题。针对递归和语言之间的关系，召开了各种生物语言学会议。最近几年各种生物语言学研究会议非常频繁，关于生物语言学研究的论文、文集和专著等纷纷面世。生物语言学吸引了来自各个不同领域的专家、学者共同为这一大业而努力。生物语言学是基于多重证据的学科，其发展趋势是：一方面，语言的宏观与微观研究相结合，依靠多方面的证据支持。另一方面，交叉学科研究是当今的语言研究的必然趋势，生物语言学更是如此，要解决其争议，需要依靠多门学科的研究的共同努力即采用会聚（convergence）的方法。当然，生物语言学不是"研究一切的学科"，因此，需要考虑"怎样将这些问题的答案统一于现存自然科学之中"（Chomsky 1992：128）。总之，乔姆斯基的生物语言学观引领我们从语言的生物属性出发，采用多元的研究法，揭示人类语言的本质。

7.2.2 汉语话题结构的句法 - 语用接口研究的生物语言学研究意义

汉语话题结构作为弱义生物语言学微观句法研究的内容之一，有着其生物语言学研究意义。

首先，汉语话题结构的句法运算及句法 - 语用接口性质表明：句法并非完全"封闭"和"自足"，句法 - 语用接口是开放的；核心句法相对封闭、稳定。从核心句法运算到句法 - 语用接口体现了从普遍语法到个别语法的参数化过程。OT - 语段模式将核心句法运算限定在词汇语段范围，主要满足概念系统的要求；CP 语段为句法 - 语用接口部门，主要满足意旨系统的要求。话题结构的生成均离不开基本句法的建构，这体现了核心句法与递归合并在句法生成中的主导地位，核心句法不受 IS 影响；话题联系核心句法和话语语用，是句法 - 语用接口的产物，不同话题结构的生成主要归因于接口上的差异，句法上的不完美性是句法 - 语用接口造成的。

其次，经典语段理论和句法制图理论将语用特征视为一般形式特征，这会导致与语用相关的操作都属于句法，从而使句法变得庞大。这与乔姆斯基（Chomsky 2008）提出的"从第三要素"出发寻找语言的本质相左。本书将话题视为一个语用算子，而非一般形式特征。这种做法实际上有助于缩小狭义句法的范围，这正符合最简方案从第三因素解释语言的本质的趋势。

最后，将话题视为语用概念，但基于句子层面探讨现代汉语话题的推导和表征的做法实际上仍然承认了语言的层级递归性，这和豪泽等（Hauser et al. 2002）提出的"唯递归"假设及其追求的语言研究目标一致。"唯递归"假设将语言官能区分为狭义语言官能和广义语言官能。狭义语言官能仅包含递归，广义语言官能包括感知－运动系统、概念－意旨系统、狭义语言官能及其他（参见傅顺华 2017）。这种区分的好处之一是将狭义句法机制与反映概念和言语等的因素分离开来。但是，"句法和语义实体绝不可能是完全自足的，这是因为它们的部分分离会使其特定的性质和机制在运算中形成冲突"（Saleemi 2009：207）。语段理论将命题和言语行为特征结合起来，实际上重新界定了形式与意义之间的关系，这适当扩展了意义的范围，克服了 Y－模式下所涉意义过窄而导致解释力削弱的问题。

从核心句法上看，递归合并是语言运算的基本属性，也是语言能力的基本属性；话题表现出的句法－语用接口特点，表明的是语言官能的边缘特征。如果话题主要是一种接口性质，那么核心句法的范围将会更小更清晰：核心句法主要涉及词汇语段，与基本论元结构和词汇的选择性相关。话题是联系（话语）语用与基本句子的纽带。句法之外是语用，语用与句法之间本身是互相独立的。OT－语段下的话题架构表明了"最小命题"（vP 语段）和"最小运算"的统一、语义和语用的分离、语义和语用在句法上的桥接。

话题推导表现出接口层面的开放性，核心语法范围更为明确。按照OT－语段模式，核心句法集中表现在词汇语段范围，满足概念系统的要求；而意旨系统的要求具有不确定性和开放性，对句法的要求体现在 CP 域内，即句法－语用接口上。如果语言官能有狭义和广义之分，那么语言能力可区分为广义语言能力和狭义语言能力，与 IS 相关的语言能力属于广义语言能力范围。狭义语言能力仍然为核心句法上的递归操作能力。

总之，话题的特点和话题表达的生成机制实际上反映了狭义语言官能与广义语言官能之间的关系、语言部门与非语言部门之间的关系、一般认知与语言之间的关系。语言"唯递归性""最小递归""最小运算"等假设引起了来自多个领域的广泛讨论，成为当今生物语言学研究热潮中的一个重要课题。汉语话题结构的生成机制研究作为生物语言学微观句法研究中的一种探索，能帮助我们深入认识句法的本质，了解人类语言与一般认知之间的关系。

7.3　需要进一步研究的问题

本书通过对典型的汉语 A 型和 B 型话题的生成机制的研究，主要探讨了句法-语用接口机制，但句法-语用接口相当复杂，涉及的方方面面远不止话题。就话题本身而言，对它的研究应更多地结合其出现的语境考虑，但基于句法的分析又无法过多地与语境同时关联起来。因此，这也就造成了对话题生成机制研究的困难。本书认为，今后还可以围绕以下三个方面展开研究。

第一，从话题结构本身来看，对于 IP 之下、vP 之上的某些成分究竟是话题还是焦点尚具有争议。如果这些成分可以解读为话题，那么涉及 TopP 的话题性与 vP 事件性的对比，而这项研究是本书尚未展开的。另外，右置句法话题结构也是值得继续关注的语言现象。

第二，对有关话题结构生成涉及的 OT 机制，由于本书考察的对象不那么全面，并不能排除可能存在某些不太符合本书 OT 制约等级的汉语话题对象，这时还需考虑调整相关限制条件才可以对它们做出解释。信息结构包括话题和焦点两个维度，有时话题和焦点采用相同的策略，如异位，这也需要根据具体语境做出判断。在话题和焦点同时出现时，两者也需要按照相关制约等级进行互动，因此，还需对焦点的句法投射及其与语用的相关性进行研究，才能更好地对汉语话题表达的推导进行判断与分析。

第三，话题属于语用概念，今后的研究一方面还可以扩展至与语用相关的其他成分，如祈使句的主语、呼语等的研究，另一方面，还可以考察像日语之类的 SOV 语言中的语用结构。这些研究均可以进一步验证 OT-语段模式的解释力。另外，本书得出的结论：不同话题结构的建构经济程度不同。这一结论可以通过语言习得研究实验做出进一步验证，从而进一步揭示句法-语用接口的本质和它的各种属性。

总之，本书以汉语话题结构为对象，参考国内外学术界部分已有研究成果，结合生成语法语段理论与 OT 句法方案，采用 OT-语段模式对话题结构的句法-语用接口机制进行了分类考察，得到了某些结论。然而，由于各种主客观原因，本书的研究必然存在不少缺点与不足之处，这既是遗憾也是鞭策笔者进一步探索的动力。

参考文献

曹逢甫，1995. 主题在汉语中的功能研究［M］. 谢天蔚，译. 北京：语文出版社.

常辉，2014. 接口假说与接口知识习得研究——基于生成语法理论的二语习得研究
［J］. 外语与外语教学（6）：44－49.

陈国华，王建国，2010. 汉语的无标记非主语话题［J］. 世界汉语教学（3）：310
－324.

陈平，1994. 试论汉语中三种句子成分与语义成分的配位原则［J］. 中国语文（3）：
161－168.

方经民，1994. 有关汉语句子信息结构分析的一些问题［J］. 语文研究（2）：39－44.

方立，纪凌云，1999. 主题化结构［J］. 语言教学与研究（4）：69－79.

房战峰，2015. 汉语受事话题构式研究［D］. 杭州：浙江大学.

范开泰，1985. 语用说略［J］. 中国语文（6）：401－408.

傅顺华，2016. 论乔姆斯基生物语言学范式下的语言研究转向［J］. 长沙理工大学学报
（社会科学版），31（5）：53－59.

傅顺华，2017.《语言与递归》述介［J］. 外语教学与研究，49（3）：464－468.

高秀雪，2011. 汉语话题结构生成的句法、语义限制［J］. 西南民族大学学报（人文社
会科学版），32（S2）：239－241.

顾钢，2001. 话题和焦点的句法分析［J］. 天津师范大学学报（社会科学版）（1）：
76－80.

韩景泉，2000. 领有名词提升移位与格理论［J］. 现代外语（3）：262－272.

韩景泉，潘海华，2016. 汉语保留宾语结构句法生成的最简分析［J］. 语言教学与研究
（3）：41－53.

黄正德，李亚非，李艳惠，2009. 汉语句法学［M］. 张和友，译. 北京：世界图书出版
公司.

胡建华，2007. 题元、论元和语法功能项——格标效应与语言差异［J］. 外语教学与研
究（3）：163－168.

胡建华, 2008. 现代汉语不及物动词的论元和宾语——从抽象动词"有"到句法—信息结构接口 [J]. 中国语文 (5): 396-409.

胡建华, 2010. 论元的分布与选择: 语法中的显著性和局部性 [J]. 中国语文 (1): 3-20.

胡旭辉, 2015. 句法、语用界面研究的现状及反思 [J]. 天津外国语大学学报, 23 (1): 1-7.

胡裕树, 范晓, 1993. 试论语法研究三个层面 [J]. 新疆师范大学学报 (2): 7-15.

霍凯特, 1986. 现代语言学教程 [M]. 索震羽, 叶蜚声, 译. 北京: 北京大学出版社.

老舍, 2005. 茶馆 [M]. 天津: 天津人民出版社.

老舍, 2006. 骆驼祥子 [M]. 北京: 人民文学出版社.

李秉震, 2010. 汉语话题标记的语义、语用功能研究 [D]. 天津: 南开大学.

李福印, 2008. 认知语言学概论 [M]. 北京: 北京大学出版社.

李海, 程工, 2016. 《分布式形态学近况》介绍 [J]. 外语教学与研究, 48 (2): 300-304.

李金满, 2006. 主语跟话题和题语 [J]. 现代外语 (3): 239-247.

李英哲, 郑良, 贺上贤, 等, 1990. 实用汉语参考语法 [M]. 熊文华, 译. 北京: 北京语言学院出版社.

刘丹青, 2016a. 汉语中的非话题主语 [J]. 中国语文 (2): 259-275.

刘丹青, 2016b. 先秦汉语的话题标记和主语—话题之别 [J]. 古汉语研究 (2): 2-16.

刘丹青, 2018. 制约话题结构的诸参项——谓语类型、判断类型及指称和角色 [J]. 当代语言学, 20 (1): 1-18.

刘利民, 2014. 关于"主语"性质的理论思考——"主语"系列研究之一 [J]. 外语学刊 (4): 70-77.

刘利民, 2016. 单称词项替换推论·重言式·主词（语）——主语性质问题思考（之二）[J]. 外语学刊 (4): 29-34.

刘利民, 傅顺华, 2017. 语义何以足够最小: 非语境敏感语义学的新进展 [J]. 四川大学学报（哲学社会科学版）(1): 47-54.

刘涛, 2011. 汉语句法移位的神经语言学研究 [D]. 南京: 南京师范大学.

柳运斗, 1991. 称代复指句的结构分析管见 [J]. 大连大学学报, 1 (2): 69-74.

陆俭明, 1986. 周遍性主语句及其他 [J]. 中国语文 (3): 161-167.

陆俭明, 2022. 再议语言信息结构研究 [J]. 当代修辞学 (2): 1-13.

吕叔湘, 朱德熙, 1979. 语法修辞讲话 [M]. 北京: 中国青年出版社.

马建忠, 1983. 马氏文通 [M]. 北京: 商务印书馆.

马志刚，2011. 移位性特征句法操作限制与句首名词的话题和/或主语属性：以汉语领主属宾句和及物句为例［J］. 外国语（5）：2–11.

马志刚，2013. 再论汉语保留宾语被动句——兼论领属关系的典型性和"王冕死了父亲"的历史成因［J］. 语言研究集刊（2）：182–195.

聂仁发，2013. 汉语主语和话题问题研究［M］. 杭州：浙江大学出版社.

潘海华，韩景泉，2005. 显性非宾格动词结构的句法研究［J］. 语言研究（3）：1–13.

潘海华，韩景泉，2008. 汉语保留宾语结构的句法生成机制［J］. 中国语文（6）：511–522.

潘珣祎，2010. 现代汉语话题结构的认知语用研究［D］. 杭州：浙江大学.

邱雪玫，2011. 现代汉语话题语—说明语结构研究［D］. 南京：南京师范大学.

沈家煊，1999. 不对称和标记论［M］. 南昌：江西教育出版社.

沈家煊，2017. 汉语有没有主谓结构［J］. 现代外语（1）：1–13.

沈家煊，2019. 超越主谓结构——对言语法和对言格式［M］. 北京：商务印书馆.

石定栩，1998. 汉语主题句的特性［J］. 现代外语（2）：40–57.

石毓智，2001. 汉语的主语与话题之辨［J］. 语言研究（2）：82–91.

史有为，2005. 话题、协同化及话题性［J］. 语言科学，4（3）：3–22.

司富珍，2008. 语言论题——乔姆斯基生物语言学视角下的语言和语言研究［M］. 北京：中国社会科学出版社.

司富珍，2014. "赵本山的爷爷"和"赵本山的帽子"——漫谈汉语中的两种领属结构［J］. 语言教学与研究（2）：43–51.

宋国明，2008. 句法理论概要［M］. 北京：中国社会科学出版社.

孙晋文，伍雅清，2003. 再论"领有名词提升移位"［J］. 语言科学（6）：46–52.

田启林，2016. 领有话题结构的生成与处理机制研究［J］. 现代外语，39（3）：293–304.

王力，1956. 主语的定义及其在汉语中的应用［J］. 语文学习（1）：21–25.

王力，1990. 王力文集［M］. 16卷. 济南：山东教育出版社.

王寅，1999. 主位、主语和话题的思辨——兼谈英汉核心句型［J］. 外语研究（3）：15–19.

温宾利，2002. 当代句法学导论［M］. 北京：外语教学与研究出版社.

温宾利，陈宗利，2001. 领有名词移位：基于 MP 的分析［J］. 现代外语（4）：413–416.

文旭，2007. 话题与话题构式的认知阐释［J］. 重庆大学学报（社会科学版）（1）：123–130.

吴中伟，2004. 现代汉语句子的主题研究［M］. 北京：北京大学出版社.

项梦冰，1998．连城方言的话题句［J］．语言研究（1）：67-86．

熊仲儒，2006．主语语法功能的分配［J］．外国语（上海外国语大学学报）（1）：26-34．

熊仲儒，2012．领属性致使句的句法分析［J］．安徽师范大学学报（3）：359-366．

徐杰，1993．汉语描写语法十论［M］．郑州：河南教育出版社．

徐杰，1999．两种保留宾语句式及相关句法理论问题［J］．当代语言学（1）：16-29．

徐杰，2003．主语成分、话题特征及相应语言类型［J］．语言科学（1）：3-22．

徐杰，2008．领有名词的提升移位与多项名词性结构的切分方向［J］．当代语言学（3）：193-199．

徐烈炯，2002．汉语是话语概念结构化语言吗？［J］．中国语文（5）：400-410．

徐烈炯，刘丹青，1998．话题的结构与功能［M］．上海：上海教育出版社．

徐通锵，1997．语言论——语义型语言的结构原理和研究方法［M］．长春：东北师范大学出版社．

荀恩东，饶高琦，肖晓悦，等，2016．大数据背景下BCC语料库的研制［J］．语料库语言学（1）：93-109．

许阳，2012．汉语句式中复指代词的句法分析［J］．语文知识（1）：119-121．

杨成凯，2000．汉语句子的主语和话题［J］．现代中国语研究（1）：35-48．

杨大然，2008．领有名词短语分裂与汉语话题结构［J］．解放军外国语学院学报（3）：17-23．

杨小龙，吴义诚，2015．论话题结构生成的线性机制［J］．外国语（上海外国语大学学报）（1）：55-63．

杨亦鸣，刘涛，2013．汉语话题句中语迹的神经机制研究［J］．中国社会科学（6）：146-166．

袁毓林，1996．话题化及相关的语法过程［J］．中国语文（4）：241-254．

余华，2010．活着［M］．北京：作家出版社．

张伯江，方梅，1996．汉语功能语法研究［M］．南昌：江西教育出版社．

张连文，2017．语段研究的新进展——《语段理论》述评［J］．外国语（上海外国语大学学报），40（1）：100-107．

张敏，2009．汉语话题化结构限制中的邻接条件：认知处理角度的论证［M］//语言学论丛：第39辑．北京：商务印书馆：522-572．

张孝荣，2017．英汉位移现象的句法研究［M］．南京：南京大学出版社．

张孝荣，2020．英汉语信息结构的标注模式及其句法实现［J］．现代外语（4）：439-450．

张志恒，2013．从制图理论探索汉语话题与焦点的分布［J］．现代外语（1）：10-17．

赵元任，1981．国语语法——中国话的文法［M］．台北：学海出版社．

郑继正，2014．句法与信息结构界面的优选分析［D］．上海：上海外国语大学．

周国光，潘玉雯，2008．关于主位、主语、话题的思考［J］．华南师范大学学报（社会科学版）（6）：51－64．

周士宏，2016．汉语句子的信息结构研究［M］．北京：北京师范大学出版社．

朱德熙，1985．语法答问［M］．北京：商务印书馆．

朱德熙，1999．朱德熙文集［M］．北京：商务印书馆．

庄会彬，2013．"王冕死了父亲"句式的 CP 分裂假说解释［J］．外国语言文学，30（4）：242－250．

朱行帆，2005．轻动词和汉语不及物动词带宾语现象［J］．现代外语（3）：221－231．

ABE J, 2017. Minimalist syntax for quantifier raising, topicalization and focus movement: A search and float approach for internal merge [M]. Cham: Springer.

ABOH E O, 2010. Information structuring begins with the numeration [J]. Iberia: An international journal of theoretical linguistics, 2(1): 12-42.

AOUN J, CHOUEIRI L, HORNSTEIN N, 2001. Resumption, movement and derivational economy [J]. Linguistic inquiry, 32: 371-403.

ARCHANGELI D, LANGENDOEN T D, 1997. Optimality Theory: An overview [M]. Oxford: Blackwell.

ARIEL M, 2008. Pragmatics and grammar [M]. Cambridge: Cambridge University Press.

ASUDEH A, 2011. Toward a unified theory of resumption [M]//ROUVERET A. Resumptive pronouns at the interfaces. Amsterdam: John Benjamins Publishing Company: 121-188.

ASUDEH A, 2004. Resumption as resource management [D]. San Francisco: Stanford University.

ASUDEH A, DALRYMPLE M, 2006. Binding theory [M]//BROWN K. Encyclopedia of language and linguistics. Oxford: Elsevier Ltd: 1022-1053.

BARBOSA P, FOX D, HAGSTROM P, et al. 1998. Is the best good enough? Proceedings of the workshop on optimality in syntax [C]. Cambridge, MA: MIT Press.

BALTIN M, 1982. A landing site theory of movement rules [J]. Linguistic inquiry, 13(1): 1-18.

BENINCÀ P, 2001. The position of topic and focus in the left periphery [M]//CINQUE G, SALVI G. Current studies in Italian syntax: Essays offered to Lorenzo Renzi. Amsterdam: Elsevier-North Holland: 39-64.

BOECKX C, 2003. Islands and chains: Resumption as derivational residue [M]. Amsterdam: John Benjamins.

BOECKX C, GROHMANN K, 2007. The Biolinguistics manifesto [J]. Biolinguistics (1): 1－8.

BORG E, 2004. Minimal semantics [M]. Oxford: Oxford University Press.

BORG E, 2007. Minimalism versus contextualism in semantics [M]//PREYER G, PETER G. Context-sensitivity and semantic minimalism. Oxford: Oxford University Press: 339-360.

BORG E, 2012. Pursuing meaning [M]. Oxford: Oxford University Press.

BOŠKOVI Ć Z, 2007. On the locality and motivation of Move and Agree: An even more minimal theory [J]. Linguistic inquiry, 38(4): 589-644.

BRESNAN J, 1995. Linear order, syntactic rank, and empty categories: On weak crossover [M]// DALRYMPLE M, KAPLAN R M, MAXWELL Ⅲ J T, et al. Formal issues in Lexical-Functional Grammar. Stanford: CSLI: 241-274.

BRESNAN J, 1998. Morphology competes with syntax: Explaining typological variation in weak crossover effects [M]//BARBOSA P, FOX D, HAGSTROM P, et al. Is the best good enough? Proceedings of the workshop on optimality in syntax. Cambridge, MA: MIT Press, 59-92.

BROEKHUIS H, WOOLFORD E, 2013. Minimalism and Optimality Theory [M]//DIKKEN DEN M. The Cambridge handbook of generative syntax. Cambridge: Cambridge University Press: 122-161.

BURZIO L, 1986. Italian syntax: A government-binding approach [M]. Dordrecht: Reidel.

BUTT M, KING T H, 1996. Structural topic and focus without movement. Online Proceedings of LFG, 1996. [EB]. [2022-06-06]. http://web. stanford. edu/group/cslipublications/ cslipublications/LFG/1/lfg96butt. pdf.

BÜRING D, 1997. The meaning of topic and focus—The 59th Street Bridge accent [M]. London: Routledge.

CAPPELEN H, LEPORE E, 2005. Insensitive semantics: A defense of semantic minimalism and speech act pluralism [M]. Malden: Wiley-Blackwell.

CASIELLES-SUÁREZ E, 2004. The syntax-information structure interface: Evidence from Spanish and English [M]. New York: Routledge.

CECCHETTO C, 1999. A comparative analysis of left and right dislocation in Romance [J]. Studia linguistica, 53(1): 40-67.

CHAFE W L, 1976. Givenness, contrastiveness, definiteness, subjects, topics, and point of view [M]//LI C. Subject and topic. New York: Academic Press: 25-56.

CHAO Y R, 1968. A grammar of spoken Chinese [M]. Berkeley: University of California Press.

CHEN P, 1996. Pragmatic interpretations of structural topics and relativization in Chinese [J]. Journal of pragmatics, 26(3): 389-406.

CHOI H W, 1999. Optimizing structure in context: Scrambling and information structure [M]. Stanford: CSLI Publications.

CHOI, H W, 2001. Binding and discourse prominence [M]//LEGENDRE G, GRIMSHAW J B, VIKNER S. Optimality-theoretic syntax language, speech, and communication. Cambridge, MA:

MIT Press: 143-170.

CHOMSKY N, 1959. A review of B. F. Skinner's verbal behavior [J]. Language, 35(1): 26-58.

CHOMSKY N, 1965. Aspects of the theory of syntax [M]. Cambridge, MA: MIT Press.

CHOMSKY N, 1971. Deep structure, surface structure, and semantic interpretation [M]// STEINBERG D, JAKOBOVITS L. Semantics: An interdisciplinary reader in philosophy, linguistics and psychology. Cambridge: Cambridge University Press: 183-216.

CHOMSKY N, 1976. Studies on semantics in generative grammar [M]. Paris: Mouton.

CHOMSKY N, 1977. On wh-movement [M]//CULICOVER P, WASOW T, AKMAJIAN A. Formal Syntax. New York: Academic Press: 71-132.

CHOMSKY N, 1980. Rules and representations [M]. New York: Columbia University Press.

CHOMSKY N, 1981. Lectures on government and binding: the Pisa lectures [M]. Dordrecht: Foris.

CHOMSKY N, 1986. Barriers [M]. Cambridge, MA: MIT Press.

CHOMSKY N, 1988. Language and problems of knowledge: The Managua lectures [M]. Cambridge, MA: MIT Press.

CHOMSKY N, 1992. Language and interpretation: Philosophical reflections and empirical inquiry [M]//EARMAN J. Inference, explanation, and other frustrations. Berkeley: University of California Press: 99-128.

CHOMSKY N, 1993. A minimalist program for linguistic theory [M]//HALE K, KEYSER S J. The view from building 20: Essays in linguistics in honor of Sylvain Bromberger. Cambridge, MA: MIT Press: 1-52.

CHOMSKY N, 1995. The Minimalist Program [M]. Cambridge, MA: MIT Press.

CHOMSKY N, 2000a. Minimalist inquiries: The framework [M]//MARTIN R, MICHAELS D, URIAGEREKA J. Step by step: Essays on minimalist syntax in honor of Howard Lasnik. Cambridge, MA: MIT Press: 89-155.

CHOMSKY N, 2000b. New horizons in the study of language and mind [M]. Cambridge: Cambridge University Press.

CHOMSKY N, 2001. Derivation by phase [M]//KENSTOWICZ M. Ken Hale: A life in language. Cambridge, MA: MIT Press: 1-52.

CHOMSKY N, 2004. Beyond explanatory adequacy [M]//BELLETTI A. Structures and beyond: The cartography of syntactic structures. Vol. 3. Oxford: Oxford University Press: 104-131.

CHOMSKY N, 2005. Three factors in language design [J]. Linguistic inquiry, 36(1): 1-22.

CHOMSKY N, 2008. On phases [M]//FREIDIN R, OTERO C P, ZUBIZARRETA M L. Foundational issues in linguistic theory: Essays in honor of Jean-Roger Vergnaud. Cambridge, MA: MIT Press: 133-166.

CHOMSKY N, 2014. Minimal recursion: Exploring the prospects [M]//ROEPER T, SPEAS M. Recursion: Complexity in cognition. Cham: Springer: 1 – 16.

CHOMSKY N, 2016. What kind of creatures are we? [M]. New York: Columbia University Press.

CHOU C-T T, 2012. Syntax-pragmatics interface: Mandarin Chinese Wh-the-hell and point-of-view operator [J]. Syntax, 15 (1): 1-24.

CINQUE G, 1990. Types of A'-dependencies [M]. Cambridge, MA: MIT Press.

CINQUE G, 1999. Adverbs and functional heads: A cross-linguistic perspective [M]. Oxford: Oxford University Press.

CINQUE G, 2002. Functional structure in DP and IP: The cartography of syntactic structures, [M]. Vol. 1. New York: Oxford University Press.

CITKO B, 2014. Phase theory: An introduction [M]. Cambridge: Cambridge University Press.

CULICOVER P, 1991. Topicalization, inversion and complementizers in English [M]// DELFITTO D, EVERAERT M, EVERS A, et al. Going romance and beyond. Utrecht: University of Utrecht: 1-45.

DAHL Ö, 1974. Topic-comment structure revisited [M]//DAHL Ö. Topic and comment, contextual boundness and focus. Hamburg: Helmut Buske: 1-24.

DE CAT C, 2002. French dislocation [D]. York: University of York.

DI SCIULLO A, BOECKX C, 2011. The Biolinguistic enterprise: New perspectives on the evolution and nature of the human language faculty [M]. Oxford: Oxford University Press.

DOMÍNGUEZ L, 2013. Understanding interfaces: Second language acquisition and first language attrition of Spanish subject realization and word order variation [M]. Amsterdam: John Benjamins Publishing Company.

ENGDAHL E, 1985. Parasitic gaps, resumptive pronouns and subject extractions [J]. Linguistics, 23: 3-44.

ERTESCHIK-SHIR N, 1997. The dynamic of focus structure [M]. Cambridge: Cambridge University Press.

ERTESCHIK-SHIR N, 2006. The architecture of topic and focus [M]//MOLNÁR V, WINKLER S. The architecture of focus. Berlin: Mouton de Gruyter: 33-58.

ERTESCHIK-SHIR N, 2007. Information structure: The syntax-discourse interface [M]. Oxford: Oxford University Press.

EVANS N, 2007. Insubordination and its uses [M]//NICOLAEVA I. Finiteness: Theoretical and empirical foundations. Oxford: Oxford University Press: 366-431.

FANSELOW G, 2006. On pure syntax (uncontaminated by information structure) [EB]. [2022-5-10]. http://www.ling.uni-potsdam.de/~fanselow/files/Fanselow. 2006-On _ pure _ syntax. pdf.

FANSELOW G, LENERTOVÁ D, 2011. Left peripheral focus: Mismatches between syntax and information structure [J]. Natural language & linguistic theory, 29: 169-209.

FIRBAS J, 1964. On defining the theme in functional sentence perspective [J]. Travaux linguistiques de Prague (1): 267-280.

FRASCARELLI M, HINTERHÖLZL R, 2007. Types of topics in German and Italian [M] // SCHWABE K, WINKLER S. On information structure, meaning and form. Amsterdam: John Benjamins: 87-116.

FREY W, 2004. A medial topic position for German [J]. Linguistische berichte: 15401-15407.

FU S-H, 2017. Is language generated through "autonomy of syntax" or "parallel architecture"?: Analysis of the two models of grammar from Chomsky and Jackendoff [M]//ZHANG B. Advances in education sciences: 2017 3rd international conference on creative education. Leville Isuites: Singapore Management and Sports Science Institute: 293-299.

FODOR J A, 1983. The modularity of mind [M]. Cambridge, MA: MIT Press.

GIVÓN T, 1976. Topic, pronoun, and grammatical agreement [M]//LI C N. Subject and topic. New York: Academic Press: 149-188.

GIVÓN T, 1983. Topic continuity in discourse: An introduction [M]//GIVÓN T. Topic continuity in discourse: A quantitative cross-language study. Amsterdam: John Benjamins: 1-41.

GREWENDORF G, 2005. The discourse configurationality of scrambling [M]//SABEL J, SAITO M. The free word order phenomenon: Its syntactic sources and diversity. Berlin: Mouton De Gruyter: 75-135.

GRICE H P, 1975. Logic and conversation [M]//COLE P, MORGAN J L. Syntax and semantics 3: Speech acts. New York: Academic Press: 41-58.

GRIMSHAW J, 1997. Projection, heads, and optimality [J]. Linguistic inquiry (28): 373-422.

GRIMSHAW J, SAMEK-LODOVICI V, 1998. Optimal subjects and subjects universals [M]// BARBOSA P, FOX D, HAGSTROM P, et al. Is the best good enough?: Optimality and competition in syntax. Cambridge, MA. MIT Press: 193-220.

GROHMANN, K K, 2003. Prolific domains: On the anti-locality of movement dependencies [M]. Amsterdam: John Benjamins.

GUNDEL J, 1974. The role of topic and comment in linguistic theory [D]. Austin: University of Texas.

GUNDEL J, 1985. "Shared knowledge" and topicality [J]. Journal of pragmatics, 9(1): 83-107.

GUNDEL J, 1988. Universals of topic-comment structure [M]//HAMMOND M, MORAVCSIK E, WIRTH J. Studies in syntactic typology. Amsterdam: John Benjamins: 209-239.

GUPTON T, 2014. The syntax-information structure interface: Clausal word order and the left periphery in Galician [M]. Berlin: Walter de Gruyter GmbH.

HAEGEMAN L, 1994. Introduction to government and binding theory [M]. Massachusetts: Blackwell.

HALLIDAY M A K, 1967. Notes on transitivity and theme in English, Part 2 [J]. Journal of linguistics, 3(2): 199-244.

HALLIDAY M A K, 2004. An introduction to functional grammar [M]. 3rd edition. London: Hodder Arnold.

HAUSER M D, CHOMSKY, FITCH W T, 2002. The faculty of language: What is it, who has it, and how did it evolve? [J]. Science, 298(5598): 1569-1579.

HENDRIKS P, 2004. Optimization in focus identification [M]// BLUTNER R, ZEEVAT H. Optimality Theory and pragmatics. New York: Palgrave Macmillan Ltd.: 42-62.

HETLAND J, 2003. On focus and contrastive topic: Climbing Büring's D-tree, looking for Beans and B-accents [J]. Journal of cognitive science (4): 149-176.

HOCKETT C F, 1958. A course in modern linguistics [M]. New York: MacMillan.

HORVATH J, 2010. "Discourse features", syntactic displacement and the status of contrast [J]. Lingua, 120 (6): 1346-1369.

HUANG C-R, 1992. Certainty and functional uncertainty [J]. Journal of Chinese linguistics, 20 (2): 247-288.

HUANG C-T J, 1982a. Logical relations in Chinese and the theory of grammar [D]. New York: Garland Press.

HUANG C-T J, 1982b. Move WH in a language without WH movement [J]. The linguistic review, 1(4): 369-416.

HUANG C-T J, 1984. On the distribution and reference of empty pronouns [J]. Linguistic inquiry, 15(4): 531-574.

HUANG C-T J, Li Y-H A, 1996. Recent generative studies on Chinese Syntax [M]// HUANG C-T J, LI Y-H A. New horizons of Chinese linguistics. Dordrecht: Kluwer: 49-95.

HU J-H, PAN H-H. 2008. Focus and the basic function of Chinese existential you-sentences [M]//COMOROVSKI I, HEUSINGER K. Existence: Semantics and syntax. New York: Springer: 133-145.

JACKENDOFF R, 1972. Semantic interpretation in generative grammar [M]. Cambridge, MA: MIT Press.

JACKENDOFF R, 2002. Foundations of language: Brain, meaning, grammar, evolution [M]. New York: Oxford University Press.

JACKENDOFF R, PINKER S, 2005. The nature of the language faculty and its implications for evolution of language (Reply to Fitch, Hauser, and Chomsky) [J]. Cognition, 97(2): 211-225.

JIANG Z-X, 1990. Some aspects of the syntax of topic and subject in Chinese [D]. Chicago:

University of Chicago.

JIANG Z-X, 1992. A constraint on topic in Chinese [J]. Journal of Chinese linguistics, 18(2): 231-260.

KAGER, R, 1999. Optimality Theory [M]. Cambridge: Cambridge University Press.

KALTENBÖCK G, KEIZER E, LOHMANN A, 2016. Outside the clause: Form and function of extra-clausal constituents [C]. Amsterdam: John Benjamins Publishing Company.

KAMP H, REYLE U, 1993. From discourse to logic [M]. Dordrecht: Kluwer.

KIAER J, 2014. Pragmatic syntax [M]. London: Bloomsbury Academic.

KING J C, 1994. Anaphora and operators [J]. Philosophical perspectives (8): 221-250.

KISS K É, 1995. Discourse configurational languages [M]. Oxford: Oxford University Press.

KISS K É. 1996. Two subject positions in English [J]. The linguistic review, 13(2): 119-142.

KOOPMAN H, 1983. Control from COMP and comparative syntax [J]. The linguistic review, 2 (4): 365-391.

KOSTA P, 2020. The syntax of meaning and the meaning of syntax [M]. Berlin: Peter Lang.

KRUIJFF-KORBAYOVÁ I, STEEDMAN M, 2003. Discourse and information structure [J]. Journal of logic, language and information, 12(3): 249-259.

KUNO S, 1973. The structure of the Japanese language [M]. Cambridge, MA: MIT Press.

KUNO S, 1976. Subject raising [M]//SHIBATANI M. Japanese generative grammar (syntax and semantics 5). New York: Academic Press: 17-49.

LAHOUSE K, 2007. Implicit stage topics: A case study in French [J]. Discourse (1): 1-23.

LAMBRECHT K, 1981. Topic, antitopic, and verb agreement in non-standard French [M]. Amsterdam: John Benjamins.

LAMBRECHT K, 1987. Sentence focus, information structure, and the thetic-categorical distinction [M]//Proceedings of the thirteenth annual meeting of the Berkeley Linguistics Society. Berkeley Linguistics Society, University of California: 366-382.

LAMBRECHT K, 1994. Information structure and sentence form: Topic, focus, and the mental representation of discourse referents [M]. Cambridge: Cambridge University Press.

LANGACKER R W, 1993. Reference point construction [J]. Cognitive linguistics, 4(1): 1-38.

LANGACKER R W, 2001. Dynamicity in grammar [J]. Axiomathes, 12(1-2): 7-33.

LARSON R, 1988. On the double object construction [J]. Linguistic inquiry, 19(3): 335-392.

LEGENDRE G, SMOLENSKY P, WILSON C. 1998. When is less more? Faithfulness and minimal links in wh-chains [M]//BARBOSA P, FOX D, HAGSTRON P, et al. Is the best good enough? Optimality and competition in syntax. Cambridge, MA: MIT Press: 249-289.

LEGENDRE G, GRIMSHAW J, VIKNER S, 2001. Optimality-theoretic syntax [C]. Cambridge, MA: MIT Press.

LEINO J, 2013. Information structure [M]// HOFFMANN T, TROUSDALE G. The Oxford handbook of construction grammar. Oxford: Oxford University Press: 1-11.

LEXBEAUX D, 1988. Language acquisition and the form of grammar [D]. Amherst: University of Massachusetts.

LI C, THOMPSON S. 1976. Subject and topic: A new typology of language [C] // Li C. Subject and Topic. New York: Academic Press: 457-489.

LIGHT T, 1979. Word order and word order change in Mandarin Chinese [J]. Journal of Chinese Linguistics 7(2): 149-180.

LI Y-H A, 1990. Order and constituency in Mandarin Chinese [M]. Dordrecht: Kluwer.

LI Y-H A, 2000. Topic structures and minimal effort [J]. ZAS papers in linguistics (20): 1-20.

LÓPEZ L, 2007. Locality and the architecture of syntactic dependencies [M]. London: Palgrave-Macmillan.

LÓPEZ L, 2009. A derivational syntax for information structure [M]. New York: Oxford University Press.

LÓPEZ L, 2010. Givenness and discourse anaphors [M]//BREUL C, GÖBBEL E. Contrastive and contrastive studies of information structure. Amsterdam: John Benajamins: 51-76.

MALLINSON G, BLAKE B. 1981. Language typology: Cross-linguistics studies in syntax [M]. Amsterdam: North-Holland.

MATHESIUS V, 1975. A functional analysis of present day English on a general linguistic basis [M]. DUŠKOVÁ T, trans. The Hague and Paris: Mouton.

MATIĆ D, 2015. Information structure in linguistics [J]. International encyclopedia of the social & behavioral sciences, 12(2): 95-99.

MEADER L, MUYSKENS J, 1950. Handbook of biolinguistics [M]. Toledo: Weller.

MITHUN M. 1995. Morphological and prosodic forces shaping word order [M]//DOWNING P, NOONAN M. Word order in discourse. Amsterdam: John Benjamin's: 387-423.

MITHUN M, 2008. The extension of dependency beyond the sentence [J]. Language, 84 (1): 69-119.

MÜLLER G, 1999. Optimality, markedness, and word order in German [J]. Linguistics, 37(5): 777-818.

MÜLLER G. 2015. Optimality-theoretic syntax [M]//HOLMBERG A, KISS T, ALEXIADOU A. Syntax-theory and analysis: An international handbook. Vol. 2. Berlin: De Gruyter Mouton: 85-144.

MUNAKATA T. 2006. The division of C-I and the nature of the input, multiple transfer, and phases [M]//GROHMANN K K. Interphases: Phase-theoretic investigations of linguistic interfaces. New York: Oxford University Press: 48-81.

NEELEMAN A, VAN DE KOOT H, 2008. Dutch scrambling and the nature of discourse templates [J]. Journal of comparative Germanic linguistics (11): 137-189.

NING C-Y, 1993. The overt syntax of relativization and topicalization in Chinese [D]. Irvine: University of California.

PAN H-H, HU J-H, 2008. A semantic-pragmatic interface account of (dangling) topics in Mandarin Chinese [J]. Journal of pragmatics, 40 (11): 1966-1981.

PAN J-N V, 2016. Resumptivity in Mandarin Chinese: A minimalist account [M]. Berlin/Boston: Walter de Gruyter GmbH.

PAUL W, 2014. New perspectives on Chinese syntax [M]. Berlin: Mouton de Gruyter.

PESETSKY D. 1997. Optimality Theory and syntax: Movement and pronunciation [M]// ARCHANGELI D, LANGENDOEN D T. Optimality Theory: An overview. Oxford: Blackwell: 134-170.

POLLOCK J-Y, 1989. Verb movement, universal grammar, and the structure of IP [J]. Linguistic inquiry, 20(3): 365-424.

PRINCE A, PAUL S, 2004. Optimality Theory: Constraint interaction in generative grammar [M]. Oxford: Blackwell.

PRINCE A, SMOLENSKY P, 1997. Optimality: From neural networks to universal grammar [J]. Science, 275(5306): 1604-1610.

PUSTEJOVSKY J, 1995. The generative lexicon [M]. Cambridge, MA: MIT Press.

RADFORD A, 1988. Transformation of grammar: A first course [M]. Cambridge: Cambridge University Press.

RADFORD A, 2009. Minimalist syntax: Exploring the structure of English [M]. Beijing: Foreign Language Teaching and Research Press.

RAMCHAND G, REISS C, 2007. The Oxford handbook of linguistic interfaces [M]. New York: Oxford University Press.

REINHART T, 1981. Pragmatics and linguistics: An analysis of sentence topics [J]. Philosophica anc Studia Philosophica Gandensia Gent, 27(1): 53-94.

REINHART T, 2006. Interface strategies: Optimal and costly computations [M]. Cambridge, MA: MIT Press.

REPP S, 2017. Structural topic marking: Evidence from the processing of grammatical and ungrammatical sentences with adverbs [J]. Lingua (188): 53-90.

RIZZI L, 1997. On the fine structure of the left periphery [M]//HAEGEMAN L. Elements of grammar. Dordrecht: Kluwer: 281-337.

RIZZI L. 2004. The structure of CP and IP: The cartography of syntactic structures [M]. Vol. 2. Oxford: Oxford University Press.

ROCHEMONT M, 1978. A theory of stylistic rules in English [M] . New York: Garland.

ROCHEMONT M, 1986. Focus in Generative Grammar [M] . Amsterdam: John Benjamins.

ROCHEMONT M, 1989. Topic islands and the subjacency parameter [J] . Canadian journal of linguistics (34) : 145-170.

ROSS J R, 1967. Constraints on variables in syntax [D] . Cambridge, MA: MIT Press.

SAITO M, 1985. Some asymmetries in Japanese and their theoretical implications [D] . Cambridge, MA: MIT Press.

SAITO M, 1989. Scrambling as semantically vacuous A'-movement [M] //BALTIN M, KROCH A. Alternative conceptions of phrase structure. Chicago: University of Chicago Press: 182-200.

SALEEMI A, 2009. On the interface(s) between syntax and meaning [M] //GROHMANN K K. Explorations of phase theory: Interpretation at the interfaces. New York: Mouton de Gruyter: 181-210.

SAMEK-LODOVICI V, 1996. Constraints on subjects: An optimality theoretic analysis [D] . New Jersey: Rutgers University.

SCHLOBINSKI P, SCHÜTZECOBURN S, 1992. On the topic of topic and topic continuity [J] . Linguistics, 30(1) : 89-122.

SCHREINER S L R, 2014. The syntax-semantics/pragmatics interface [M] //CARNIE A, SIDDIQI D, SATO Y. The Routledge handbook of syntax. London: Routledge: 307-321.

SCHWABE K, WINKLER S, 2007. On information structure, meaning and form generalizations across languages [M] . Amsterdam: John Benjamins Publishing Company.

SELLS P, 1984. Syntax and semantics of resumptive pronouns [D] . Amherst: University of Massachusetts at Amherst.

SKINNER B F, 1957. Verbal behavior [M] . New York: Appleton-century-crofts, Inc.

SHI D-X, 1992. The nature of topic comment constructions and topic chains [D] . Los Angeles: University of Southern California.

SHLONSKY U, 2010. The cartographic enterprise in syntax [J] . Language and linguistics compass (4) : 417-429.

SHYU S-I, 1995. The syntax of focus and topic in Mandarin Chinese [D] . Los Angeles: University of South California.

SINGER M, 1990. Psychology of language (PLE: Psycholinguistics) : An introduction to sentence and discourse processes [M] . London: Lawernce Erlbaum Associates.

SORACE A, SERRATRICE L, 2009. Internal and external interfaces in bilingual language development: Beyond structural overlap [J] . The international journal of bilingualism, 13 (2) : 195-210.

SPEAS M J, 2004. Evidentiality, logophoricity and the syntactic representation of pragmatic features [J]. Lingua, 114(3) : 255-276.

STEMMER B, 1999. An On-line interview with Noam Chomsky: On the nature of pragmatics and related issues [J]. Brain and language, 68(3) : 393-401.

STEPANOV A, 2001. Late adjunction and minimalist phrase structure [J]. Syntax, 4(2) : 94-125.

STEPANOV A, 2007. The end of CED? Minimalist and extraction domains [J]. Syntax, 10 (1) : 80-126.

STROIK T S, 2009. Locality in minimalist syntax [M]. Cambridge, MA: MIT Press.

SVOLACCHIA M, MEREU L, PUGLIELLI A, 1995. Aspects of discourse configurationality in Somali [M]//KISS K É. Discourse-configurational languages. Oxford: Oxford University Press: 65-98.

SZENDRÖI K, 2001. Focus and the syntax-phonology interface [D]. London: University College London.

SZENDRÖI K, 2004. Focus and the interaction between syntax and pragmatics [J]. Lingua, 114 (3) : 229-254.

SZWEDEH A J, 1990. What is a topic? A contrastivist's view [M]//FISIAK J. Further insights into contrastive analysis. Amsterdam: John Benjamins: 499-506.

THOMPSON S, 1973. Transitivity and some problems with the bǎ construction in Mandarin Chinese [J]. Journal of Chinese linguistics, 1(2) : 208-221.

TOMLIN R S, 1986. Basic word order: Functional principles [M]. London: Croom Helm.

TRASK R L, 1996. A dictionary of grammatical terms in linguistics [M]. London: Routledge.

TSAO, F-F, 1977. A functional study of topic in Chinese: The first step towards discourse analysis [D]. Los Angeles: University of Southern California.

TSAO, F-F, 1987. A topic-comment approach to the BA construction [J]. Journal of Chinese linguistics, 15(1) : 1-53.

TSIMPLI I, SORACE A, 2006. Differentiating interfaces: L2 performance in syntax-semantics and syntax-discourse phenomena [M]//BAMMAN D, MAGNITSKAIA T, ZALLER C. Proceedings of the 30th annual Boston University conference on language development. Somerville: Cascadilla Press: 653-664.

TSOULAS. 2015. The syntax-pragmatics interface [M]//HOLMBERG A, KISS T, ALEXIADOU A. Syntax-theory and analysis: An international handbook. Vol. 2. Berlin: De Gruyter Mouton: 464-491.

URIAGEREKA J, 2008. Syntactic anchors: On semantic structuring [M]. Cambridge: Cambridge University Press.

VALLDUVÍ E, 1990. The informational component [D]. Philadelphia: University of Pennsylvania.

VERMEULEN R, 2010. Non-topical wa-phrases in Japanese [M]//FOLLI R, ULBRICH C.

Interfaces in linguistics: New research perspectives. Oxford: Oxford University Press: 135-148.

VERMEULEN R, 2013. On the position of topics in Japanese [J]. The linguistic review, 30(1): 117-159.

VIKNER S, 2001. The interpretation of object shift and optimality theory [M]//MÜLLER G, STERNEFELD W. Competition in syntax. Berlin: Mouton de Gruyter: 321-340.

VOGEL R, 2001. Case conflict in German free relative constructions: An optimality theoretic treatment [M]//MÜLLER G, STERNEFELD W. Competition in syntax. Berlin: Mouton de Gruyter: 341-375.

VOGEL R, 2004. Remarks on the architecture of optimality theoretic syntax grammars [M]//BLUTNER R, ZEEVAT H. Optimality theory and pragmatics. New York: Palgrave Macmillan Ltd.: 211-227.

VON STECHOW A, 2012. Syntax and semantics: An overview [M]//MAIENBORN C, VON HEUSINGER K, PORTNER P. Semantics: An international handbook of natural language meaning. Vol. 3. Berlin: Mouton de Gruyter: 2173-2224.

WHITE L, 2009. Grammatical theory, interfaces and L2 knowledge [M]//RITCHIE W, BHATIA T. The new handbook of second language acquisition. Leeds: Emerald Group Publishing Limited: 49-68.

WHITE L, 2011. Second language acquisition at the interfaces [J]. Lingua, 121(4): 577-590.

WILTSCHKO M, 2014. The universal structure of categories: Towards a formal typology [M]. Cambridge: Cambridge University Press.

WU G, 1998. Information structure in Chinese [M]. Beijing: Peking University Press.

XU L J, LANGENDOEN D T, 1985. Topic structures in Chinese [J]. Language, 61(1): 1-27.

XU L J, 1986. Free empty category [J]. Linguistic inquiry (17): 75-93.

ZAENEN A, ENGDAHL E, MALING J M, 1981. Resumptive pronouns can be syntactically bound [J]. Linguistic inquiry, 12(4): 679-682.

ZANUTTINI R, 2008. Encoding the addressee in the syntax: Evidence from English imperative subjects [J]. Natural language and linguistic theory, 26(1): 185-218.

ZEIJLSTRA H, 2009. Functional structure and parametric variation: Consequences of conflicting interface conditions [M]//GROHMANN K K. InterPhases: Phase-theoretic investigations of linguistic interfaces. Oxford: Oxford University Press: 82-113.

ZUBIZARRETA M L. Prosody, focus, and word order [M]. Cambridge, MA: MIT Press, 1998.

人名译名对照表

Abe	阿贝
Aboh	阿柏
Aoun	奥恩
Asudeh	阿苏德
Baltin	巴尔廷
Boeckx	波克斯
Bresnan	布雷斯南
Broekhuis	布鲁克赫伊斯
Burzio	布尔齐奥
Butt	巴特
Büring	布林
Cecchetto	切凯托
Chafe	查夫
Chao，Yuen Ren	赵元任
Chen，Ping	陈平
Choi，Hye-Won	崔惠媛
Chou，Chao-Ting	周昭廷
Cinque	钦奎
Culicover	库利科弗
Citko	奇特科
De Cat	德·卡特
Erteschik-Shir	埃尔特施克－希尔
Fanselow	范泽洛
Frey	弗雷

Fu，Shunhua	傅顺华
Fodor	福多
Grewendorf	格雷文多夫
Grice	格赖斯
Grohmann	格罗曼
Gundel	贡德尔
Halliday	韩礼德
Hendriks	亨德里克斯
Hockett	霍凯特
Horvath	霍瓦斯
Huang，C-T James	黄正德
Huang，Chu-Ren	黄居仁
Hu，Jianhua	胡建华
Jiang，Zixin	蒋自新
Jackendoff	杰肯道夫
Kamp	坎普
King	金
Kiss	基斯
Lambrecht	兰布雷希特
Langacker	兰盖克
Langendoen	朗根多恩
Li，Charles	查尔斯·李
Li，Y-H Audrey	李艳惠
López	洛佩斯
Mathesius	马特修斯
Meader	米德
Muyskens	穆伊斯肯斯
Munakata	宗像
Müller	穆勒
Ning，Chun Yan	宁春岩
Pan，Haihua	潘海华
Pan，Junnan	潘俊楠

Paul	保罗
Pinker	品克
Pollock	波洛克
Radford	雷德福
Reinhart	莱因哈特
Reyle	雷尔
Rizzi	里齐
Rochemont	罗切蒙特
Ross	罗斯
Saito	萨伊托
Schreiner	施莱纳
Schwabe	施瓦布
Sells	塞尔斯
Shi，Dingxu	石定栩
Shyu	徐淑瑛
Skinner	斯金纳
Stemmer	施特默尔
Svolacchia	斯沃拉基亚
Thompson	汤普森
Trask	特拉斯克
Tsao，Feng-Fu	曹逢甫
Tsoulas	苏拉斯
Uriagereka	乌里阿赫雷卡
Vallduví E.	瓦尔杜维
Vermeulen	韦尔默朗
Winkler	温克勒
Woolford	伍尔福德
Wu，Guo	武果
Xu，Lie jiong	徐烈炯
Zanuttini	扎努蒂尼

后 记

　　拙著是在我的博士论文基础上完成的。"昔我往矣，杨柳依依"，犹记 2018 年 5 月，我毕业答辩时川大校园景色秀美、生气勃勃，正是佳木叠翠、荷池凝碧的暮春初夏之交。不知不觉间四载时光已悄然远去，是时候以出版著作的方式纪念那段美好的问学时光了。

　　本书主要探讨了现代汉语话题结构的句法－语用接口问题。话题作为一种复杂的语言现象，常常耦合了心理－意向、文化－习俗，乃至社会－政治等诸多因素，以至有些时候其表达形式貌似违反了常规语法，处于介乎符合语法与不符合语法之间的临界状态，是对人类语言语法之可能性限度的探测。因此，对话题生成机制的探讨，不仅需要深厚的语言学功底和宽广的邻近学科视野，可能还需要哲学思辨的敏锐眼光，这显然是一个非常高的要求和相当困难的挑战。

　　我深知自己的学养尚不足以完全支撑这种难度的研究，亦不奢望能达成某种确定的结论。之所以知其不可而为之，主要是考虑到话题研究具有特殊的语言学价值。作为一种科学探索，正因为其处于理论解释的边缘状态，加之汉语本身具有"话题突出"的特性，它对科学理论的检验、建设、修正乃至开拓具有不容忽视的作用。因此，我不揣浅陋，在博士论文的基础上，结合自己近几年在这一主题上的一些心得与思考而将之出版，虽属勉强为之，仍希望其能对语言学的理论探究与建设有所裨益。

　　文科学术之路是一个漫长积累的成长过程。我素知自己并无出众的天赋与过人的才华，一路走来，这其中的酸甜苦辣、千般况味，自是一番体验。所幸这条道路并不寂寞，我有幸遇到一路同行并帮助我成长的老师、同学、朋友和家人们。川大读博经历是我人生中收获最多的一段岁月。那些日子，艰辛却又温暖，自由而又充实，诗与远方俱在，蓦然回首，无限感怀。

　　我首先要感谢我的博导刘利民教授，承蒙师尊青睐，忝列门墙。刘老师长于因材施教，充分尊重学生的研究兴趣，对学术要求严格又极富耐心。每每在大小论文撰写遇到疑难时，总能得到老师高屋建瓴、切中肯綮的指点，给学生以拨云见日、豁然开朗之感。而当自己偶有灵感，初步形成某种思路时，老师总是鼓励我大胆探索，勇敢尝试。而且，本书即将付梓之际，又蒙老师惠赐序言，为本书增色不少。

饮水思源，我要感谢硕士阶段引导我走进形式语言学理论大厦的导师韩景泉教授。韩老师以自身深厚的学术造诣为学生树立了学习的标杆，老师的谆谆教诲学生一直铭记在心，纯粹求知的学术精神也一直感染着我并激励着我在学术道路上坚定前行。

很庆幸在人生中遇到的诸多博学多才的老师，让我开阔了学术视野，突破了研究领域的限制，接触到更为广阔的知识天地。感恩我的毕业论文开题和答辩指导专家周光亚教授、程锡麟教授、俞理明教授、杜世洪教授、王爱华教授、吕长竑教授，以及匿名评审专家们的批评和建议，令我对话题的语法架构及生成机制研究有了更深入的认识，也促进了本书的进一步完善。

感谢川大的师兄弟姐妹和同学们，因缘际会让我们在川大外院相遇相知。"青青子佩，悠悠我思"，这份难得的同窗之谊历久弥新，未来的人生道路上我们仍将携手而行。

感谢湘潭大学提供的良好的工作和学习环境。在这里，我一点一滴的进步与成长都离不开外院领导和同事们的支持与帮助。

感谢我的家人的全力支持，使我能够专心致志、心无旁骛地追求学业、投身工作。

最后，我还要特别感谢川大出版社和敬铃凌编辑，书稿能在母校出版，并得到精心编校，于我而言是一桩美事，也是一种圆满。当然，书中的错疏之处，由本人负责。另外，我还要感谢读者朋友与学界同行，期待得到你们的批评指正。

傅顺华 谨识
2022 年 7 月于长沙